비극의 탄생 04

시민을 위한 예술을 말하다

음악의 죽음을 알리는 오페라

비극의 탄생 04 음악의 죽음을 알리는 오페라
시민을 위한 예술을 말하다

펴낸날 | 2023년 10월 25일

원저 | 프리드리히 니체
번역과 주해 | 이남석

편집 | 정미영, 이승희
디자인 | 랄랄라디자인, 김대진
마케팅 | 홍석근

펴낸곳 | 도서출판 평사리 Common Life Books
출판신고 | 제313-2004-172 (2004년 7월 1일)
주소 | 경기도 고양시 덕양구 중앙로558번길 16-16. 7층
전화 | 02-706-1970 팩스 | 02-706-1971
전자우편 | commonlifebooks@gmail.com

ISBN 979-11-6023-340-7 (94160)
ISBN 979-11-6023-336-0 (세트)

잘못된 책은 바꾸어 드립니다.
책값은 뒤표지에 있습니다.

FRIEDRICH

NIETZSCHE DIE GEBURT

DER TRAGÖ

DIE

비극의 탄생 04 음악의 죽음을 알리는 오페라

시민을 위한 예술을 말하다

프리드리히 니체 원저 | 이남석 번역·주해

평사리
Common Life Books

4권은 음악철학에서 시작하여 우리가 아주 수준 높은 예술로 알고 있는 오페라에 대한 비판과 고전적 비극의 부활을 탐색한다. 니체는 음악철학의 관점에서 고대 그리스 비극을 평가하고, 음악과 정반대 지점인 학문과 교양에 찌든 니체 당대의 독일 현실을 다룬다. 그는 마침내 음악정신이 죽은, 이론과 학문에 의해 창조된 오페라라는 '비극'의 탄생을 다룬다.

16장은 앞에서 부분적으로 논의했던 음악철학을 본격적으로 다룬 장이다. 16장은 쇼펜하우어와 바그너의 음악철학을 근거로 진행된다.

니체는 음악은 우리가 흔히 알고 있는 예술과 전혀 다르며, 이런 음악을 평가하려면 새로운 기준이 요구된다고 선언한다. 음악을 제외한 예술은 가상과 아름다움을 기준으로 평가하지만, 음악은 가상과 아름다움을 기준으로 평가할 수 없다는 것이 니체의 기본 주장이다. 한마디로 말하면 형상이 있는 일반 예술과 형상이 없는 음악 예술을 동일한 기준으로 평가할 수 없다는 것. 따라서 서로 다른 평가 기준이 요구된다고 니체는 선언한다.

니체는 쇼펜하우어의 음악론에 근거하여 다른 모든 예술이 이데아의 모방이나 이데아의 그림자인 반면, 음악은 보편성이 아니라 공통성을 드러내며 이데아의 의지의 직접적인 객관화이자 출현태라고 주장한다. 음악은 이점에서 스콜라식으로 말하면 사물 이전의 보편을 드러낸다고 니체는 강력하게 주장한다.

그는 음악이라고 다 같은 음악이 아니라고 말한다. 사물 이전의 보편을 드러내지 못하고 메시지 전달 자체가 목적인 음화, 우리식으로 말하면 표제음악, 예컨대 하이든의 〈사계〉 등은 음악이 아니라고 니체는 혹평한다.

니체의 음악철학은 2권에서 고찰한 음악적 관점에서 본 서정시, 민요와 연관되어 있다. 니체는 2권에서 서정시와 민요가 디오니소스적 예술의 토대라고 강조했다. 그는 아폴론적 예술인 형상과 개념보다 음악이 훨씬 더 본질을 직접적으로 드러낸다고 주장했다. 언어와 개념이 보편성을 말한다면, 음악은 모든 사람의 마음속에 있는 공통성을 건드린다고 니체는 주장한다.

니체는 한발 더 나가 음악이란 삶의 직접적인 이데아라고 선언한다. 음악은 곧 이데아이고, 삶이라는 이데아는 음악으로 표현될 수 있다는 것이다. 니체는 이 주장으로 기존의 형이상학과 전혀 다른 형이상학의 세계에 발을 디딘다.

17장은 음악철학을 기준으로 고대 그리스 비극을 평가한다. 디오니소스적 예술인 비극은 기본적으로 형이상학 또는 종교를 넘어서는 위로를 준다. 우리는 비극을 보면서 삶의 고통을 치유하고, 짧지만 영원과 하나가 되고, 삶의 욕망과 즐거움을 느낄 수 있다. 궁극적으로 디오니소스적 예술인 음악이 영원과 하나가 될 수 있는 이러한 기능을 한다고 니체는 보았다.

니체는 여기서 다시 이데아의 직접적 발현인 음악철학을 바탕으로 언어와 대사, 개념과 사고 중심적인 에우리피데스적이며 소크라테스적인 비극을 철학적으로 비판한다. 서정시에서부터 시작한 고대 아티카 비극 안에 살아 있던 음악정신은 소크라테스와 에우리피데스에 의해 살해당했다고 니체는 결론 내린다.

그 결과 현재 세상을 지배하는 것은 음악정신이 죽은 소크라테스적인 세계관이며, 이 세계관은 앎과 학문으로 나타난다. 고대의 신 아티카 디티람보스도 결국 음악이 죽은 디티람보스이다. 비극이든 신 아티카 디티람보스이든 음악이 죽었다면, 결국 형이상학적 위로를 주는 예술은 사라진다.

그럼 우리는 예술을 보면서 어떻게 형이상학적 위로를 느껴야 하는가? 음악정신을 죽인 작가들은 그 대안으로 '기계장치의 신'을 이용한다. 그들은 '마침내 착한 자는 복을 받는다'는 도덕적 숭고함을 전달하는 방식으로 형이상학적 위로를 인간에게 주입한다. 결국 남는 건 앎과 학문, 도덕과 윤리로 무장한 예술이 형이상학적 갈증의 해결사로 등장한다고 니체는 통탄한다.

18장은 음악, 음악정신의 죽은 문화, 달리 말하면 학문이 지배하는 알렉산드리아적 문화를 다룬다. 알렉산드리아적 문화란 음악이 제공하는 형이상학적 위로가 사라진 문화이다. 이 문화는 음악이 살해된 소크라테스적인 앎과 학문적 탐욕에 의해 삶의 영원한 상처를 치유하려고 애쓰는 문화이다.

니체는 현재 우리가 상식으로 알고 있는 시를 비판의 칼날 위에 올린다. 그는 현재 우리가 알고 있는 시를 음악이 살해된 시로 규정한다. 음악과 음악정신을 상실한 시는 각운Reim을 중심으로 운율을 만들어 낸다. 그 운율이 음악을 대체할 수 있는 양 까분다. 하지만 니체는 이 각운이 학문적 언어의 예술적 실험일 뿐이라고 비판한다.

니체는 또한 너무 당연하다고 생각하는 인간관을 부정한다. 우리는 괴테의 파우스트(소크라테스적인 근현대적 인물)를 좋아할 뿐만 아니라 자연스럽다고 생각한다. 영혼을 판 파우스트는 학문과 이론에 의해 세상의 모든 비밀을 파헤치고 싶어 하는 자이다. 하지만 디오니소스적인 음악에 도취하여 하나가 되는 고대 그리스인들에게 파우스트는 이해할 수 없고 난해한 인물이다. 소크라테스를 이해할 수도 받아들일 수도 없었고, 그에게 사형을 내릴 수밖에 없었던 고대 아테네인들이 소크라테스의 근대적 분신인 파우스트를 어떻게 받아들일 수 있겠는가!

니체는 한발 더 나가 현대 사회를 비판한다. 현대 사회와 다를 바 없는 알렉산드리아적 문화가 '인간의 존엄성'과 '노동의 가치'를 신조로 삼고 행동하는 노예계급을 필요로 한다는 사실에 니체는 놀라워한다. 이 노예계급이 복수를 주장할 때 모두가 하나가 되는 예술 창조자가 사라지는 엄청나게 무시무시한 결과가 나타난다고 니체는 주장한다.

하지만 니체는 이런 현실 앞에 우리가 당황해서 허둥거릴 필요가 없다고 말한다. 소크라테스식의 학문, 이성, 앎이 강변하는 영원한 진리를 부정하는 칸트와 쇼펜하우어의 철학이 이미 태동하고 있기 때문이다. 그럼에도 니체는 안타까워한다. 칸트와 쇼펜하우어에 의해 소크라테스 문화가 이미 몰락하기 시작했지만, 대부분의 시민이 학문과 지식에 영원히 굶주린 자이며 비판가이자 교정자로 살아가고 있기 때문이다.

19장은 오페라를 비판하는 장이다. 니체는 우리의 상식적인 예술관에 정면 도전한다. 그는 오페라를 소크라테스적인 이론과 학문의 토대 위에 만들어진 음악, 음악이 사라진 음악으로 해석한다. 그는 노래, 음악, 춤, 화려한 무대가 잘 어우러져 최고의 예술로 평가받는 오페라를 소크라테스적인 예술이라고 선언한다. 그는 비판적인 음악철학을 통해 최고의 예술로 여겨지는 오페라를 땅바닥에 처박아 버린다.

니체는 선뜻 질문해 보지 않았던 의문을 던지면서 19장을 시작한다. 종교가 무서운 힘을 발휘하는 시대, 종교음악이 지배하는 시대에 반종교적인 오페라가 어떻게 발생했는가? 반체제적이고 반종교적인 오페라가 왜 인기를 끌었는가? 니체는 이 질문에 대한 해답을 오페라의 레프레젠타티보 양식과 레치타티보에서 찾는다.

우선 대중들이 문제다. 대중들은 소크라테스의 가르침에 따라 대사와 말을 듣고 싶어 했고, 알고 싶어 했다. 종교와 종교음악이 지배하는 시대에 대중들은 자신들의 앎을 충족시켜 달라고 이론가들과 비평가들에게 새로운 음악 양식을 요구했다. 이제 창작자들이 문제다. 이론적 인간과 비평가들은 대중들의 앎의 욕구를 충족시키기 위해 음악과 배치되는 '절반은 말, 절반은 음악'의 레치타티보를 만들어 낸다.

선율을 중시하는 시인과 음악을 중시하는 음악가가 아니라, 앎을 중시하는 대중과 학문적 창작자가 오페라라는 기괴한 음악 양식을 만들었다. 앎에 근거한 음악이 종교와 종교음악의 지배 시대에 종교의 거부감을 이겨 냈고, 종교의 박해를 극복했으며, 종교의 보호와 후원을 받았다고 니체는 답변한다.

음악의 모국을 떠난 오페라는 어떻게 될 것인가? 오페라는 고대 비극을 모방하기는 했지만, 비극의 본래 정신인 음악정신을 잃어버린다. 결론적으로 오페라는 음악정신이 죽은 사이비 음악극이라고 니체는 결론을 내린다.

니체는 레치타티보를 중심으로 하는 오페라란 결국 말, 언어, 개념이 음악을 지배하는 것으로, 마치 하인이 주인을 지배하는 것과 마찬가지라고 통렬하게 비판한다. 음악이 주인이고 말이 하인인 서정시와 민요, 니체의 음악철학을 기억해 보자. '절반은 말, 절반은 음악'이 역할을 하는 오페라가 얼마나 기괴한 예술일지 상상이 갈 것이다.

대화와 말에 굴복한 오페라에도 불구하고 그리 염려할 필요는 없다고 니체는 위로한다. 니체는 한편으로는 독일 음악에서 힘을 찾는다. 독일에서 바흐, 베토벤, 바그너로 이어지는 음악이 발생하고 있으며, 이 음악은 수학적이며 대위법적인 학문적 근대 음악의 한계를 뛰어넘을 수 있다는 것이다. 니체는 바흐, 베토벤, 바그너의 독일 음악이 소크라테스식의 음악 세계를 뛰어넘고 있다고 자평한다. 니체는 다른 한편으로 독일 철학에서 힘을 얻는다. 독일에서 칸트와 쇼펜하우어의 철학이 소크라테스식의 영원한 진리를 뛰어넘고 있다는 것이다.

하지만 새로운 음악과 철학으로 무장하고 있는 독일도 절대 잊어서는 안되는 게 있다. 바로 그리스로부터 모든 걸 배워야 한다고 니체는 강력하게 주장한다.

20장은 독일의 교양과 교양인의 처참한 현실과 이를 극복하려는 노력을 다룬다.

니체는 독일 안에서 철학과 음악이 비약적으로 성장하고 있음에도 불구하고, 독일이 소크라테스라는 악마의 치명적 질병에 찌들어 있다고 보았다. 독일의 학문적 현실과 고등 교양 기관은 여전히 소크라테스적-알렉산드리아적 문화에 압도당하고 있으며, 너절한 교양과 교양인을 양성해 내고 있다고 니체는 한탄한다.

하지만 걱정하지 말라. 독일에는 독일 정신의 정화와 재생을 도와줄 쇼펜하우어와 같은 기사가 있다라고 니체는 말한다.

20장 마지막에서 니체는 다시 우리에게 전투에 참여하라고 부추긴다. 디오니소스 축제에 가담하고 소크라테스적인 세계와의 전쟁에 참여하라고 니체는 강력하게 말한다.

차례

일러두기

* 이 책은 *Friedlich Nietzsche: Die Geburt der Tragödie Oder Griechenthum und Pessimismus*을 원본으로 삼았다.
* 원문의 굵은 글씨는 원서를 따랐다.

보편성의 표현으로서
음악

1. 전쟁 전야

우리는 이와 같이 자세하게 서술된 역사적 사례에서 비극이 음악정신에서만 탄생했던 것과 마찬가지로 음악정신이 소멸하면 비극 역시 소멸한다는 것을 설명하고자 했다.[1] 우리는 이처럼 낯선 주장을 완화하고 다른 한편으로 우리의 이와 같은 인식의 기원을 제시하기 위해서 이제 편견 없는 눈으로 현재 유사한 현상에 마주서야만 한다.[2] 우리는 앞에서 내가 언급했던 것처럼 오늘날 우리들의 세계 중에서 가장 높은 영역에 속하는 물릴 줄 모르는 낙관주의적 인식과 비극적인 예술 욕구 사이에서 벌어지고 있는 저 전투 한가운데에 뛰어들어야만 한다.[3]

나는 이 문제를 다루면서 모든 시대에 걸쳐서 예술, 정확히 말하면 비극과 반대 방향을 취한 다른 모든 적대적인 충동을 무시할 것이다. 예를 들면 극장예술 중에서는 소극(die Posse, 笑劇)과 발레이다. 비록 소극과 발레는 오늘날 모든 사람을 만족시키지는 못하지만 꽃을 피웠으며 어느 정도 성공을 거두기는 했지만 말이다.[4]

나는 다만 비극적 세계관의 **가장 고상한 적대자**에 대해서만 언급할 것이며, 가장 심오하게 본질적인 낙관주의적 학문의 선조이자 정점에 있는 소크라테스를 염두에 두고 있다.[5] 곧장 나는 나에게 **비극의 재탄생**—독일적인 존재를 위한 또 다른 환희에 넘친 희망!—을 보장하는 것처럼 보이는 강력한 인물의 이름들[6]도 언급할 것이다.

1. 비극이 음악정신에서 탄생함은 1장에서 10장(구체적으로 말하면 5장에서 8장까지)을 말하고, 음악정신이 소멸하면 비극도 소멸함은 11장에서 15장을 말한다. 전체적으로 본다면 1장에서 15장에 걸쳐 '음악정신'과 '비극의 생성과 몰락'의 관계를 다루었다.

2. '낯선 주장'이란 음악과 비극의 관계를 다룬 것을 말한다. 니체는 이에 대해 '음악으로부터? 음악과 비극? 그리스인과 비극적 음악?'이라고 반문하는 식으로 「자기비판의 시도」의 1장에서 문제 제기를 하고 3장에서 구체적으로 서술했다.

니체 이전에 음악과 비극의 문제를 다룬 철학자가 있었다. 쇼펜하우어이다. 니체는 『비극의 탄생』 바로 이 장, 16장에서 쇼펜하우어의 견해를 따랐지만, 자신의 사상을 발전시켜 가면서 쇼펜하우어를 정면 비판한다. 니체는 비극의 체념으로의 귀결을 주장한 쇼펜하우어에 반대하며, 「자기비판의 시도」6장에서 비극은 체념이 아니라고 반기를 든다.

니체는 이 지점에서 자신의 철학적 스승 쇼펜하우어의 체념적 비극관에서 벗어나 자신만의 강력한 주장, 인간의 고통 해방으로서 능동적 역동적 비극관을 발전시킨다. 체념으로서 비극이 아닌 능동성과 역동성으로서 비극은 니체의 '낯선 주장'이 진일보한 결과이다.

3. '오늘날'은 니체가 이 책을 썼을 무렵이다. '우리들의 세계 중에서 가장 높은 영역에 속하는 물릴 줄 모르는 낙관주의적 인식'은 소크라테스적 인식에 근거한 학문적, 이론적, 과학적 세계관의 발전, 그리고 과학의 기술 적용에 의한 급속한 발전을 뜻한다. '비극적인 예술 욕구'는 독일 내에서 불고 있었던 쇼펜하우어의 철학과 바그너 음악의 열풍을 말한다.

니체는 자신이 살고 있던 시대에도 소크라테스적인 인식과 고대 그리스 비극 예술 사이의 적대적인 투쟁이 지속적으로 진행되고 있다고 본다.

4. 니체는 앞으로 다룰 내용 중에서 배제할 것을 여기에서 미리 선언한다. '적대적인 충동'이란 주인공의 비참한 죽음을 다룬 비극이 아니라 주인공의 해피엔딩을 다룬 예술을 말한다. 구체적으로 말하면 고대 비극 작가 에우리피데스의 영향을 받은 신희극의 연장선에 있는 예술들로, 소극(die Posse, 笑劇)과 발레를 말한다.

die Posse를 소극이 아닌 익살극으로 번역하는 경우도 있다. 영역본 대부분은 die Posse를 'farce'(불어로도 farce)로 번역한다. farce는 우리말로 소극이다. 소극은 프랑스 중세극에서 유래한 짧고 우스꽝스러운 희극을 말한다. 주로 성당에서 신구약의 일부를 설명하는 전례극에 라틴어가 아닌 불어를 사용하면서 재미있고 우스꽝스 사전트 코미디 회사, 디오 부시코의 익살스러운 코미디인 '법정 모독' 포스터 (1879년, 미국 의회 도서관 소장)

러운 내용이 들어갔다. 교회는 불어 사용이 늘어나자 불안을 느끼고 이 전례극을 폐지했다. 소극은 여기에서 유래한다.

5. 니체는 앞으로 무엇을 주로 다룰 것인가를 여기에서 밝힌다. 니체는 '가장 고상한 적대자'로 오페라를 다룬다. 니체는 오페라가 앎, 이성, 지식이라는 소크라테스적 가치 위에 만들어진 예술이라고 비판한다. 니체는 오페라의 기원에 소크라테스적인 학문적 세계관이 깔려 있음을 신랄하게 비판한다. 오페라는 형식으로나 내용에서 비극과 유사하지만, 그 기원은 학자들의 유희에서 발생했다고 니체는 비판한다. 19장에서 오페라를 상세히 다룬다.

6. '비극의 재탄생'은 독일의 바그너 음악극을 말한다. '강력한 인물의 이름'은 음악에서 바흐와 베토벤, 철학에서 칸트와 쇼펜하우어, 문학에서 괴테를 말한다. 마지막으로 바그너가 이런 강력한 인물의 음악, 철학, 문학을 바탕으로 고대 아테네의 비극을 현대적으로 재탄생시켰다고 니체는 주장한다.

다시 보기

우리는 일반적으로 역사적 흐름에 따라 생각하는 경향이 강하다. 과거에서 현재로, 현재에서 미래로 흐르는 우리의 사고 흐름은 아주 정상적인 것처럼 보인다. 이 때문에 『비극의 탄생』 16장에서 19장에 이르면 길을 잃기 쉽다.

니체는 15장 말미에서 음악하는 소크라테스에 대해 함께 전투에 나서자고 제안한다. 그 전투의 흐름은 역사적으로 본다면 오페라(16세기 말)부터 시작해서 바그너의 음악극(19세기 중후반)으로 끝나야 한다. 하지만 니체는 16장에서 바그너의 음악론과 그 철학적 기원으로서 쇼펜하우어의 음악철학을 다루고, 17장에서 디오니소스적 음악과 이론적이며 모방적 음악의 대결, 18장에서 이론적, 학문적 소크라테스의 현대 지배 경향을 다루고, 19장에서 소크라테스적인 이론적 경향과 음악적 경향이 결합한 현대적 산물인 오페라의 탄생을 다룬다. 니체는 이렇듯 역사적 흐름에 역행하는 방식으로 글을 씀으로써 독자의 논점을 혼란스럽게 만든다.

왜 니체는 이런 방식으로 글을 썼는가? 니체의 의도를 정확히 파악하고 이해하기 위해서 이런 질문을 던지고 답을 해 보자. 우리는 니체가 가장 고심하고 장을 배치했을 것이라고 여겨지는 4권을 해명하기 위해 니체의 머릿속으로 들어가 보자.

우선 4권을 1권, 2권, 3권의 연결적 흐름이나 구조적 연결로 읽는 방식이다.

1권은 아폴론적 요소와 디오니소스적 요소의 결합으로서 고전적 비극을 다룬다. 2권은 디오니소스적 요소를 중심으로 다룬다. 3권은 고전적 비극의 '죽은' 비극으로의 재탄생인 에우리피데스와 소크라테스적인 비극을 다룬다. 1권, 2권, 3권의 연장선에서 4권을 어떻게 구성하는 게 좋을까? 당연히 1권, 2권, 3권의 내용을 이어받는 동시에 이론적 흐름을 완결하는 방식으로 4권의 내용을 구성하는 게 좋다.

고전적 비극을 다룬 1권, 그 중에서도 디오니소스적 요소와 음악을 집중적으로 다룬 2권의 5~8장에 해당하는 역사적 사실은, 16장에서 나오는 바그너와 쇼펜하우어의 음악철학의 주요 내용이 된다. 다른 말로 하면 16장은 5~8장의 음악적 사실을 철학적 측면에서 살펴본 것이다. 그리스 고전적 비극의 음악정신을 철학적 관점에서

정교화한 것이 16장의 내용이 된다.

11장과 12장은 고대 그리스 비극의 비극적 재탄생인 에우리피데스의 비극, 다시 말하면 음악정신이 점차 소멸해 간, 음악정신과 언어예술인 대화의 대결이 중심이 된 에우리피데스의 비극을 서술한다. 이에 상응하여 17장은 니체 당대의 음악정신과 음악정신이 소멸된 모방음악의 대결을 다룬다.

13장과 14장은 소크라테스적인 윤리의 승리와 소크라테스적인 이론적, 학문적 승리를 다룬 장이자 소크라테스적 음악에 관해 서술한 장이다. 이에 상응하여 18장은 소크라테스적인 윤리와 소크라테스의 이론적 정신의 현대적 지배 경향, 대중들이 소크라테스적인 이론적 인간과 교양적 인간이 되었음을 서술한다.

15장은 소크라테스적인 음악, 소크라테스가 만든 예술과 음악을 다룬다. 이에 상응하여 19장은 소크라테스적인 방식으로 새롭게 창조된 고대 그리스 비극의 비극적 재탄생인 오페라를 다룬다.

이런 방식으로 4권을 읽게 되면, 니체가 4권을 역사적 흐름과 상반되게 기술한 게 아니라 역사적 흐름을 따르는 동시에 독자의 논리적 사유를 심화시키는 방식으로 집필했음을 알 수 있다.

또 다른 방법은 관철적 읽기 방식이다. 이는 니체의 사상을 이해하기 위해서 무척 중요하다.

니체는 1872년 『비극의 탄생』 초판을 내면서 제목에 '음악정신으로부터'라는 단서를 달았다. 15장까지 꼼꼼하게 책을 읽은 독자라면, 니체가 15장까지 '음악정신'이 도대체 무엇인가를 구체적으로 다루지 않았다고 생각할 것이다. 니체는 '비극의 탄생'을 '음악정신으로부터' 다룬다고 했으면서도 정작 음악이 무엇인지, 음악정신이 무엇인지, 음악정신에서 왜 그리고 어떻게 비극이 탄생했는지를 이론적으로 다루지 않았다. 니체는 15장까지 어떤 면에서 역사적 사실이나 현상적 내용만을 다루었을 뿐이다. 16장은 독자들의 이런 문제의식이나 궁금증 또는 비판을 이론적으로 그리고 철학적으로 말끔히 해소시켜 주는 장이다.

마지막으로 사상 집약적 관점의 방식으로 읽기이다. 『비극의 탄생』 읽기를 포기하지 않고 지금까지 잘 따라왔던 많은 독자들이 16장에서부터 길을 잃는다. 니체가 갑자기 16장에서 음악이란 무엇인가, 음악정신이 무엇인가, 음악에서 어떻게 비극이 탄생하고, 음악이 왜 형이상학적 세계를 증명하는 수단이 되는가를 언급하기 때문이다. 더구나 니체가 자신의 음악과 음악정신을 바탕으로 비극의 탄생을 이야기하는 게 아니라, 음악가 바그너와 철학자 쇼펜하우어를 길게 인용하며 마치 자신의 사상인 양 언급한 것처럼 보이기 때문이다.

여기서 독자는 한번 니체에게 강한 회의와 불만을 제기할 수 있다. '아니 제 것도 아닌 음악과 그 사상을 이야기해서 음악정신에서 비극이 탄생했다는 것을 도대체 입증했다고 말할 수 있는가! 이 정도라면 『비극의 탄생』은 애초부터 서른도 안 된 청년의 치기에 불과할 뿐! 이런 책이 그토록 명저라는 자체가 웃기지도 않네!', '니체가 천재라는 말 자체가 웃기지 않은가!'

16장은 이 모든 오해와 비판에 명쾌하게 답하는 장이다. 1장에서 15장까지를 1권, 2권, 3권으로 나누어 음악적 관점에서 분석해 보자.

1권은 1장에서 4장에 걸쳐 아폴론적인 것과 디오니소스적인 것의 결합, 특히 디오니소스적 정신, 즉 음악정신을 논의했다.

2권은 음악을 중심으로 비극을 분석한다. 니체는 5장에서 8장까지 음악의 구체적 사례를 들어 가며, 예컨대 4장은 서정시의 음악적 요소, 5장은 민요, 7장과 8장은 합창가무단을 논의했다. 니체는 마지막으로 9장과 10장에서 최고 의지 형태의 음악적 구현인 인간 의지의 구체적 사례를 비극의 주인공론으로 논의했다.

3권은 음악과 음악정신의 소멸과 비극 죽음의 연관성을 다루었다. 니체는 3권의 11장과 12장에서 음악 대신 대화가 주가 되는 에우리피데스의 비극을 논의했으며, 13장에서 15장까지 음악을 대신한 소크라테스의 이론과 철학, 왜곡된 음악으로서 소크라테스의 이론적, 학문적, 철학적 세계관을 다루었다.

4권의 첫 장인 16장은 1권, 2권, 3권에서 지금까지 논의한 고갱이를 드러내는 장이다. 다른 말로 하면 16장은 니체가 1장에서 15장까지 설명한 자신의 음악 내용을 음악철학으로 집약한 장이다. 이러한 관점에서 본다면 16장은 『음악정신으로부터 비극의 탄생』의 핵심 장으로서, 이 책 전체를 관통하는 철학적 핵심 내용이 된다.

16장을 위의 세 가지 관점에서 읽는다면, 16장은 『음악정신으로부터 비극의 탄생』을 전체적으로 유기적으로 연결해 주는 돌쩌귀이다. 16장은 1장에서 15장을 이론적으로 연결해 줄 뿐만 아니라 전체 책 내용의 철학적 토대, 『음악정신으로부터 비극의 탄생』을 설명해 주는 장이며, 음악정신이 무엇인가를 알려 준다.

이런 관점에서 16장을 읽는다면, 16장이 주는 당황스러움과 낯섦은 상당 부분 해소된다. 마찬가지로 17장과 18장은 음악정신이 쇠퇴한 근대인과 현대인들, 특히 소크라테스의 영향을 받은 현대 사회와 국가 속의 시민은 어떻게 살아가는가를 보여 준다. 19장은 소크라테스적 음악, 즉 소크라테스적 이론과 학문의 영향을 받은 자들, 니체의 표현에 따른다면 교양인들이 음악정신이 완전히 쇠퇴한 현대적 비극인 오페라를 왜 그리고 어떻게 창조했으며, 음악정신을 잃어버린 속물적 시민들이 왜 오페라를 좋아하는가를 다룬다.

2. 새로운 평가 기준을 요구하는 음악

우리가 저 전쟁의 한가운데에 뛰어들기 전, 우리는 우리가 지금까지 얻었던 인식의 장비를 챙기자. 예술들을 모든 예술 작품에 꼭 필요한 생명의 원천으로서 유일한 원리로부터 도출하려고 애썼던 모든 사람들과 반대로,[1] 나는 그리스의 저 두 명의 예술신인 아폴론과 디오니소스에게 눈길을 돌리고 고정시켰으며, 그 두 명의 신에게서 예술의 가장 깊은 본질과 최상의 목적과 관련하여 생생하면서도 관찰 가능한 예술세계의 서로 다른 두 명의 대표자를 인식했다.

아폴론은 내 앞에 구원이 가상 속에서만 진정으로 달성되는 **개별화 원리의 변용적**verklärende 천재로 서 있다.[2] 반면 디오니소스의 신비한 외침 속에서 개별화의 속박은 파괴되고, 존재의 어머니, 사물의 가장 내적 핵심에 이르는 길이 열린다.[3]

위대한 사상가들 중 단 한 명이 아폴론적인 것의 정형예술과 디오니소스적 예술로서 음악 사이의 틈에서 나타난 이와 같은 엄청난 대립을 어느 정도 드러냈다. 그는 그리스의 신적 상징들의 안내를 전혀 받지 않고서도 음악에는 다른 예술과는 다른 성격과 원천이 있음을 인정했다. 그는 음악이 다른 모든 예술과 마찬가지로 현상의 모방이 아니라 의지의 직접적인 모방, 모든 물질적인 세계보다는 **형이상학적 세계를**, 모든 현상보다는 물자체 Ding an sich를 묘사하기 때문이라고 생각했기 때문이다.(쇼펜하우어, 『의지와 표상으로서의 세계 I』, 310쪽)[4]

바그너는 『베토벤론』에서 다음과 같이 언급하면서 자신의 영원한 진리를 강조하기 위해서 모든 미학의 가장 중요한 인식—보다 더 진지한 의미에서 획득된 미학이 최초로 착수했던—을 각인시켰다. '음악은 모든 정형예술들과는 전혀 다른 원리에 따라 측정되어야지 일반적인 원리에 따라 측정되어서는 안 된다. 오도되고 타락한 예술에 종속된 잘못된 미학이 정형예술에 적용될 만한 미의 개념에 근거하여 정형예술의 작품에 요구되는 유사한 작용, 주로 **미적 형식의 만족에서 오는 흥분**die Erregung des Gefallens an schönen Formen을 음악에게 요구하는 데 익숙할지라도 말이다.'[5]

나는 저 엄청난 대립을 인식하고 난 후, 그리스 비극의 본질과 그럼으로써 그리스 천재hellenischen Genius의 아주 심오한 계시에 접근해야 할 강력한 욕구를 느꼈다.[6] 나는 이제 최초로 일상적인 미학의 관용어법을 넘어서 비극의 근원 문제를 실제로 다룰 수 있는 마법과 같은 힘을 획득했기 때문이다.[7] 그럼으로써 나는 그리스적인 것을 볼 수 있는 그토록 낯설지만 나만의 시각을 얻게 되었고, 그 덕분에 그토록 의기양양한 고전적—그리스적인 학문이 주로 지금까지도 그림자놀이와 피상적인 것만을 즐기는 것에 지

나지 않음을 알게 되었기 때문이다.[8]

1. 기존의 대다수 예술 철학자나 비평가들은 예술을 평가할 때 아폴론에게만 의지했다. 또 다른 예술 철학자나 비평가들은 윤리적이거나 도덕적인 가치관이나 기독교적인 또는 종교적인 가치에 입각하여 예술을 바라보고 평가했다. 그들은 올바름이나 숭고함의 가치에서 벗어난 예술을 외설이나 전위로 비난하고 배제했다. 니체는 이런 두 흐름에서 벗어나 디오니소스를 예술의 또 다른 한 신이자 기준으로 받아들였다.

   기존의 예술이 아폴론적인 정형적인 것, 조형적인 것, 눈에 보이는 것만을 다루었다고 한다면, 니체는 눈에 보이지 않는 어떤 것인 디오니소스적 예술, 즉 음악의 세계를 끌고 들어온다. 니체가 『비극의 탄생』 1장 1절 첫머리에서 '예술의 발전이 **아폴론적인 것과 디오니소스적인 것**의 이중성에 달려 있다'고 한 선언은 예술 창작과 평가의 새로운 이정표이다.

2. 개별화 원리의 변용적 천재란 형이상학적 존재를 인간의 눈에 보이도록 여러 형태로 만들어 낸다는 뜻이다. 1장 3절에서 구체적으로 다루었다. 또한 니체는 4장 1절에서 라파엘로의 〈그리스도의 변용〉을 아폴론적 원리와 연관하여 설명했다.

3. '개별화의 속박은 파괴된다'는 것은 디오니소스적 예술인 음악이 인간을 하나 되게 만들 뿐만 아니라 인간과 자연, 자연과 자연, 모든 현상세계를 하나로 만든다는 뜻이다. 1장 4절에서 구체적으로 다루었다.

4. 쇼펜하우어가 설명한 음악과 음악 이외 예술과의 차이를 설명한

글이다. 이데아와 물자체가 있고, 이를 모방한 것이 일반적인 예술
이면, 음악은 이데아와 물자체가 즉자적으로 표현된다는 것이 주요
내용이다. 니체가 간단하게 정리한 내용은 쇼펜하우어의 다음과 같
은 글이다.

> (플라톤적인) 이데아들은 의지의 적절한 객관화이다. 특수한 사물의 표상
> (왜냐하면 예술 작품 그 자체는 항상 특수한 사물의 표상이기 때문이다.)에 의
> 하여 플라톤적인 이데아에 관한 인식을 자극하거나 암시하는 것이 다른 모
> 든 예술의 목적이다. 다른 모든 예술이란 주지하다시피 인식 주체 안에서 상
> 응하는 변화에 의해서만 얻어질 수 있다. 따라서 이러한 모든 예술은 이데아
> 들에 의해서만 의지를 간접적으로 객관화한다. 왜냐하면 우리의 세계는 이
> 데아들의 개체화 원리(개체 그 자체에게만 가능한 인식의 형식)로 진입함에
> 도 불구하고 이데아들의 다양성으로 표현함에 지나지 않기 때문이다. 하지
> 만 음악은 이데아를 넘어서기 때문에 현상세계에 전혀 의지하지 않고, 현상
> 세계를 무시하며, 어떤 세계 없이도 어느 정도 존재할 수 있다. 하지만 다른
> 예술은 그렇다고 말할 수 없다. 음악은 세계 그 자체로서 전체 의지의 객관
> 화이자 모방처럼 직접적이며, 나아가 그 다양한 표현이 개별적 사물의 세계
> 를 구성하는 이데아들과 마찬가지로 직접적이다. 따라서 음악은 다른 예술
> 들처럼 이데아의 모방이 절대 아니라 의지 그 자체의 모방이며, 이데아들의
> 의지 그 자체의 객관화이다. 이것은 음악의 효과가 다른 예술들보다 왜 그렇
> 게 강력하고 심금을 울리는가를 보여 준다. 왜냐하면 다른 예술들은 그림자
> 들을 말할 뿐이지만, 음악은 물자체를 말한다. 그러나 아주 다른 방식이기는
> 하지만 이데아와 음악으로 그 자신을 객관화하는 것은 동일한 의지이기 때
> 문에 음악과 이데아들—가시적인 세계에서 다양하고 불완전하게 표출되고

있다―사이에는 직접적인 유사성이 아니더라도 평행성이나 유사성이 있음에 틀림없다."[1]

니체는 쇼펜하우어의 음악론을 받아들이고 기존에 있던 예술 평가의 보편적인 기준을 변경한다. 음악을 제외한 일반적인 예술은 이데아 또는 물자체를 모방하여 만들어지므로 형상을 지니고 있는 반면, 음악은 이데아 또는 물자체의 즉자적 표현이기 때문에 형상을 지니고 있지 않다. 형상을 표현한 예술은 개별화 원리에 의해 탄생한 것이므로 아폴론적인 척도에 따라 평가되어야 하지만, 형상을 지니고 있지 않는 음악은 개별화 원리의 파괴가 얼마나 잘 일어나는가, 즉 얼마나 많은 사람들이 공감하는가에 따라 평가될 수 있다. 개별화 원리의 파괴를 가장 잘 해낸 신은 디오니소스이므로, 디오니소스적 가치의 구현은 곧 음악의 발현이라고 볼 수 있다.

모방론과 평가론의 관점에서 조금 더 살펴보도록 하자. 이데아가 존재하고, 그 이데아를 모방한 것이 예술이다. 예술은 이 점에서 이데아의 모방이다. 우리가 흔히 알고 있는 예술, 예컨대 조각, 공예품, 그림 등이 이런 예술이다. 이런 예술들은 공간 속에 존재하며, 형상을 통해 이데아를 모방한 것이므로, 이데아를 얼마나 잘 모방했는가가 평가의 기준이 된다.

음악을 살펴보자. 음악은 형상이 없고 흐름만이 있을 뿐이다. 음악은 시간 흐름의 예술이다. 음악도 예술이란 점에서 이데아의 한 측면이라고 한다면, 음악은 이데아를 모방한 것인가? 모방이 아니다. 음악에는 형상이 없기 때문이다. 그렇다면 음악과 이데아는 어떤 관계인가? 이데아가 직접 드러난 게 바로 음악이다. 이 점에서 음악은 이데아의 또 다른 측면, 즉 이데아와 음악은 동전의 앞뒷면이다.

지금까지 이데아의 직접 발현체인 음악을 평가한 기준은 무엇인가? 과거의 미적 기준, '공간 속 형상의 아름다움'을 기준으로 한 평가는 음악에 적용될 수 없다. 지금까지 음악의 유일한 평가 기준은 '이데아와 잘 부합하느냐'이다. 음악이 이데아와 부합하는지, 않는지를 인간이 판별할 수 있는 기준은 '음악이 얼마나 객관적인 미와 잘 어울리는가'이다. 바그너는 음악의 이러한 평가 기준으로 '숭고함'을 든다. 이는 니체의 비판 대상이 된다.

5. 니체가 이와 같은 주장을 한 근거는 바그너가 1870년에 집필한 『베토벤론Beethoven』에 근거한다. 바그너는 쇼펜하우어의 철학과 베토벤의 생애와 음악을 바탕으로 새로운 예술 평가론을 제시한다. 그는 그림이나 조각, 건축물 등의 정형예술을 평가하고 판단하는데 아름다움과 미를 기준으로 할 수 있지만, 음악을 평가하고 판단하는 데는 전혀 다른 기준이 적용되어야 한다고 주장한다. 음악은 인간의 눈에 드러나고 보이는 정형예술과 전혀 다른 세계를 보여주기 때문이다.

바그너는 음악이 우리 마음속에서 발생하기는 하지만 이해할 수 없는 상태를 가장 보편적인 개념den allerallgemeinsten Begriff des an sich dunklen Gefühles으로 드러내는 힘을 지니고 있다고 보았다. 바그너는 눈에 보이는 외적 세계를 드러내는 정형예술과 달리, 보이지 않는 세계를 드러내는 음악을 판단하고 평가하기 위해서는 '숭고함'이 기준이 되어야 한다고 주장한다. 바그너가 주장한 내용은 다음과 같다.

하지만 우리는 예술로서 음악에 관한 미학적 판단을 하면서 결정적인 점을 고려해야만 한다. 특히 우리는 음악이 외부 현상과 조우하는 형식으로부터 음악의 표현 성격에 대한 철저하게 무의미하고 왜곡된 요청이 추론된다는 점을 발견했다. 이미 이것을 설명했던 것처럼, 정형예술에 관한 판단에서 비롯된 관점이 음악에도 부여되었다. 우리는 이러한 잘못이 발생할 수 있었던 원인을 관찰 가능한 세계와 그 현상에 대한 눈에 띌 만한 음악의 외적인 접근 탓으로 돌려야만 한다. 이러한 방향에서 음악이라는 예술은 하나의 발전 과정을 겪는데, 그 과정에서 음악은 자신의 진정한 성격에 관한 잘못된 이해를 낳는다. 그 결과 사람들은 정형예술의 작품에서와 마찬가지로 음악에서도 유사한 효과, 특히 미적 형식의 만족에서 오는 흥분을 요구한다. 이런 요구가 더해질수록 음악을 정형예술로서 판단하는 실패가 점차 늘고 있고, 이런 판단 실패로 음악이 얼마나 심각하게 더럽혀지는지 쉽게 알아낼 수 있다. 그러므로 동일한 기준이 음악에 요구된다면, 음악은 자신의 외적 측면으로 정착함을 통해서만 우리의 흥분을 자극하기 위해서 자신의 고유한 본질을 완전히 상실할 것이다.

음악은 생각할 수 있는 단계 중에서 즉자적으로 이해하기 어려운 감정의 가장 보편적인 개념을 가장 확실히 알기 쉽게 전달해 줌으로써 우리의 생기를 촉진시키며, 이런 방식으로 우리에게 말을 건다. 따라서 음악은 즉자적으로 그리고 대자적으로 숭고함의 범주에 따라 평가될 수 있다. 왜냐하면 음악이 우리의 마음을 사로잡자마자, 음악은 가장 높은 수준의 무제한적인 황홀한 의식을 분기시키기 때문이다. 이와 반대로 정형예술 작품의 관조에 몰두한 결과 우리에게 출현했던 것은 특히 관조된 대상과 우리의 개별적 의지와의 경주에서 마침내 얻어진 저 개별적 의지의 종복으로부터 지성의 해방, 또한 심성에 요구된 미의 작동이었다. 음악은 처음 시작되자마자 이렇게 작동한다. 왜냐하면 음악은 우리의 외부에 있는 사물의 관계에 관한 모든 파악으로부터 지성을 제거하며, 모든 대상으로부터 해방된 순수한 형식으로서 외부 세계에 대해 우리를 가로막지만 이와 반대로 모든 사물의 내적인 본질과 마찬가지로 우리의 내부도 우리가 보도록 만들기 때문이다. 이에 따른다면 음악에 관한 평가는 저 법칙의 인식, 다시 말하면 음악의 순수한 출현의 최초 작동인 미적 현상의 작동으로부터 음악의 고유한 성격의 계시에 이르기까지 숭고함의 효과에 의해서 가장 직접적으로 진전되는 그 법칙 위에 세워져야만 한다. 이와 반대로 음악이 최초 출현의 효과와 더불어 프리즘놀이를 하고 있다면, 음악이 음악의 가장 외적인 측면이 관조된 세계로 향하는 관계에서 우리를 머무르게 한다면, 음악의 성격에 대해서는 적절하게 언급된 적이 한 번도 없다.'2

니체는 바그너의 위의 주장을 건너뛰어 바그너에게 직접 영향을 준 쇼펜하우어의 사상으로 바로 들어간다. 니체는 쇼펜하우어의 사상에서 음악에 어떤 힘이 있는지를 길게 인용한다.

니체가 바그너의 이러한 주장을 일부는 수용하고 일부는 부정한 것은 니체 사상의 발전에서 상당히 중요하다. 니체가 받아들인 주장은 아폴론적인 정형예술과 똑같은 기준으로 음악을 평가할 수 없다는 것이며, 부정하는 부분은 '숭고함'이 음악의 평가 기준이라는 주장이다.

음악 자체의 고유한 평가 기준이 있다는 점은 니체가 자신의 사유를 정립하면서 디오니소스적인 요소가 있음을 끌어들이는 근거가 된다. 반면 니체가 '숭고함'을 부정하는 것은 향후 '종교적인 것', '도덕적인 것', '윤리적인 것'으로 경도될 수 있음을 부정하는 근거가 된다. 전자는 니체가 초기 사상을 정립하는 근거가 되고, 후자는

바그너의 〈파르지팔〉에서 파르지팔과 쿤드리의 대화 장면(1904년)

니체가 후기 사상을 정립하는 근거가 된다.

니체가 바그너 맹종자와 추종자에서 바그너 적대자이자 비판자로 바뀌는 것은 이미 음악의 평가 기준으로서 숭고함 안에 내포되어 있다. 바그너가 말년에 〈파르지팔〉에서 종교적이자 도덕적인 결론으로 돌아가자 니체가 바그너의 적이 되었던 것도 이미 이 숭고함의 부정에서 찾아볼 수 있다.

6. 대부분 이 부분을 '그리스적 정신'이나 '희랍 수호신', '헬레니즘의 수호신' 등으로 번역한다. 그 이유는 hellenischen Genius가 무엇을 의미하는지 파악하지 못해서이다. 헬레니즘적 천재 또는 그리스의 천재로 번역되는 hellenischen Genius는 소크라테스를 가리킨다.

맥락적 측면에서 이를 살펴보자. '저 엄청난 대립을 인식'은 1권의 내용, 아폴론적인 것과 디오니소스적인 것의 대립을 말한다. '그리스 비극의 본질'은 2권의 내용, 서정시, 민요, 합창가무단, 음악의 의지 표현으로 주인공을 말한다. '그리스 천재hellenischen Genius'는 3권의 내용, 에우리피데스의 창작을 도와주고 스스로 양심과 이론에 의해 음악을 한 소크라테스를 말한다.

이 문장 이후 단락을 보면, 니체는 '그리스 비극의 본질을 파악했다는 것', 이를 바탕으로 '현재 고전적-그리스적 연구가 얼마나 피상적인가'를 알았다고 공언한다. '그리스 비극의 본질을 파악했다는 것'은 1권과 2권에서 니체가 심혈을 기울여 파악한 비극의 본질을 말하고, '현재 고전적-그리스적 연구가 얼마나 피상적인가'는 3권의 11~15장까지 비극의 적대자이자 파괴자로서 소크라테스의 영향을 받은 예술관과 학문관의 비판을 말한다.

어휘적 측면에서도 hellenischen Genius는 소크라테스를 지칭한다. 니체는 이 책 20장에서도 '지금까지 제대로 파악할 수 없었던 그리스적 천재des bisher unbegriffnen hellenischen Genius'라는 말을 쓴다. '지금까지 제대로 파악할 수 없었던'은 니체 이전까지 어느 누구도 그리스의 이론적 천재였던 소크라테스를 파악하려고 노력도 하지 않았으며 파악하지도 못했다는 뜻이다. 이는 니체 자신이 비로소 소크라테스의 진면목, 소크라테스의 죽음에 감추어진 숨겨진 의도, 소크라테스가 죽기 전 음악에 귀의한 이유 등을 제대로 파악했다는 뜻이다.

맥락적 측면과 어휘적 측면에서 살펴보면 hellenischen Genius는 소크라테스를 지칭하는 어휘이다.

이를 바탕으로 다음과 같은 추론을 할 수 있다. 16장이 『비극의 탄생』4권의 들머리라고 한다면, 이 문장은 4권 역시 그리스 비극의 전통을 제대로 계승한 현대적 비극(바그너의 음악극), 그리스 비극을 파괴한 소크라테스의 이론적 철학적 사유, 이에 바탕을 둔 왜곡된 그리스 비극의 계승자(오페라)를 다룰 것임을 드러낸다.

근본적으로 위와 같은 오역과 오역에서 비롯된 해석의 오류가 발생하는 이유는 니체가 천재란 단어를 다양하게 사용한 것에서 비롯한다. 니체는 전체 저서에서 천재란 말을 상당히 많이 사용한다.

Genius는 본래 날개가 달린 극장, 포도밭, 축제의 신이었다. (Genius를 신으로 사용한 경우는 10장 3절과 17장 7절을 참조한다.) 왜 이런 신이 천재라는 언어로 변형되어 우리에게 나타나는가? 본래 Genius는 모든 인간, 사물 등이 누구나 자신만의 신적인 본성을 가지고 있고 강력한 힘을 발휘함을 말한다. 하지만 모든 인간이 이런 본성을 발휘하지는 못하고 극소수만이 발휘할 뿐이다. 바로 이런 사람이 Genius, 즉 천재가 된다. 다양한 영역에서 엄청난 능력과 힘을 발휘한 사람을 우리는 '천재'라 부르고, 신적인 능력을 지닌 자라고 본다. 천재는 신과 같은 사람이다.

우리가 아는 일반적인 천재라는 개념 앞에 니체는 '아폴론적', '이론적', '철학적'이란 말을 붙여 소크라테스를 지칭하며, '디오니소스적', '서정시적', '예술적'이란 말을 붙여 소크라테스와 반대 진영에 서 있는 예술적인 천재들을 표현한다. 니체는 비극의 정신을 제대로 이해하고 창작한 자를 디오니소스적-아폴론적 천재라고 표현하기도 한다. 예컨대 아이스킬로스는 디오니소스적-아폴론적인 천재의 대표이다. 이외에도 니체는 '헬레니즘적' 천재나 '그리스적'

천재, '독일적' 천재, '군사적' 천재라는 말을 사용하기도 한다.

7. 기존의 모든 예술을 평가하는 관점은 단 하나, 정형예술을 평가하고 판단하는 기준이었던 아름다움과 미였다. 아름다움과 미란 우리가 알고 있듯이 외부로 드러나는 어떤 것을 평가하고 판단한다. 이것은 아폴론적 가치인 척도를 기준으로 한다.

니체는 바그너의 음악론에 근거하여 새로운 평가 기준을 예술에 도입할 수 있었다고 자평한다. 그 평가 기준이란 다름 아닌 끊임없이 요동치고 안정을 찾으며 약동하며 꿈틀거리고 잔잔해지고 편안해지는 인간의 마음을 표현하고 드러낸 음악이다. 음악을 평가하는 기준은 기존의 예술 평가 기준인 미와 또 다른 무엇이어야 한다고 니체는 강조한다.

바그너는 또 다른 평가 기준을 숭고미라고 단정했지만, 니체는 이 숭고미의 수용을 거부한다. 니체는 음악을 평가하기 위한 새로운 판단의 기준을 도입해야 한다는 바그너의 주장을 수용하고 이를 창조적으로 발전시켜 디오니소스적 예술의 평가 기준, 개별화 원리의 파괴를 음악 평가의 기준으로 도입한다.

8. '나만의 시각'이란 이전의 모든 예술이 아폴론적 기준에 의한 것을 넘어서서 디오니소스적 요소를 지녀야 함을 뜻한다. 디오니소스적 요소는 단지 축제라는 현상 분석이나 음악의 철학적 이해로 끝나지 않는다. 니체는 디오니소스적 요소를 철학적으로 승화하여 기존의 그리스적인 모든 것, 예컨대 그리스 예술을 넘어서 그리스 철학과 문학 등 모든 것을 분석하고 비판할 수 있는 힘을 얻었다. 더 나아가 니체는 '나만의 시각'으로 니체 당대의 시대와 철학 등 모든 것을 전방위적으로 평가하고 비판하는 힘을 획득했다.

16장 2절은 니체가 『비극의 탄생』을 창조해 낸 과정을 고스란히 담고 있다. 2절은 또한 니체의 학문 여정이 어디에서 시작했고 현재 어디에 있으며, 앞으로 어디로 나아갈 것인가를 가장 간명하게 보여 주기도 한다. 이는 다른 말로 『비극의 탄생』에서 니체적인 것은 무엇인가, 무엇이 니체의 주장이고, 누구에게 영향을 받았는가를 알려 주는 절이기도 하다.

우선 위의 내용을 니체의 문장을 중심으로 간단히 정리해 보자.

"예술들을 모든 예술 작품에 꼭 필요한 생명의 원천으로서 유일한 원리로부터 도출하려고 애썼던 모든 사람들과 반대로"는 기존의 모든 예술 작품의 평가 기준과 평가자들과 니체가 반대로 나가겠다는 것을 분명히 밝히고 있다.

"두 명의 예술 신인 아폴론과 디오니소스에게 눈길을 돌리고 고정시켰으며, 그 두 명의 신에게서 예술의 가장 깊은 본질과 최상의 목적과 관련하여 …… 아폴론은 …… 가상 속에서만 진정으로 달성되는 **개별화 원리**의 변용적_verklärende_ 천재로 서 있다. 반면 디오니소스의 신비한 외침 속에서 개별화의 속박은 파괴되고, 존재의 어머니, 사물의 가장 내적 핵심에 이르는 길 …… "은 니체 사상의 고유한 부분에 해당한다. 니체는 쇼펜하우어와 바그너의 영향을 받기는 했지만, 그들이 보지 못한 사실, 두 명의 예술 신을 끄집어내고, 이를 기준으로 새로운 세계관과 철학관을 세울 수 있다고 주장한다.

"위대한 사상가들 중 단 한 명이 아폴론적인 것의 정형예술과 디오니소스적 예술로서 음악 사이의 …… 엄청난 대립을 어느 정도 드러냈다. …… 음악에게 다른 예술과 다른 성격과 원천이 있음 …… 음악이 …… 의지의 직접적인 모방, 모든 물질적인 것보다는 **형이상학적 세계를**, 모든 현상보다는 물자체를 묘사하 …… "는 니체가 『비극의 탄생』을 창작하는 데 가장 영향을 많이 받은 철학 사상을 밝힌 것이다.

"바그너는 『베토벤론』에서 …… '음악은 모든 정형예술들과는 전혀 다른 원리에 따라 측정되어야지 …… "는 니체가 바그너를 따르고 바그너의 음악을 들으면서 받은 음악사상을 말한다. 바그너가 쇼펜하우어의 영향을 받았음을 전제해야 한다.

"나는 저 엄청난 대립을 인식하고 난 후, 그리스 비극의 본질과 그럼으로써 그리스 천재의 아주 심오한 계시에 접근해야 할 강력한 욕구를 느꼈다. …… 비극의 근원 문제를 실제로 다룰 수 있는 마법과 같은 힘을 획득 …… 그리스적인 것을 볼 수 있는 그토록 낯설지만 나만의 시각을 얻게 되었고, 그 덕분에 그토록 의기양양한 고전적—그리스적인 학문이 주로 지금까지도 그림자놀이와 피상적인 것만을 즐기고 있는 것에 지나지 않는다는 것 ……."은 니체의 현재 상태와 미래 지향을 보여 준다. '그리스 비극의 본질', '비극의 근원 문제', '나만의 시각'은 비극의 본질을 파헤칠 수 있는 힘을 뜻하고, '그리스 천재', '그림자놀이와 피상적인 것'은 과거 비극의 해석에 대한 파괴적 공격과 동시에 앞으로 지향할 방향을 나타낸다. 그리스 천재가 소크라테스를 의미하므로, 비극의 본질을 파헤친 니체는 소크라테스와 그 아류를 파괴하는 전선에 나설 것임을 다짐한다.

이를 바탕으로 니체가 어떻게 해서 『비극의 탄생』을 집필했으며, 자신의 사상에 이정표를 세우는지 상상력을 발휘해 보자.

문헌학자이자 발상의 천재인 청년 니체는 고대 그리스 문헌을 열심히 분석하고 탐독했다. 그는 말로 표현하지 못하지만 가슴을 답답하게 만드는 무언가에 항상 사로잡혀 있었다. 그는 자신의 연구 대상인 그리스 고전을 설명하는 과거나 당대 학자들이 무언가 놓치고 있었지만 그게 무엇인지 알 수 없었다.

고뇌하던 니체는 쇼펜하우어의 『의지와 표상으로서의 세계』를 읽다 답답한 가슴이 확 뚫리고 머리가 맑아지는 느낌을 받았다. 예술의 평가 기준에 아폴론적인 미적 원리 이외에 또 다른 무엇이 있을 수 있음을 쇼펜하우어에게서 찾았기 때문이었다. 하지만 그것이 정확하게 무엇인지 몰랐다. 평소 음악을 좋아하고 사랑하던 니체는 자신이 믿고 존경하고 따르던 바그너의 『베토벤론』을 읽다 또 한 번 충격에 빠진다. 니체가 서문에서 '베토벤에 관한 당신의 훌륭한 논문이 나왔던 그 시기에'라고 밝혔듯이, 니체는 바그너의 음악과 음악사상에 많은 영향을 받았다.

니체는 쇼펜하우어와 바그너의 이론과 음악을 흡수했다. 하지만 니체는 쇼펜하우어가 비극을 체념적으로 바라보는 것과 바그너가 숭고미를 음악 평가의 기준으로 바라보는 것에 막연하지만 불쾌함을 느꼈다. 니체는 그리스 비극을 소리 내어 읊조리고 또 읊조렸다. 니체는 묘하게 그리스 비극이 연극의 대본과는 또 다른 무엇이 있음을 직관적으로 깨달았다. 니체는 그 읊조림 속에서 비극의 음악적 요소를 발견한 동시에 또한 고대 비극의 위대한 형상예술이 눈앞에 아른거렸다. 니체는 비극을 연극으로 바라보거나 내용적 관점에서 분석해서는 안 된다는 것을 직관적으로 깨달았다.

니체의 머리에 번쩍 번개가 쳤다. 니체는 쇼펜하우어의 철학과 바그너의 예술평가론을 넘어선다. 그는 고대 비극을 정형예술인 아폴론적인 것과 음악예술인 디오니소스적인 것의 결합이라는 천재적 발상을 한다. 그는 고대 그리스 비극이 이 정형예술과 음악예술이라는 두 미적 원리 위에 어떻게 구성되었는가를 탐구한다. 그는 정형예술이 없으면 음악예술이 제대로 표현되지 않고, 음악예술이 없으면 정형예술이 죽음을 맞이한다는 걸 깨닫는다.

니체는 이 과정에서 깜짝 놀랄 지적 경험을 한다. 조숙한 천재였던 니체는 비극과 철학을 포함한 기존의 모든 그리스 고전 연구가 그림자놀이에 지나지 않는다는 것, 아폴론적 척도와 미적 원리 위에 세워진 허상의 탑이라는 걸 깨닫는다. 니체는 고대 그리스 비극에 대한 에우리피데스의 배신과 그 안에 스며들어 있는 소크라테스적인 음악과 철학에 흠칫 놀란다.

니체는 아폴론적인 미적 원리와 전혀 다른 원리 위에 서 있는 디오니소스적 음악의 개별화 원리의 파괴, 인간과 인간, 인간과 동물, 인간과 자연의 합일이 탈아폴론적 원리로 전락한 개인주의를 극도로 옹호한 소크라테스와 소크라테스주의에 의해 파괴되어 있음에 놀란다. 니체는 소크라테스로 대변되는 철학과 세계관과 미학이 모두 염세주의에 기반함에 또 한 번 놀란다.

니체는 다짐한다. 그는 디오니소스적 원리에 근거한 『비극의 탄생』을 집필한 이후, 아폴론의 충실한 제자이자 아폴론적 척도의 화신인 소크라테스와 그 아류들인 소크라테스주의자들을 죽이기에 나서기로 마음먹는다. 소크라테스와 소크라테스주의가 그림자놀이이고, 그 그림자를 만든 소크라테스와 소크라테스주의를 제거해야 인간이, 인류가 근원적 일자에 합일하여 하나가 될 수 있다고 니체는 생각한다. 그는 소크라테스에서 비롯된 우상들을 죽이려는 장엄한 전투에 들어선다.

3. 사물 이전의 보편을 드러내는 음악

우리는 비극의 근원적인 문제를 다음과 같은 질문과 더불어 다루어야 한다. 서로 구분되는 아폴론적인 것과 디오니소스적인 저 예술적인 힘들이 실제로 동시에 나란히 작용한다면 어떤 미학적 효과가 발생하는가? 또는 간단하게 말한다면, 음악은 형상 및 개념과 어떤 관계를 맺는가? 리하르트 바그너는 쇼펜하우어가 이 문제에 대해 적당하면서도 간결하고 명료하게 묘사했다고 칭찬했다. 나는 여기서 길기는 하지만 이 문장을 인용하고자 한다.[1]

이 모든 것에 따르면[2] 우리는 현상세계 또는 자연과 음악을 동일한 사물의 서로 다른 두 표현으로 볼 수 있다. 따라서 그 사물은 두 유사성의 유일한 매개물이며, 저 유사성을 이해하기 위해서 인식이 요청된다. 이에 따르면 음악을 세계의 표현으로 본다면, 음악은 가장 높은 수준의 공통적인 allgemeine 언어이다.[3] 따라서 대충 말한다면, 음악과 개념들의 공통성 Allgemeinheit과의 관계는 개념들과 개별적인 사물과의 관계와 같다. 하지만 음악의 공통성은 저 공허한 추상의 공통성이 아니라 완전히 다른 방식이며, 일반적인 명료한 규정성Bestimmtheit과 연결되어 있다. 이 점에서 음악의 공통성은 기하학적인 도형이나 수와 유사하며, 모든 가능한 경험 대상의 공통적 형식이며 **선험적으로 적용 가능함**에도 불구하고 추상적인 것이 아니라 직관적이며 예외 없는 것으로 정의된다.[4] 의지의 모든 가능한 노력, 흥분, 표현, 다시 말하면 이성이 아주 부정적으로 바라본 감정이라는 개념에 팽개쳐 버렸던 인간 내면의 모든 저 과정들은 수없이 다양하게 가능한

선율Melodie에 의해 표현되었다.[5] 하지만 선율은 저 과정들을 늘 소재Stoff 없이도 순수한 형식의 공통성으로 표현했고, 현상이 아니라 즉자적으로 표현하였고, 몸통Körper 없이도 가장 내적인 영혼 그 자체를 표현했다.[6]

음악이 모든 사물의 가장 진정한 본질과 갖는 이러한 내적인 관계로부터 다음과 같은 것이 설명 가능하다. 어떤 장면, 행위, 사건, 환경에 적절한 음악이 울리면, 이것은 우리에게 가장 비밀스러운 의미 그 자체를 열어 주며, 가장 올바르면서도 명료한 해석을 더해 주는 것으로 나타난다.[7] 마찬가지로 교향곡에 감명을 받은 사람은 모든 가능한 삶의 사건과 세계 그 자체가 마치 지나가는 것처럼 느낀다. 그럼에도 그가 음악에서 빠져나온다면 자신 앞에 흐르는 저 음악과 사물 사이에 주어진 어떤 유사성도 제시할 수 없다.[8] 왜냐하면 앞에서 말했던 것처럼[9] 음악은 현상의 모방 또는 더 적절히 말한다면 의지의 적절한 대상이 아니라 의지의 직접적인 발현이란 점에서 그리고 세계의 모든 물질적인 것에 대해서 형이상학적인 것, 사물의 모든 현상에 대해서 물자체Ding an sich를 들어낸다는 점에서 다른 모든 예술과 구분되기 때문이다.[10]

이에 따라 사람들은 세계를 구체화된 의지, 구체화된 음악으로 부를 수 있다. 이러한 사실로부터 음악이 왜 모든 생동감 넘치는 묘사, 실제 삶과 세계의 모든 장면을 더 함축적으로 드러내는지가 해명된다. 물론 그 선율이 주어진 현상의 내적 정신과 상응할수록, 훨씬 더 함축적으로 드러난다는 것은 주지의 사실이다. 사람들이 음악을 노래와 같은 시 또는 무언극Phantomime처럼 눈으로 볼 수 있는 연기 또는 오페라와 같은 시와 무언극보다 더 높이 평가했던 것은 이 때문이다.[11] 음악이라는 공통적인 언어로 표현된 인간 삶의 그러한 개별적인 형상이 음악과 일반적으로, 필연적으로 연관되거나 음악과 일치하는 것은 아니다. 인간 삶의 그러한 개별적인 형상과 음악의 관계는 임의의 사례와 공통적인 개념의 관계와 같다. 인간 삶의 그러한 개별적인 형상은 음악이 순수한 형식의 공통성으로 표현했던 것을 현실의 규정성으로(현실적인 형태로, 또는 현실에서 이해할 수 있는 형식으로) 표현한다. 이런 현실, 따라서 개별 사물의 세계는 관찰 가능한 것, 특수한 것과 개별적인 것, 개별적인 경우를 개념의 공통성과 선율의 공통성에게 제공한다.[12] 하지만 두 가지 공통성은 어떤 점에서 서로 대립된다. 개념은 직관에서 추상한 형식만을, 말하자면 밖으로 끄집어낸 사물의 껍질을 내포한 추상명사Abstrakta일 뿐이다. 이와 반대로 음악은 모든 형상에 선행하는 가장 내적인 핵심 또는 사물의 심장을 제공한다. 이러한 관계는 사람들이 다음과 같이 말한다면 스콜라 철학의 언어로 아주 잘 표현된다. 개념이란 **사물 이후의 보편**universalia post rem이지만, 음악은 **사물 이전의 보편**universalia ante rem을 제공하며, 현실은 **사물 속의 보편**universalia in rem이다.[13]

……[14] 그러나 일반적으로 악곡Komposition과 관찰 가능한 묘사 사이에 하나의 관계가 성립될 수 있는 것[15]은 언급했던 것처럼 양자가 세계의 동일한 내적 본질의 전혀 다른 표현이라는 것에서 기인한다. 이제 개별적인 경우에 그러한 관계가 현실적으로 존재한다면, 작곡가가 사건의 핵심을 형성한 의지의 흥분을 음악이라는 공통 언어로 표현하는 것을 알고 있다면, 노래의 선율, 오페라의 선율은 풍부해진다. 하지만 작곡가에 의해 확립된 양자 사이의 유사성은 그의 이성이 의식하지 못한 채 세계의 본질에 관한 직접적인 인식에서 비롯된 것이지, 의식적인 의도와 더불어, 개념에 의해서 매개된 모방에 의한 것이 아니다.[16] 그렇지 않다고 한다면, 음악은 내적 본질, 의지를 표현한 것이 아니라 그 현상만을 불충분하게 모방한 것이다. 모든 모방적인 음악[17]이 이처럼 행한다. ……[18]

1. 니체는 쇼펜하우어의 이 글을 인용하면서 단락을 구분하지 않았다. 이 번역에서는 이해를 돕기 위해서 쇼펜하우어의 원문에 있는 단락을 그대로 드러냈다. 이 인용문은 상당히 중요하다. 쇼펜하우어의 음악사상인 동시에 니체가 수용한 음악사상이기 때문이다.

니체는 인용을 별로 좋아하지 않는다. 니체의 다른 저작을 포함하여 그의 글을 전체적으로 살펴보면 인용한 문장이 그리 많지 않다. 여기서 니체가 인용한 글은 상당히 길다. 이는 니체가 자신의 음악사상에 더하고 덜할 것도 없이 쇼펜하우어의 음악사상과 딱 일치한다는 것, 따라서 쇼펜하우어의 음악사상을 그대로 받아들였음을 반증한다.

인용 글은 내용상 공통 전달 수단으로서 음악, 해석 수단으로서 음악, 의지의 자기표현 그 자체로서 음악으로 구분할 수 있다.

2. '이 모든 것에 따르면'은 인용문 앞에 있는 쇼펜하우어의 글들을 말한다. 쇼펜하우어는 음악이란 '현상이 아닌 현상의 내적 본질인 즉자태, 즉 의지를 표현하기 때문에 보편성이 있다'고 주장한다. 나아가 그는 음악이란 하나의 고유한 언어이므로, 언어가 전혀 필요하지 않고 음악 그 자체만으로 충분한 효과를 낼 수 있다고 주장한다.

3. allgemeine, Allgemeinheit을 흔히들 '보편적인' 또는 '보편성'으로 번역한다. 이 경우 뒤 단락에 나오는 스콜라적인 철학 용어인 universalia와 구분 불가능하다.

음악이란 무엇인가? 음악은 만국의 '보편 언어'라고 말하면 조금 불편하다. 하지만 음악은 만국의 '공통 언어'라고 하면 불편하지 않다. 음악 기호는 보편 언어일 수 있지만 음악 자체나 화음이나 선율

(멜로디)은 공통 언어이다. 이를 바탕으로 이 용어들의 번역어에 대한 단서를 찾아보자.

　다양한 사물, 사건, 사태 등을 바탕으로 추론해 낸 개념이라면, 철학적 측면에서 추상으로 끄집어낸 개념이라면 '보편적인' 또는 '보편성'이란 번역어가 적합하다. 하지만 음악은 이러한 개념과 전혀 다른 언어이다. 음악 안에는 개념으로 말하기 이전에 누구나 공통적으로 '공감하는' 그 무엇이 있다. 따라서 스콜라적인 언어로 음악이란 **'사물 이전의 보편**universalia ante rem'이 성립된다. 만약 음악이 기호로 표기된다면, **만국의 보편 언어**이므로, 누구나 악보에 기록된 것을 보고 연주할 수 있다. 하지만 음악은 기호로 표기된 악보를 보지 않고도 듣고 느끼기 때문에 음악은 **만국의 공통 언어**이다. 이 점에서 기존 번역들과 달리 allgemeine와 Allgemeinheit를 '보편적인'과 '보편성' 대신 평이하지만 '공통적인'과 '공통성'으로 번역하는 것이 쇼펜하우어의 내용을 전달하기 편하다.

　한마디로 정리하면 니체의 『비극의 탄생』에서 음악은 '공통적', '공통성'이란 개념과 연관되고, 소크라테스적인 가치, 앎, 인식, 개념, 추론, 추상 등은 '보편적', '보편성'이란 개념을 쓰고 있다는 점에 주의를 기울이자.

4. 공통 표현 수단으로서 음악을 설명한다. 개념은 여러 개별적인 사물들의 같은 점을 추론하여 만들어진다. 개념은 여러 개별적인 사물들보다 보편적으로 이해할 수 있는 가능성을 높여 준다. 음악은 모든 사람의 공감을 끌어낸다는 점에서 보편 개념들보다 훨씬 더 공통적으로 인간들에게 전달될 수 있는 우수한 수단이다. 의미와 내용을 전달한다는 점에서 음악은 개념과 유사한 역할을 한다.

하지만 개념이 주로 지적 작용인 추상에 의존할 뿐만 아니라 서로 다른 언어에 의존하는 반면, 음악은 느낌과 내용을 직접 전달한다.

개념은 서로 다른 언어로 표현될 수 있기 때문에 국가나 민족에 따라, 언어권에 따라, 개인과 집단의 경험에 따라 서로 다른 뉘앙스를 불러일으키기도 한다. 하지만 음악은 전 세계적으로 보편적인 기호로 표현되기 이전에도 모든 사람의 심금을 직접 울린다. 음악은 추상적인 개념보다 전 세계의 공통적인 언어이다. 음악은 이 점에서 마치 수학의 언어와 마찬가지이다. 수학에 사용되는 언어는 시간과 공간을 초월하여 공통된 의미를 가지고 있으며, 그 내용 또한 구체적으로 직접 전달된다.

플라톤의 이데아 또는 칸트의 물자체가 있다고 가정해 보자. 이데아나 물자체는 다양한 물이나 사물로 현상세계에 나타난다. 개념은 이러한 다양한 물에서 추상해 낸 개념에 지나지 않는다. 따라서 개념은 이데아나 물자체를 설명하기에 부족하고, 서로 다른 사물이나 현실을 바탕으로 추상해 내기 때문에 혼란을 불러일으킨다.

쇼펜하우어는 이데아나 물자체가 한편으로는 현상세계 또는 자연, 다른 한편으로는 음악으로 표현된다고 주장한다. 우리는 현상세계와 자연을 눈으로 직접 보고 느낄 수 있지만 이를 어떠한 개념으로도 정확하게 표현할 수는 없다. 반면 음악은 우리 눈으로 직접 볼 수는 없고 귀나 몸으로 들을 수 있지만, 음악을 듣는 사람은 시대와 국가, 시간과 공간을 구애받지 않고 공통된 느낌을 받을 수 있다. 이 점에서 음악은 만국의 공통 언어로서 전 세계 사람들이 공통적으로 느낄 수 있다고 쇼펜하우어는 주장한다.

5. 선율Melodie이란 무엇인가? 멜로디란 음의 흐름이다. 멜로디는 높

은 음과 낮은 음이 리듬과 결합하여 나타난다. 멜로디를 들으면 우리는 어떻게 반응하는가? 멜로디가 슬프면 우리는 슬퍼하고, 멜로디가 밝으면 우리는 기쁜 감정을 공유하고, 멜로디가 활기차면 우리는 생동감을 느낀다.

왜 우리는 멜로디를 듣고 공통의 감정을 가지는가? 멜로디가 지니고 있는 전 세계적 공통성 때문이다. 시간과 공간을 넘어 멜로디는 모든 사람의 마음을 사로잡는 힘이 있다. 아니 사람은 멜로디에 사로잡혀 감정의 공통성을 드러낸다. 왜 그런가? 멜로디는 세계 공통의 언어이기 때문이다.

멜로디는 자연과 현상세계를 그 자체로 드러낸다. 또한 어느 나라에 사는 특정 인간과 계층의 슬픔과 기쁨과 분노와 희망을 표현하는 것이 아니라, 희망 그 자체, 분노 그 자체, 기쁨과 슬픔 그 자체가 멜로디로 표현된다. 그 자체란 플라톤의 이데아이자 칸트의 물자체이다. 쇼펜하우어는 멜로디의 힘을 이렇게 생각했다.

6. 멜로디(선율)를 가지고 모방적인 음악과 모방적이지 않은 음악을 구분하는 방법이다. 쇼펜하우어는 멜로디가 '소재', '현상', '몸통'을 표현하면 모방적인 음악으로 보았다. 모방적인 음악은 인간의 마음을 울리는 것이 아니라 주제나 소재를 효과적으로 전달하기 위한 수단에 지나지 않는다. 이때 음악은 주요 역할이 아니라 부수적인 역할을 할 뿐이다.

올바른 멜로디란 '소재', '현상', '몸통'을 설명하는 것이 아니라 언제 어디서나 누구의 마음을 울릴 수 있어야 한다. 멜로디는 '순수한 형식의 공통성'이자 '즉자적 표현'이며 '가장 내적인 영혼 그 자체를 표현'한다. 쇼펜하우어가 일종의 '표제음악'을 음악의 수준에 못 미치는 것으로 본 이유는 이 때문이다. 이에 대해서는 뒤에서 다룬다.

7. 해석의 수단으로서 음악을 설명한 내용이다. 드라마나 영화에서 아주 무서운 공포 장면이 나온다고 가정해 보자. 장면이나 화면이 주는 공포를 더 끔찍하게 만들거나 더 무섭게 만드는 것은 효과음과 효과음악이다. 반대로 아름다운 장면을 더 아름답게 만드는 것 역시 효과음과 효과음악이다. 우리는 눈으로 보는 끔찍함이나 아름다움보다는 귀와 온몸을 통해 듣고 느끼는 음악을 통해 사태를 더 잘 파악하기도 한다. 이 점에서 음악은 사태나 상황, 특정한 장면을 더 잘 파악할 수 있게 해 준다.

8. 베토벤의 《전원》 교향곡(또는 실연의 슬픔을 담은 가요)을 듣는다고 가정해 보자. 듣는 사람 모두 베토벤이 들려주는 전원의 감동을 온몸으로 느낄 것이다. 하지만 듣는 사람이 느끼는 전원의 풍경이나 내용은 다 다르다. 누구나 자신이 태어나고 자란 곳의 전원을 떠올리며 베토벤의 '전원'을 서로 다르게 받아들인다. 베토벤이 작곡한 '전원'이 플라톤적인 이데아라고 한다면, 사람마다 다르게 느끼는 '전원'은 이데아의 다양한 형상물이다.

《전원》 교향곡이 마침내 끝나서 교향곡 밖의 세상으로 나왔다고 가정해 보자. 베토벤의 《전원》 교향곡이 전원의 그 무엇과 일치하는지 우리는 제시할 수 없다. 나아가 사람마다 다 다르게 느낀 전원의 모습은 베토벤의 '전원'을 완전히 감춰 버리고 오롯이 자기만의 전원, 자신이 태어나고 자란 전원만 남을 뿐이다. 음악은 이 점에서 의지의 객관화인 플라톤적인 이데아이다.

다른 예술을 보라. 거대하면서도 아름다운 건축물, 단아하면서도 훌륭한 조각상, 화려하면서도 어두운 미술 작품은 보는 사람마다 그 형상을 달리 볼 수 없다. 이 점에서 다른 모든 예술이 이데아의 그림자나 프리즘이라고 한다면, 음악은 이데아 그 자체이다.

9. '앞에서 말한 것처럼'은 쇼펜하우어가 플라톤의 이데아론에 근거하여 자신의 음악론을 설명한 내용이다. 쇼펜하우어는 의지의 적절한 객관화가 플라톤의 이데아라고 가정한다. 음악을 제외한 대부분의 예술인 건축, 조각, 회화 등은 의지를 간접적으로 드러내는, 즉 이데아를 매개로 해서만 나타난다. 반면 음악은 형상으로 드러나지 않으므로, 구체적인 사물과 세계와 무관하기 때문에 의지의 적절한 객관화로 곧장 발현된다.

다른 모든 예술이 이데아의 그림자들이라고 한다면, 음악은 이데아 그 자체가 직접 드러난 것이라고 볼 수 있다. 다른 모든 예술이 주는 감동보다 음악이 주는 감동이 훨씬 더 크고 직접적인 이유를 쇼펜하우어는 여기에서 찾고 있다.[*3]

10. 플라톤의 형이상학적 이데아론과 쇼펜하우어의 음악에 근거한 형이상학론의 차이를 설명한 내용이다. 쇼펜하우어가 플라톤 이데아론의 한계를 지적한 내용이기도 하다. 플라톤에 따르면 이데아가 있고, 이 이데아를 모사하거나 모방한 현상세계가 나타나거나 존재한다.

플라톤의 이데아론은 사물이나 현상세계를 설명하기에 이상이 없는 것처럼 보일 수 있다. 하지만 플라톤의 이데아론은 인간을 설명할 때 문제가 된다. 인간이란 존재를 어떻게 설명할 수 있는가? 인간의 이데아가 있고, 이 이데아가 다양한 형태로 현상한다가 플라톤의 설명일 것이다. 쉽게 납득되지 않는다. 인간은 동일한 상황에서 매번 다르게 생각하고 다르게 결정하기도 하며, 반대로 다른 상황에서도 동일한 결정을 내리기도 한다. 그리고 인간은 스스로 내린 그 결정을 스스로 실천하기 위해 의지를 발현하기도 한다.

쇼펜하우어에 따르면 의지가 가장 강력하게 드러나는 것은 인간이자 인간의 구체적 삶이다. 쇼펜하우어는 음악 그 자체가 플라톤적인 이데아의 직접 출현태라고 설명하고, 인간의 구체적인 삶 하나하나가 의지의 표현이라고 보았다. 쇼펜하우어에 따르면 음악은 의지 그 자체이고, 인간이 의지를 가장 강력하게 표현하는 존재이므로, 음악은 인간의 구체적인 삶을 실제로 가장 잘 표현한다. 따라서 음악은 인간의 구체적인 삶 하나하나를 묘사하기에 가장 적합한 예술이 된다.

이 점에서 음악은 인간 의지 표현 그 자체로서 수단이다. 이때 음악은 해석 수단을 넘어서 인간의 삶 그 자체를 가장 잘 표현할 수 있는 수단이다.

11. 앞에서 쇼펜하우어가 음악이 건축물, 조각, 회화 등과 같은 예술보다 우월하다고 설명했다면, 여기에서는 음악이 다양한 무대 예술과 문학보다 왜 우수한가를 설명한 내용이다. 쇼펜하우어는 전자에서 이데아론에 근거하여 건축, 조각, 회화 등과 비교해서 음악의 우월성을 강조했다면, 여기에서는 인간 삶의 현상에 있는 본질적 속성을 시, 연극, 오페라 등과 음악 중 어느 것이 더 잘 드러내는가를 다룬다. 인간의 삶은 구체적 의지의 표현이므로, 의지 그 자체인 음악이 다른 어떤 장르의 무대 예술보다 우수한 표현 수단이라는 것이 쇼펜하우어의 주장이다.

12. 보편적인 개념이 개별적인 사례를 바탕으로 추론해 낸 것이라

고 한다면, 음악은 인간의 개별적인 삶을 바탕으로 공통적인 것을 추론해 낸다는 뜻이다. 음악을 듣고 인간이 공통적인 감정을 느끼는 것은 음악이 서로 다른 다양한 삶을 살아가는 개별적인 삶에서 가장 공통적인 것을 뽑아내기 때문이다.

예를 들어 보자. 사람마다 사랑하는 방법과 내용은 다 다르다. 하지만 사랑을 표현한 음악은 대다수의 인간에게 사랑이라는 감정을 전달한다. 개별적인 감정을 충실히 묘사한 가사가 아닌, 누구나 공유하는 감정을 전달하는 공통적인 멜로디가 훨씬 더 커다란 감정을 전달하는 것 역시 이 때문이다.

13. 음악을 철학적으로 사유하는 것과 우리가 흔히 접하는 철학의 차이를 가장 적나라하게 보여 주는 문장이다.

보편이나 보편성은 개념에 적용되는 어휘이고, 공통이나 공통성은 음악에 적용되는 어휘이다. 개념은 현실과 사물, 사태 등에서 추상해 내 얻은 것이다. 이 점에서 개념은 **사물 이후의 보편**이다. 개념은 구체적인 개별 사물이나 사건보다 많은 사람에게 보편적인 내용을 전달하기는 쉽다. 하지만 개념은 시대와 상황에 따라 전혀 다르게 이해되고, 심지어 정반대의 의미로 전달되기도 한다. 예컨대 독재자가 생각하는 민주주의의 개념과 저항하는 자가 생각하는 민주주의의 개념은 전혀 다른 의미를 갖는다. 개념이 사물 이후의 보편인 것은 이 때문이다.

반대로 음악은 개념과 비슷한 역할을 하지만 개념보다 모든 사람에게 공통적인 감정과 느낌을 불러일으킨다. 시대와 나라를 떠나 음악은 공통적인 감정을 창출한다. 음악이 **사물 이전의 보편**인 이유는 이 때문이다.

현실은 언제 어디서나 누구에게나 개념을 낳는 어버이이므로, 현실, 현실 속의 다양한 사물과 물, 그리고 사건들의 추상에서 개념이 발생하므로, 현실은 **사물 속의 보편**이 된다.

14. 니체는 다음 내용을 생략했다. 이는 하나의 멜로디에 다양한 가사나 연과 절이 따라올 수 있음을 말한다.

> 하나의 시에 부여된 선율의 공통적인 의미에는 그 선율로 표현된 공통적인 것에 임의로 선택된 또 다른 예가 동일한 정도로 일치한다. 따라서 동일한 악곡Komposition에 다양한 연이 따라올 수 있고, 통속노래극Vaudeville도 마찬가지이다.

이에 대해서는 6장 민요의 연형식에서 풍부하게 다루었다.

15. '현상세계 또는 자연과 음악을 동일한 사물의 서로 다른 두 표현으로 볼 수 있다'는 내용을 말한다. 하나의 멜로디에는 이에 상응하는 현상세계나 자연이 일대일로 대응한다. 개념보다 멜로디가 훨씬 현상세계나 자연을 더 잘 전달할 수 있는 것은 음악과 자연이 동일한 사물의 서로 다른 두 표현이기 때문이다. 자연 자체가 발현된 것이 음악이기 때문이다.

16. 작곡가는 어떻게 작곡을 해야 하는가? 이 질문은 작곡가는 누구인가라는 질문과 같다. 쇼펜하우어에 따르면 작곡가는 단순한 딴따라가 아니라 현상의 본질을 꿰뚫는 철학자이자 형이상학자이자, 그 본질을 음악으로 표현할 줄 아는 자이다. 한마디로 천재 중 천재가 작곡가라는 뜻이다.

작곡가는 단순히 현상의 묘사나 자연의 풍광을 음악의 보편적 기호로 옮기는 자가 아니라 현상의 배후에 파고들어 가 이데아와 물 자체를 음악으로 드러내는 자이다. 형이상학자이기도 한 작곡가가 작곡한 음악은 본질 그 자체를 인간에게 직접 들려주고 느끼게 하 므로, 이런 작곡가가 작곡한 음악은 본질 그 자체를 풍성하게 표현 한다.

17. 이성에 의해 만들어진 음악, 개념을 기반으로 하는 음악가는 음 악가가 아니라는 뜻이다. 이성이나 개념은 추상이라는 작용을 통해 의식이 개입한 것이다. 이것은 이데아나 물자체를 직접 인식하는 것이 아니라 간접적으로 이해할 뿐이다.

작곡가는 이데아와 물자체를 직접 인식하는 자이자 이를 표현하 는 자이므로 이성과 개념에 의해 작곡을 해서는 안 된다. 초월적 이 데아와 물자체를 직접 드러내는 것이 음악가이기 때문이다. 쇼펜하 우어는 작곡가란 형이상학적 이데아를 직접 인식하고 드러내는 자 라고 판단한다. 니체 역시 이 부분에 공감하고 적극적으로 따른다.

니체가 이 부분을 인용한 이유는 소크라테스와 소크라테스주의 와의 거대한 전쟁, 소크라테스적 학문관, 이성관, 개념에 의거한 음 악의 근대적 산물인 오페라와의 소규모 전투를 염두에 둔 것이다. 개념과 이성에 의거한 음악은 소크라테스의 학문적 영향을 받은 것 이고, 이 학문적 영향에 의해 탄생한 근대적 비극이 오페라라는 것 이 니체의 주장이다. 오페라는 음악 그 자체가 아닌 이성, 개념, 학 문에 의해 잉태된 기형적 비극이라는 것이 니체의 주장이다.

18. 니체는 다음 내용을 생략했다.

예컨대 하이든의《사계》, 그의 창작에서 많은 부문이 모방음악이다. 여기 에서 직관적 세계의 현상들이 직접 모방되어 나타난다. 또한 모든 전투곡에서도 이런 현상이 나타난다. 이것은 전적으로 배척되어야 한다.

쇼펜하우어는 우리가 흔히 알고 있는 표제음악을 고유한 음악이 아닌 모방음악으로 이해한다. 모방음악이란 이성과 개념에 의해 만들어진 음악을 말한다. 앞의 문장을 근거로 설명한다면 '소재', '현상', '몸통'을 표현하는 것이 모방음악이다. 반대로 '순수한 형식의 공통성', '즉자적', '가장 내적인 영혼'을 표현하는 것은 순수한 음악이 된다.

다시 보기

음악이란 무엇인가? 니체 철학의 가장 근간은 음악이다. 니체에게 음악은 고대 비극과 철학의 분석 도구이자 고대 이후 모든 사유와 사상의 비판 도구이다. 니체는 자신의 사상에 자양분이자 모티브가 되어 준 쇼펜하우어의 음악철학을 과감하게 차용한다. 니체가 위에서 쇼펜하우어의 문장을 인용한 것은 자신의 생각과 일치한다는 것, 즉 쇼펜하우어의 주장에 더할 것도 덜 것도 없기 때문이다.

쇼펜하우어는 음악을 공통 표현의 수단, 해석 수단, 인간 의지 표현 수단, 자기표현 그 자체로서 파악한다. 니체는 쇼펜하우어의 이러한 설명에 동의한다. 음악이 왜 이런 역할을 하는지를 더 알아보기 위해서는 쇼펜하우어의 『의지와 표상으로서의 세계 I 』3부 52장을 이해하는 것이 필요하다. 우리가 현실에서 듣고 느끼는 음악을 설명하기보다는 철학적으로 명료하게 정리한 쇼펜하우어의 주장을 간단하게 정리하도록 하자.

첫째, 음악은 형상을 지니고 있는 다른 모든 예술과 상당히 다르다.

둘째, 음악은 하나의 언어로서 모든 인간에게 전달 가능하다.

셋째, 음악은 아주 위대하고 멋진 예술이며 마음에 깊숙이 커다란 영향을 미친다.

넷째, 음악이라는 언어는 심지어 직관적인 세계의 분명함도 능가할 정도이다.

다섯째, 음악은 다른 어떤 예술보다 영향이 더 강력하고 신속하며 필연적이며 확실하다.

여섯째, 다른 모든 예술은 의지를 간접적으로 표현하지만, 음악은 의지 그 자체로서 플라톤의 이데아를 즉자적으로 드러낸다. 심지어 음악은 세계 그 자체가 사라진다 할지라도 존재할 수 있을지 모른다.

쇼펜하우어는 이런 주장을 증명하기 위해서 화음을 무기적 자연, 식물계와 동물계에 적용하여 설명하고, 선율을 인간 의지의 객관화의 가장 높은 단계에 적용하여 설명한다.

또한 그는 작곡가란 이성으로는 이해할 수 없는 언어로 세계의 가장 깊은 본질을 드러내고 가장 심오한 지혜를 표현하는 자라고 정의한다. 그는 장조와 단조의 효과가 얼마나 놀라운지 설명한다. 그는 음악이란 언어 없이도 존재할 수 있다고 보았다. 이 점에서 가사가 있어야만 존재하는 오페라는 열등한 음악이 된다. 음악은 인간의 삶과 모든 삶 과정의 고갱이를 표현할 수 있으며, 인간의 모든 고통을 치유하는 만병통치약의 기능을 가지고 있다.

음악이란 하나의 참된 철학으로서 추상적인 개념에 의거하지 않고서도 형이상학적 진리를 드러낸다. 대부분의 예술이 공간 속 예술이라면 음악은 시간의 예술이다. 음악은 시간 속에서만 존재하는, 전적으로 시간 속에서만 지각될 수 있으며, 공간에 의지하지 않으며, 지성에 의해서 이해될 수 있는 인과성에도 의지하지 않는다.

음악이라는 예술에 관해 우리가 접할 수 있는 철학적 사유나 생각거리는 무수히 많다. 다른 예술과 전혀 다른 음악이라는 예술의 독자성이나 특성 또한 무수히 많다. 우리는 음악, 더 넓게 말한다면 소리를 떠나 살아 본 적이 없다. 음악은 우리 삶의 일부이고, 힘들고 지칠 때 가장 쉽게, 가장 편리하게, 가장 빠르고 신속하게 위안을 주기도 하고, 우리의 기쁨과 슬픔을 열 배 스무 배 증가시키기도 한다. 반대로 음악은 공포와 두려움을 더 폭증시켜 주기도 한다. 하지만 이런 음악에 대해 철학적으로 사유한 적은 그리 많지 않다.

쇼펜하우어는 다양한 예술 중에서 의지의 최고 발현 단계로 음악을 설정했고, 심지어 음악을 이데아나 물 그 자체의 즉자적 표현이라고 정의한다. 쇼펜하우어의 음악관을 계승한 니체의 음악관은 기존의 모든 사유 세계를 전복할 새로운 세계관과 철학의 가능성을 열어 간다. 쇼펜하우어의 음악론, 베토벤의 작품, 이 양자를 사유한 바그너의 작품과 음악철학, 그리고 이 위대한 세 명의 음악을 온몸으로 구현한 니체의 디오니소스적 음악론에 심취해 볼 필요가 있다.

4. 디오니소스적 지혜를 드러내는 음악

우리는 쇼펜하우어의 가르침에 따라 음악을 의지의 언어로 곧장 이해하고, 우리의 판타지가 작동하여 눈에 보이지 않음에도 불구하고 생생하게 움직이며 우리에게 말을 거는 저 정신세계를 형성시키며 이를 비유적인 예들로 우리에게 구체적으로 전달하고 있음을 느낀다. 다른 한편으로 보면 형상과 개념은 진정으로 상응한 음악과 상호작용하게 되면 한층 고양된 의미를 지니게 된다.[1] 따라서 디오니소스적 예술은 아폴론적인 예술적 능력에 다음과 같은 두 가지 방식으로 작동한다. 음악은 디오니소스적 공통성의 **직관**을 **비유적**으로 자극하며, 그 다음 음악은 비유적 형상을 가장 높은 **의미** 속에서 드러나도록 한다.[2]

나는 즉자적으로 이해되고 어떤 심오한 관찰로도 접근 불가능한 이러한 사실[3]에 근거하여 음악의 능력이 가장 중요한 예인 **비극적 신화**—디오니소스적 인식에 대해 비유로 언급했던 신화—를 낳았다는 그 **신화**를 설명한 셈이다.

나는 서정시인의 현상을 다루면서 음악이 아폴론적 형상으로 자신의 본질을 드러내려는 방식을 좇아서 서정시인에게서 어떻게 나타나는지를 서술했다.[4] 이제 음악이 가장 고양된 형태로 가장 높은 형상화를 시도한다고 우리가 생각한다면, 우리는 음악이 자신만의 고유한 디오니소스적 지혜를 위한 상징적 표현을 발견할 줄 안다고 간주해야만 한다.[5] 그리고 우리는 비극에서가 아니라면, 일반적으로 **비극적인 것**[6]의 개념에서가 아니라면 이런 표현을 달리 어디에서 찾을 수 있겠는가?

1. 눈에 보이는 형상Bild과 추상적으로 전달되는 개념Begriff을 더 잘 전달하는 방법은 음악의 도움을 받는 것이다. 음악은 앞에서 한 설명처럼 형이상학적 이데아와 물자체를 즉자적으로 표현하므로, 형상과 개념의 의미와 내용을 훨씬 더 잘 전달한다.

쇼펜하우어는 이를 첫째 건축, 조각, 회화 등의 정형예술과 연관하여 둘째, 인간의 실제적인 삶과 연관하여 셋째, 음악과 다른 또 다른 무대 예술 등과 관련하여 설명했다. 우리가 흔히 접할 수 있는 예는 영화나 드라마 장면에 맞는 음악이 흐르는 경우이다.

2. 니체는 1장 첫 문장을 '예술의 발전이 **아폴론적인 것과 디오니소스적인 것**의 이중성에 달려 있다'고 쓰고 있다. '공통성의 직관'은 디오니소스적인 것을 의미하고, '비유적 형상'은 아폴론적인 것을 뜻한다.

디오니소스적인 것은 음악이며, 아폴론적인 것은 무대 위에서 형상으로 드러난 모든 것이다. 음악은 만인에게 접근 가능한 공통성을 바탕으로 형상과 결합하여 그 의미를 더 풍부하게 드러내는 역할을 한다. 다른 말로 하면 음악은 느낄 수도 없고, 볼 수도 없으며 만질 수도 없는 형이상학적 진리를 모든 인간이 느낄 수 있도록 선율이라는 형태를 띠고 흘러 퍼진다.

이 음악이 더 효과적으로 의미를 전달할 수 있게 하는 것은 무엇인가? 형상과 조응하는 것이다. 음악이 형상에 맞춰 울려 퍼지면, 형이상학적 이데아와 물자체는 훨씬 더 잘 이해된다. 고대 그리스 비극은 니체에 따르면 디오니소스적 음악과 아폴론적 형상의 최고 결합물이다.

3. 형이상학적 실체를 드러내는 음악을 이론적으로 설명할 수 있는가? 불가능하다. 음악은 즉자적으로 이해될 수 있을 뿐이고, 어떤 심오한 관찰로도 찾아낼 수 없다. 시간예술인 음악은 공간예술인 다른 예술의 장르와는 전혀 다르다. 음악은 손안에 잡을 수도 없고 그릇 안에 담을 수도 없다. 음악은 시간이 지나면 흐를 뿐이다. 현

장에서 들은 라이브의 감동을 시디나 유튜브로 느낄 수는 없다.

형이상학적 이데아를 드러내는 음악을 설명할 수 없고 이해할 수도 없다면, 니체의 논증은 잘못된 것인가? 니체는 아니라고 단언한다. 비극이 바로 이러한 음악의 기능을 잘 드러낸다고 주장한다. 그 이유는 비극은 음악 그 자체를 뜻하는 디오니소스적 요소와 이를 형상화하여 드러내는 아폴론적 요소가 결합되어 나타난 것이기 때문이다.

4. 니체는 5장에서 이를 다루었다.

5. 음악이 주이고 디오니소스와 디오니소스적 지혜는 부이다. 음악은 형이상학적 이데아와 물자체이자 이들의 즉자적 형태이다. 하지만 음악은 다른 예술과 달리 눈에 보이지 않는다는 점에서 비정형적이다. 음악은 비정형적이지만 아주 다양한 형태로 표출될 수 있으며, 인간이 느낄 수 있도록 낮은 수준에서부터 높은 수준에 이르기까지 여러 다양한 형태와 형식으로 표출될 수 있다. 니체는 음악이 가장 높은 수준의 형태로 그리고 가장 고상한 형식으로 표출된다면, 그것은 디오니소스적 지혜를 드러내는 비극이라고 주장한다.

6. '비극'은 고대 그리스의 고전적인 비극을 뜻하고, '비극적인 것의 개념'은 고대 그리스의 고전적 비극의 정신을 잘 드러내는 예술들을 뜻한다. '비극'은 일종의 대문자이고 '비극적인 것의 개념'은 일종의 소문자이다. 이는 아폴론과 아폴론적인 것, 디오니소스와 디오니소스적인 것의 관계와 같다. 소문자가 대문자를 잘 계승한 것이라고 한다면, 소문자인 바그너의 음악극은 대문자 고대 그리스 비극을 잘 계승한 것이다. 오늘날에도 고대 비극과 '비극적인 것의 개념' 그리고 바그너의 음악극을 잘 계승한, 음악정신을 최대한 잘

구현한 또 다른 비극의 형태가 창조될 수 있다.

다시 보기

니체는 왜 형이상학자인가? 니체는 「자기비판의 시도」 2장에서 '예술가의 형이상학을 배경으로 하는 예술가의 비밀로 가득 찬 책'이라 말하고, 5장 '리하르트 바그너에게 바치는 서문에서 도덕이 **아니라** 예술이 인간의 고유한 **형이상학적** 행위'라고 말하며, 7장에서 니체 자신을 '예술가적 형이상학'이라고 부른다.

형이상학은 눈에 보이지 않지만 존재하는, 존재할 뿐만 아니라 우리 눈에 보이는 모든 세계를 만들어 내는 존재를 탐구한다. 플라톤의 이데아와 칸트의 물자체는 근원적 존재를 철학적으로 탐구한 결과물이다. 형이상학의 변종은 종교이다. 종교의 주인공을 차지한 신은 눈에 보이지 않지만 인간 믿음의 대상으로 존재하는 초월적 존재이다.

니체는 본인 스스로 주장하는 형이상학자이다. 니체를 형이상학자로 증명하기 위해서 형이상학적 존재가 존재해야만 한다. 니체는 이 형이상학적 존재를 '눈에 보이지 않음에도 불구하고 생생하게 움직이며 우리에게 말을 거는 저 정신세계'라고 정의한다.

니체는 자신이 형이상학자라는 것을 증명하기 위해서 형이상학적 존재에 접근할 수단을 필요로 한다. 니체는 이 수단을 음악으로 보았으며 '즉자적으로 이해되기 때문에 어떤 심오한 관찰로도 접근 불가능한 이러한 사실'로 설명한다. 니체는 자신을 형이상학자로 증명하기 위해 형이상학적 존재가 현실에서 어떻게 실현되었는가를 보여 주어야 했다. 니체는 형이상학적 존재의 현실태를 '그리스 비극'에서 보여 주었다.

5. 삶의 직접적인 이데아로서 음악

일반적으로 가상과 미의 유일 범주에 따라 예술의 본질을 파악하는 것은 존경스러운 방식이지만, 이 방법으로는 비극적인 것을 전혀 도출할 수 없다.[1] 우선 우리는 음악정신에 근거해서 개체화의 절멸에서 오는 기쁨을 이해한다. 왜냐하면 그러한 절멸의 개별적인 사례에서 디오니소스적 예술의 영원한 현상이 우리에게 명료해지기 때문이다.[2] 디오니소스적 예술은 **개체화의 원리** 뒤에서 의지를 자신의 전능성으로 드러내고, 모든 현상의 저편에서 모든 절멸에도 불구하고 영원한 삶을 표현한다.[3]

비극적인 것에서 오는 형이상학적 기쁨이란 본능적 측면에서 의식할 수 없는 디오니소스적 지혜의 형상 언어로의 번역이다.[4] 가장 높은 의지의 형상인 주인공[5]은 우리의 쾌락을 훼손하지 않는다. 그 주인공은 현상일 뿐이기 때문에, 절멸한다고 해서 의지의 영원한 삶이 훼손되는 것은 아니기 때문이다. 비극은 '우리는 영원한 삶을 믿는다.'라고 외친다.[6] 반면 음악은 이러한 삶의 직접적인 이데아이다.

정형예술가의 예술은 이와 전혀 다른 목적을 갖고 있다. 여기에서 아폴론은 개체의 고통을 **현상의 영원함**에 관한 명백한 찬양을 통해 극복한다. 여기에서 미가 삶에 내재된 고통Leiden에 승리를 거두고, 고통Schmerz은 어떤 의미에서 자연의 속성으로부터 멀어져 간다.[7]

이러한 자연은 디오니소스적 예술과 그 비극적 상징의 형태로 알려지지 않았지만 진정한 목소리로 우리에게 다음과 같이 말한다. "나처럼 존재하라! 현상의 영원한 변화 속에서도 영원히 창조적이며 존재하도록(살아가도록) 영원히 강제하며, 이러한 현상의 변화 속에서 영원히 만족하는 근원적 어머니인 나처럼!"[8]

1. '가상과 미의 유일 범주에 따라'에서 '가상'은 아폴론의 개별화 원리에 따라 드러난 것을 말하며, 1장 등에서 다루었다. '미'는 가상이 드러난 예술품, 조각상이든 건축물이든 아니면 언어예술인 서사시이든 간에 이를 평가하는 기본적인 범주이다. 인간은 지금까지도 예술 작품을 평가할 때 미와 아름다움의 범주로 평가하고, 미와 아름다움을 현재까지도 가장 객관적인 평가 방식으로 이해한다.

하지만 음악은 가상이 표출되는 정형적인 예술이 아니라 사물, 인간, 세계 의지의 직접적인 표현이기 때문에 가상을 평가하는 범주인 아름다움과 미로 평가할 수 없다. 음악이 주를 이루는 고대 비극과 이를 계승한 '비극적인 것'을 미와 아름다움의 범주로 평가한다는 것은 어불성설이다.

2. '개별화의 절멸에서 오는 기쁨'이란 인간이 혼자 있는 것이 아니라 인간과 인간, 인간과 동물, 인간과 자연이 하나가 되는 것을 말한다. 1장 5절에서 디오니소스 축제가 가져오는 개체화의 절멸에서 오는 기쁨이 생생하게 묘사되었다.

'음악이 주는 개체화의 절멸에서는 오는 기쁨'이란 특정한 음악을 들으면 시대와 공간을 초월하여 인간이 하나의 공통된 감정을 느끼는 것, 즉 '나'라는 개체는 사라지고 '우리' 또는 '하나'라는 공통의 감정을 갖는 것을 말한다.

3. '영원한 삶'은 니체 영원회귀 사상의 전조이다. 고통스러운 삶과 영원히 행복한 삶에 대한 질문은 3장 2절에서 실레노스와 미다스의 대화에서 나온다. 영원한 삶에 대한 욕구가 종교를 만들어 낸다. 니체는 종교, 특히 죽어서 영생을 준다고 믿는 기독교에 대해 비판적이다. 니체는 종교적인 영원한 삶에 대한 대안으로 영원회귀를 주장한다.

영원회귀의 가장 간단한 표현은 포도나무와 포도주의 신 디오니소스이다. 니체는 디오니소스를 영원회귀의 상징으로 보았다.

여러 토막으로 잘린 디오니소스는 삶에 대한 약속이다. 이것은 영원히 다시 태어나고 파괴에서 되돌아온다.[4]

포도나무가 한겨울에 죽은 듯 보이지만 봄이 되면 다시 피어나는 것이 영원회귀의 자연적 표현이다.

바그너가 작곡하면서 사용한 무한선율은 영원회귀의 음악적 표현이다. 무한선율은 화음이 출발했던 곳으로 돌아오고, 선율이 출발했던 곳으로 돌아오는 종지를 부정하고 영원히 끝나지 않고 지속될 수 있다. 올해 봄의 포도나무는 작년 봄의 포도나무가 아니며, 무한선율 속에서 종착점으로 달려가는 화음과 선율도 출발점의 화음과 선율이 아니다. 양자는 처음과 같지만 전혀 다르다. 인간 역시 포도나무와 무한선율처럼 어제와는 전혀 다른 오늘을 살아가고, 내일 또한 오늘과 전혀 다른 점에서 영원회귀의 한 지점에 서 있다.

음습하고 곰팡내 나는 종교적 영생과는 전혀 다른 영원한 삶에 대한 지혜가 디오니소스의 지혜이다.

4. '비극적인 것에서 오는 형이상학적 기쁨'이란 형이상학적 이데아의 즉자적 표현인 음악이 주는 기쁨을 말한다. 이 '기쁨'은 형이상학적 이데아이기 때문에 '본능으로는 의식할 수 없'지만, '디오니소스적 지혜의 형상 언어로의 번역'인 비극으로 나타나면 인간은 이 형이상학적 이데아를 이해하고 즐길 수 있다.

5. 주인공에 대해서 9장과 10장에서 아주 상세하게 살펴보았다. 비극의 주인공들은 누구인가? 고통스러운 삶에도 불구하고 삶의 의지를 드러내는 자들, 고통스러운 죽음에도 죽음에 연연하지 않고 자신의 삶을 뚜벅뚜벅 걸어가는 자들이다. 주인공은 삶의 고통에도, 죽음의 두려움에도 주눅 들지 않는 자들이다.

오이디푸스와 프로메테우스를 보라. 그들은 추운 겨울을 견뎌 내는 포도덩굴이며, 한겨울에 내리는 눈과 찬바람을 맞지만 새봄이 오면 새싹을 드러내는 자들이다. 그들은 죽음처럼 보이는 한겨울, 인간이라면 누구나 겪게 될 혹독한 고통을 담담하게 견뎌 낸다. 무한선율 속 그들은 새로운 생명처럼 보이는 봄, 인간이라면 누구나 원하는 영원한 삶을 즐긴다.

비극의 주인공은 영원한 삶을 누리는 자들이다. 인간이 비극을 보고 느끼는 것은 주인공의 삶이 주는 교훈, 영원한 삶이 주는 기쁨이다.

6. 비극은 '우리는 영원한 삶을 믿는다.'라는 주인공의 거듭남을 보여 주는 형상이다. 음악은 바그너에 의해 끝없이 변주하고 새로워지는 무한선율로 비로소 표현되었듯이 영원회귀 그 자체, 영원한 삶의 이데아이다.

7. 아폴론적인 관점에서 인간의 고통은 어떻게 극복되는가? 정형예

술 중 하나인 조각상을 예로 들어 보자. 조각상은 언젠가 반드시 죽게 마련인 인간보다 오래 살아남는다. 그 조각상이 신이든 인간이든 간에 유한한 인간보다 오랜 삶을 영위한다. 더구나 대부분의 조각상은 고통에 일그러진 모습보다는 아름다운 형상을 표현하기 마련이고, 고통스러운 모습이라 할지라도 아름다움과 미에 입각해 조각된다.

이 조각상을 보는 인간은 아름답게 만들어진 조각상을 보면서 자신이 현재 겪고 있는 고통을 잊기 마련이고, 나아가 자신보다 오래 존속한다는 점에서 언젠가 다가올 죽음의 고통마저 유예한다. 이 점에서 아폴론적 예술은 개체의 고통을 현상, 즉 조각상을 통한 영원한 생명의 형태로 표현한다.

'고통이 자연의 속성에서 멀어져 간다'는 것은 조각상을 아름다움으로 치장함으로써, 인간이 겪게 마련인 고통을 감추어 버리고 현실세계가 살 만한 것이라고 강변한다.

하지만 보라. 아름다운 조각상을 본다고 해서, 인간의 고통 자체가 사라지는가? 인간은 고통을 그대로 겪게 마련이고 아름다움이 주는 잠시 잠깐의 위로도 곧 사라진다.

8. 디오니소스적 예술은 한마디로 포도나무이자 무한선율이다. 죽기 전 극한의 심리적 고통을 겪은 오이디푸스, 죽기 전 극도의 육체적 고통을 당하는 프로메테우스를 보라. 비극 주인공이 겪는 고통은 곧 인간이 매일 겪는 고통이고, 비극 주인공의 영원한 삶은 인간이 바라는 영원한 삶이다.

마지막 문장에 나오는 어머니, 근원적 어머니를 어떻게 볼 것인가? 근원적 어머니는 문맥상으로 보면 플라톤의 '형이상학적 이데아'이자 칸트의 '물자체'를 표현한 것이며, 니체가 부정하는 쇼펜하우어적인 '숭고함'을 가리키는 말이다. 니체의 말로 하면 '음악'을 표현한 말이 된다.

음악은 무한선율처럼 끝없이 변화하고 새롭게 태어나며, 그 변화 속에서도 화음을 이용하여 새로운 멜로디를 만들어 낸다. 음악은 만들어 낸다는 점에서 어머니이지만 창조된다는 점에서 자식이므로 영원회귀이다. 이 점에서 음악은 영원한 근원적 어머니이자 근원적 어머니의 자식이다.

이 문장을 단순히 형이상학적 이데아나 물자체, 숭고함으로 해석하고 넘어가는 것은 오독이다. 왜냐하면 17장은 인간의 근원적 욕망인 영원회귀로 넘어가기 때문이다. 또한 이 문장을 파시즘적 민족주의의 모성으로, 게르만족의 어머니로 해석하는 것은 치명적인 오독 그 자체이다. 니체는 민주주의와 사회주의의 문제점을 적나라하게 지적하지만, 그 지적이 파시즘이나 민족주의를 옹호한 것은 아니다. 니체의 '어머니'는 형이상학적 이데아나 물자체라는 점, 나아가 음악이라는 점을 잊어서는 안 된다.

16장 다시 보기

니체는 플라톤과 불구대천의 원수이다. 니체는 소크라테스가 시작하고 플라톤이 정비한 도덕 철학, 윤리 철학, 국가관을 극도로 증오한다. 니체는 플라톤의 변종이자 아류인 종교를 극혐한다. 하지만 니체는 플라톤과 마찬가지로 형이상학자이다. 그들은 궁극적으로 형이상학적 존재를 증명하고 싶어 한다. 하지만 그들은 다른 길에 서 있다.

플라톤은 올바름을 추구하고, 그 올바름의 추구가 곧 형이상학적 세계에 도달하는 길이라고 이해한다. 플라톤에게 도덕적이고 윤리적으로 올바른 삶은 형이상학적 진리에 도달하는 수단이다. 플라톤은 음악마저도 올바른 음악을 추구한다. 플라톤은 앎과 지성에 의해서만 알 수 있는 이데아에 이르기 위한 방편으로 음악을 활용할 뿐이다. 그는 음악도 반드시 올바름을 구현해야만 한다고 수없이 강조한다.

가장 아름다운 노래를 추구하는 사람들도 즐거우면 되는 음악이 아니라, 옳은 것인 음악을 추구해야만 할 것 같습니다.[5]

그 때문에 플라톤은 비극에 대해서도 부정적이었고, 다수가 환호하고 즐기는 음악보다는 아는 자가 선호하고 좋아하는 음악만을 찬양한다.

관람객들은 소리를 내지 않는 자들에서 큰소리를 내는 자들로 바뀌었으니 …… 음악에 있어서 최선자들의 지배 대신에 일종의 고약한 형태인 관람객들의 지배 사태가 생기게 된 것입니다.[6]

플라톤은 궁극적으로 음악가란 도덕적으로 올바르고 윤리적으로 출중한 자이며 궁극적으로 훌륭한 자이어야 한다고 강조한다.

시작詩作과 음악의 재능을 자신들 속에 충분히 지니고 있는 이들이라 할지
라도, 훌륭하고 두드러진 일을 전혀 한 적이 없는 이들은 그 누구도 안 됩니
다.[7]

플라톤에게 음악이란 음악 그 자체를 위한 것이 아니라 올바름,
훌륭함을 위한 하나의 수단에 지나지 않는다.

플라톤 형이상학의 가장 커다란 문제점은 형이상학적 존재를 증
명하지 못한다는 점이다. 현실에서 플라톤적 이데아가 실현된 인간
도, 사회도, 정치도 존재하지 않는다. 형이상학적 이데아의 존재 증
명에 실패한 플라톤은 초기 저작부터 말기 저작까지 끝없이 지옥과
천당 신화에 매달린다. 소크라테스가 죽음에 직면하여 자신은 좋은
곳에 갈 거라는 호언장담[8]부터 『국가』 마지막에 나오는 에르의 신
화[9]에 이르기까지가 그 증거이다. 생전의 올바른 삶과 올바르지 못
한 삶이 사후의 천국과 지옥으로 연결된다는 플라톤의 다음 주장으
로 요약할 수 있다.

그 법이란 인간들 가운데서 정의롭고 경건하게 일생을 산 자는 삶을 마
감한 후에 축복받은 자들의 섬들로 가서 나쁜 것들로부터 벗어나 완전한
행복 속에서 살아가지만, 부정의하고 신을 믿지 않는 삶을 산 자는 타르타
로스라 일컫는 응보와 심판의 감옥으로 가야 한다는 것이네.[10]

플라톤은 올바름을 교리로 하는 철학적 신조를 강변했지만 결국

형이상학적 존재의 증명에는 실패했다. 그는 결국 종교적 세계관을 열어 놓은 철학적 기초를 다진다.

니체는 올바름을 추구하는 것 자체, 플라톤적 수양법에 의한 형이상학적 세계에 이르는 것을 부정하고 혐오한다. 대신 니체는 음악을 통해 형이상학적인 근원적 일자를 느끼고 근원적 일자와 하나가 될 수 있다고 주장한다. 『비극의 탄생』은 음악을 통한 형이상학적 존재의 증명 그 자체이다.

니체의 음악론은 형이상학적 존재의 증명 수단이다. 플라톤의 예술론을 보자. 플라톤은 이데아, 이데아를 모방하고 아폴론적 척도에 적합한 3차원적인 조형예술과 목공예, 마지막으로 2차원적인 미술이 있다. 이데아는 신이 만든 것이자 본질이며 본질 창조자이며, 장인은 목수와 같은 자로서 실물을 만드는 자이자 신이 만든 이데아를 가장 근접되게 모방하는 자이며, 화가는 장인들이 만든 것의 모방자이자 실재의 모방자이자 보이는 현상을 모방한 자이다.[11]

플라톤의 모방론은 형이상학적 이데아를 증명하는 데 한계가 있다. 아무리 아름다운 조각상도, 대상을 잘 표현한 그림도, 그 이외의 어떠한 방법도 이데아를 제대로 표현할 수는 없다. 이데아는 볼수도 없고, 들을 수도 없고, 만질 수도 없는 어떤 것이기 때문이다. 이데아는 초월적 존재이기 때문이다.

눈에 보이지 않는 예술의 일종인 음악은 플라톤에게 인간의 마음을 즐겁게 하거나 심란하게 만드는 예술이 아닌 존재일 뿐이다. 플라톤에게 음악은 이데아와 거리가 먼 예술일 뿐이다. 플라톤은 음악을 주로 사용한 비극 작가를 화가 정도의 위치로 취급한다.

그러니까 비극 작가도 그런 자(모방자)일 걸세. 진정 그가 모방자라고 한다면 말일세. 그는 본성상 왕과 진리로부터 세 번째인 자이며, 다른 모방자도 그러하이.'[12]

니체도 플라톤처럼 이데아를 증명하고 싶어 하는 형이상학자의 하나이다. 니체는 플라톤이 주장한 올바름의 실천에 의한 형이상학적 세계로의 걷기나 달리기 대신 형이상학적 존재의 느끼기를 주장한다. 니체는 플라톤이 증명하지 못한 형이상학적 이데아를 느낄 수 있다고 말한다. 니체는 이를 비극관으로 설명한다. 니체의 비극관은 플라톤의 저열한 예술로서 비극관과 정반대이다. 니체는 비극을 통해 개별화의 고통을 넘어 개별화의 절멸을 느끼고 형이상학적 존재인 근원적 일자와 하나가 된다고 주장한다. 그 근거가 음악론이다.

니체는 쇼펜하우어의 음악론을 따라서 눈에 보이지 않는 음악과 눈으로 실체를 확인할 수 없는 이데아 또는 물자체를 동격으로 보았다. 그들은 음악을 이데아 또는 물자체의 즉자적 표현으로 이해한다. 음악은 곧 형이상학적 존재와 동격이 된다. 눈에 보이지 않지만 느낄 수 있는 음악, 그것이 곧 형이상학적 존재라는 것이 그들의 주장이다. 플라톤이 증명하지 못한 형이상학적 존재를 니체와 쇼펜하우어는 음악으로 간단하게 증명했다.

쇼펜하우어는 『의지와 표상으로서의 세계 Ⅰ』 3부에서 다양한 예술을 검토한다. 그는 건축예술, 조형예술, 언어예술, 시예술을 기술하고 마지막을 음악으로 장식한다. 그는 플라톤의 이데아의 모방의 순서를 정반대로 표현함으로써, 건축예술을 가장 낮은 의지의 예술로, 음악을 가장 높은 의지의 예술로, 음악을 이데아 자체로, 음악을 모든 사물과 대상이 자신을 직접 드러내는 예술로 입증한다.

니체는 쇼펜하우어의 음악론을 한발 더 밀고 나간다. 니체는 형이상학적 존재인 근원적 일자와 합일하게 만드는 것을 음악이라고 강조한다. 인간은 음악을 통해 근원적 일자를 느끼고, 개별화의 한계를 넘어 근원적 일자와 하나가 될 수 있다고 니체는 보았다. 니체는 그 가장 대표적인 예가 음악과 춤의 예술인 고대 그리스 비극이라고 선포한다. 대사가 아닌 음악과 춤으로 구성된 고전적 비극이 그 증거이다.

니체는 이를 통해 형이상학적 존재를 증명했다고 자신한다. 이 점에서 니체는 형이상학적 존재 증명에 실패하여 종교에 귀의한 패배자 플라톤의 비판자인 동시에 구원자이다. 니체는 형이상학적 존재를 믿음으로만 증명할 수 있는 종교의 길을 열어 놓은 플라톤을 음악을 통해 단박에 넘어선다. 니체는 형이상학적 존재의 신임을 얻기 위해 애쓰는 도덕적, 윤리적, 종교적, 철학적 세계를 단칼에 깨부순다. 니체는 형이상학적 존재를 향유하기 위해 더불어 노래하고 춤추는 건강한 시민의 세계를 단숨에 제시한다.

니체는 올바름의 가치 실현을 위해 윤리적이고 도덕적으로 살아가는 것이 인간이 형이상학적 존재를 느끼고 형이상학적 존재인 근원적 일자와 합일할 수 있는 방법을 막는다고 비판한다.

형이상학적 존재를 증명한 니체는 이제 거칠 것이 없다. 니체는 형이상학적 존재와의 합일을 막는 기존의 모든 가치와 전쟁을 벌인다. 니체는 근엄하고 우울한 큰 바위 얼굴족과의 전쟁을 통해 인간이 진정으로 인간이 되는 길을 밝히고자 한다.

17장

음악의 관점에서 본
고대 그리스 비극

1. 삶의 영원한 즐거움을 드러내는 음악

디오니소스적 예술 또한 우리에게 존재(삶, Dasein)의 영원한 즐거움Lust을 설득하고자 한다. 우리는 이러한 즐거움을 현상들이 아니라 현상의 배후에서 찾아야 할 것이다.[1]

생성된 모든 것이 이미 즐거움으로 가득 찬 몰락을 준비하듯이[2], 우리 역시 개별적 존재의 경악을 들여다보도록 강요당한다는 것을 인식해야 하지만 그렇다고 해서 이에 놀라서도 안 될 것이다.[3] 왜냐하면 형이상학적 위로가 분주한 변화 형상으로부터 우리를 잠깐 동안만이라도 벗어나게 해 줄 것이기 때문이다.[4] 실제로 우리는 짧은 순간이기는 하지만 근원적 존재Urwesen 자체가 되며, 그 존재의 무제한적인 존재 욕망(삶의 욕망, Daseinsgier)과 존재적 즐거움(삶의 쾌락, Daseinslust)을 느낀다. 삶 속으로 매진하는 헤아릴 수 없이 많은 것들과 쇄도하는 존재의 양식(삶의 양식,

Daseinsform)이 충만할 때, 세계 의지가 충만하게 생산할 때, 우리에게 이제 현상들의 투쟁, 고통, 절멸은 필연적인 것으로 여겨진다.

우리가 존재(삶, Dasein)에 대한 측정 불가능한 즐거움과 하나가 될 때, 우리가 이러한 즐거움의 불멸성과 영원성을 디오니소스적 황홀 속에서 예감할 때, 우리는 바로 이 순간 이러한 고통의 미쳐 날뛰는 꼬챙이에 찔려 뚫린다.[5] 우리는 공포와 동정에도 불구하고[6] 개인들로서가 아니라 더불어 생산의 즐거움Zeugungslust으로 융해되는 **하나의** 살아 있는 자로서 행복한 자이자 살아 있는 자가 된다.[7]

1. 이 문장은 16장 5절의 "아폴론은 개체의 고통을 현상의 영원함에 관한 명백한 찬양을 통해 극복한다."와 상반된 의미를 지닌다. 조각상이 주는 미와 아름다움은 눈에 보이는 현상의 영원함을 통해 삶과 존재의 고통을 극복하게 해 준다. 이와 반대로 현상으로 드러나지 않는 시간예술인 음악은 공간과 현상이 아니라 현상의 배후, 즉 초월적 일자 또는 근원적 존재, 형이상학적 이데아와 하나가 될 수 있게 해 준다.

'영원'은 '현상의 영원함'과 대비되며, 16장 1절의 '생산의 즐거움'을 뜻한다. 인간은 필멸의 존재이지만 디오니소스적 예술을 통해 현재의 고통을 현재의 즐거움으로 바꾼다. 마치 바그너의 음악에서 시작된 무한선율과 마찬가지로 인간은 디오니소스적 예술을 통해 영원한 삶을 획득한다.

'즐거움' 또는 '쾌락', '유희'는 소크라테스에서 시작되어 플라톤에서 완성되고, 종교적으로 변형된 믿음과 대립된다. 이들의 세계관에 따르면 현세의 고통을 이겨 내고 극복하기 위해서 삶의 즐거움을 멀리하고 사후의 즐거움을 추구해야 한다. 반면 디오니소스적 예술은 현재의 삶 자체에서 즐거움과 쾌락을 찾게 만들어 주고, 이를 통해서 형이상학적 존재인 근원적 일자와 하나가 될 수 있게 해 준다.

2. 생성과 몰락의 동시성에 관한 철학적 주장이다. 이 주장은 존재와 비존재, '있다'와 '없다'를 구분하고, 삶과 죽음을 분리하는 이원론의 관점에서 본다면 받아들이기 쉽지 않다. 생성과 몰락의 동시성에 관한 사유는 서구 사상에서도 아주 뿌리 깊다. 헤라클레이토스 사상이 그 대표적인 예이다. 니체는 헤라클레이토스의 사상에 많은 영향을 받았으며, 생성과 몰락은 그 대표적인 예이다.

헤라클레이토스는 '존재자'를 부정하고, '형성' 과정과 '유동'하는 것만이 존재한다고 주장한다. 그 안에서 모든 것은 생성하는 동시에 소멸한다고 그는 보았다.

예를 들어 죽음의 힘과 생성의 힘은 그가 현존하는 매 순간 모든 인간에게 작용한다. 삶과 죽음, 깨어 있음과 잠의 발생은 우세한 것이 가시화되는 일로서, 이 우세는 하나가 그 대립되는 것에 대해 힘을 얻었다가 순간적으로 다시 그 힘을 대립자에게 잃기 시작하는 데서 이루어지는 것이다. 항상 두 힘이 동시에 작용하고 있는 것인데, 그것은 양자의 영원한 투쟁이 승리도 억압도 지속적으로 허용하지 않기 때문이다. …… '산 자와 죽은 자, 깨어 있는 자와 잠든 자, 젊은이와 늙은이가 동일한 것 안에 있다. 꿀은 쓰기도 하고 달기도 하다. 세계는 부패하지 않기 위해 끊임없이 내용물을 휘저어야 하는 항아

리이다. 삶의 밝은 태양빛과 죽음의 어둠이 같은 원천에서 흘러나온다.[13]

니체가 이런 사상을 받아들인 이유는 무엇인가? 이분법을 비판하기 위한 것인 동시에 윤리적인 사유를 전복하기 위해서이다. 생성과 몰락을 이분법으로 나눠 인간에게 적용해 보자. 삶과 죽음을 분리하면, 살아 있을 때 죽음을 준비해야 한다. 즉, 살아 있을 때 올바르고 착한 일을 해야 죽음 이후의 또 다른 삶에서 행복을 누릴 수 있다는 논리가 성립된다. 이는 필연적으로 현재의 삶을 부정하고 사후의 삶을 바라는 실천적 염세주의로 전락한다.

반대로 생성과 몰락이 동시에 하나의 생명체에 존재한다고 한다면, 삶과 죽음의 분리가 없어진다. 삶 속에 죽음이 있고 죽음 속에 삶이 있다.

> 죽음이 삶에 대립한다고 말하는 것을 경계하자. 살아 있다는 것은 죽어 있다는 것의 한 방식, 극히 드문 방식일 뿐이다. …… 영원히 지속적인 실체란 존재하지 않는다.[14]

사후의 삶이 따로 존재하는 것이 아니라 삶은 현재 삶 그 자체가 중요하다. 현재의 삶이 고통스럽더라도 그 고통 속에서 즐거움을 찾아내야 한다. 이는 염세주의를 극복하는 현실주의적 가치관의 토대가 된다.

3. 일반적으로 그리스 시민들은 비극의 주인공인 영웅, 반신반인 등의 죽음을 통해 인간의 죽음을 간접적으로 경험하지만 그 죽음을 공포로 느끼지 않는다. 그리스 시민들은 비극을 관람하면서 인간은

언젠가는 반드시 죽는다는 것, 한 인간이 자신의 삶의 주인공이라면 그 인간 역시 죽을 수밖에 없다는 것을 깨닫는다.

그리스 시민들은 주인공의 죽음을 보고 겁먹거나 두려워하지 않았다. 그리스인들에게 고대 그리스 비극은 주인공의 죽음과 음악과 더불어 함께함을 통한 형이상학적 존재와 하나 되는 축제이다. 그들은 주인공의 고통스러웠던 삶과 죽음을 그저 담담하게 바라볼 뿐이다. 이를 확장하면 이 문장의 의미가 된다.

인간은 주변 사람들의 죽음을 통해서 죽음을 간접 경험하거나 느끼지만 놀라거나 겁먹을 필요가 없다. 인간은 생성과 몰락의 동시성처럼 태어남과 동시에 1분 1초도 쉬지 않고 살아가면서 서서히 죽어 가므로 죽음을 겁낼 필요가 없다.

인간은 삶을 위안받는 기쁨을 일상에서 얻을 수 있다. 우리는 흔히 듣는 음악에서 형이상학적 위로를 받을 수 있다. 인간은 매일 직간접으로 죽음이 주는 공포에 맞닥뜨리지만 그리 놀랄 필요가 없고 놀라서도 안 된다.

죽음을 둘러싼 행사에는 다른 의식과 달리 음악이 유난히 많다. 인간이 죽음에서 공포를 느끼지만, 죽음의 자리에서 들리는 음악이 주는 즐거움, 곧 죽음 자체가 형이상학적 존재와 하나 되는 느낌 속에 공포는 사라진다.

4. 디오니소스 축제와 디오니소스적 예술이 주는 즐거움이 형이상학적 위로이다. 이것을 니체는 1장 5절에서 베토벤의 〈환희의 송가〉와 디오니소스 축제의 춤추고 노래하는 장면으로 구체화했다. 축제와 공연 관람을 통해 짧은 순간이나마 근원적 존재가 되거나 근원적 존재와 하나가 된 그 순간을 상상해 보자. 인간은 곧 영원한 삶과 무한한 힘

을 지닌 존재 그 자체이므로, 근원적 존재와 마찬가지로 삶의 욕망과 삶의 즐거움을 누리게 된다.

5. 이 문장 역시 헤라클레이토스의 생성과 소멸에 관한 사유의 연장선 위에 있다. 헤라클레이토스는 꿀은 쓰면서도 달다고 말한다. 하나의 성질(단맛)이 서로 다른 대립된 것(쓴맛)과 불화하지만 하나(단맛)가 되려고 서로를 지향하는 것(쓴맛과 단맛이 각자의 속성을 버리고 단맛이 남.)에서 나타난다.

세계 자체는 혼합용 항아리와 다름없다. 그 안에서 대립자의 투쟁이 발생하고, 그 중 하나가 특정한 우위를 차지할 뿐이다. 그 안에서 결투는 지속된다. 모든 존재와 삶은 내부에서 대립자의 투쟁이 벌어지고, 고통을 겪으며, 마침내 죽음에 이른다. 헤라클레이토스는 세상의 모든 현상에 이 원리가 적용된다고 생각했다.

인간의 삶 역시 생성과 소멸의 동시성이다. 인간은 살아가면서 수없이 많은 존재 또는 삶을 안에서든 외부에서든 마주치게 된다. 이 자체가 세계 의지가 발현하는 과정이다. 모든 존재가 꿀과 같다면, 인간 역시 쾌락과 고통의 두 대립자가 안에서 투쟁한다. 우리가 기쁘다고 느끼는 순간은 쾌락이 고통에 대해서 우위를 차지한 것에 지나지 않으며, 고통스럽다고 생각한 순간은 고통이 쾌락보다 우위에 있을 뿐이다. 쾌락과 고통이 하나의 서로 다른 면이라는 생각은 플라톤에게서도 분명히 나타난다.

> 즐거움을 괴로움과 분리한 상태로는 우리가 충분히 검토할 수가 결코 없으니, …… 숨 막히는 더위로 인한 상태들은 괴로움(고통)이지만, 자연스럽게 다시 회복됨과 냉각됨은 즐거움일세. …… [15]

고통과 쾌락이 하나의 다른 면이라고 한다면, 비극을 보는 것 역시 고통과 쾌락의 동시성이다. 그리스인들이나 우리들이 그리스 비극을 보면서 또는 디오니소스 축제에 참가해서 근원적 존재와 하나가 되어 커다란 쾌락이나 행복을 누리는 순간, 고통이라는 꼬챙이에 찔리는 것이다. 거꾸로 주인공의 고통과 죽음의 꼬챙이가 우리를 찌르지만, 우리는 거기에서 즐거움과 쾌락을 얻는다.

6. 이 문장은 우리가 비극 주인공의 고통Leiden에 대해 공포와 동정을 느낀다는 것을 뜻한다. 고통, 동정, 공포는 비극을 관람할 때나 비극을 다룰 때 자주 붙어 나온다. 일반적으로 말한다면 비극은 Schmerz의 고통을 다루는 것이 아니라 Leiden의 고통을 다루는 것이다. 두통Kopfschmerz, 치통Zahnschmerz, 복통Bauchschmerzen, 생리통Menstruationsschmerzen 등을 앓고 있는 어떤 한 사람이 비극이나 드라마의 주인공으로 등장하지는 않는다. 비극은 인간이라면 누구나 겪게 될 고통Leiden의 존재론적 고통을 다룬다고 볼 수 있다.

고통, 공포, 동정을 철학적으로 심화하여 사유하기 위해서 기본적으로 고통 받는 주체인 비극의 주인공과 이를 보는 관객의 관계를 살펴보아야 한다. 또한 모든 인간이 겪는 고통에 대한 반응으로서 모든 인간의 공포와 동정으로 확장하여 사유하는 것이 중요한다. 고통, 이에 대한 반응으로서 공포와 동정은 비극의 주인공과 관객뿐만이 아니라 일반적으로 모든 인간이 겪는 문제라는 점에서 폭발적 확장 가능성이 무척 높은 철학적 주제이다.

니체는 『비극의 탄생』 24장 3절과 4절에서 ‘고통과 공포’, ‘고통과 동정’, ‘공포와 동정’을 간단하게 다루지만, 나중에는 이를 확장하여 상당히 깊게 그리고 지속적으로 다룬다. 니체는 이 삼자 관계를 바탕으로 사유를 확장 심화하여 고찰한다.

　고통에 대한 공포와 동정에 관한 사유의 출발점은 아리스토텔레스이다. 아리스토텔레스는 주인공의 운명이 급격하게 변화하여 그 주인공이 '고통'을 당할 경우, 관객은 '동정과 공포'의 감정을 느낀다고 말한다. 그는 '동정'이란 주인공이 부당한 불행을 당할 때 관객이 주인공에게 느끼는 감정이며, '공포'란 나와 유사한 자가 불행을 당할 때 나(관객)에게 다가오는 감정이다.[16] 동정은 내가 대상에게 느끼는 감정이고, 공포는 나에게 다가오는 느낌이다. 동정은 타자지향적인 반면, 공포는 자기중심적이다.

　아리스토텔레스는 『시학』과 『수사학』에서 공포의 특징을 몇 가지로 정리한다. 공포란 우선, 유사성에서 기인한다. 공포는 나 또는 우리와 유사한 자가 고통을 당할 때 느낀다. 나나 우리와 전혀 유사성이 없는 자가 고통을 당한다면, 우리는 공포를 느끼지 않는다. 둘째, 공포는 판타지이다. 내가 그 고통을 당하는 것이 아니라 그 고통이나 해악이 나에게 다가올 것이라는 환상이 공포를 자아낸다. 셋째, 피해의 심각성이다. 공포는 나에게 심각한 고통이나 파괴를 줄 수 있을 때에만 발생한다. 즉, 피해의 정도를 감당할 만하거나 고통의 정도가 미미하다면 공포를 느끼지 않는다. 넷째, 즉시성이다. 공포는 시간적으로 먼 것이 아니라 곧 다가올 때 느낀다. 인간은 언젠가는 죽는다는 것에 공포를 느끼지 않지만, 친한 친구가 병으로 갑자기 죽었을 경우 나도 곧 죽을지 모른다는 불현듯 떠오르는 생각에 공포를 느끼게 된다.

　아리스토텔레스는 『시학』과 『수사학』에서 동정의 특징을 몇 가지로 정리한다. 우선, 동정이란 부당한 불행에서 비롯한다. 부당한 불행을 당할 만한 자가 부당한 불행을 겪는다면, 우리는 동정심을 느끼지 않는다. 오히려 우리는 정의가 실현되었다거나 고소하다는 느낌을 받는다. 둘째, 동정은 근접성에서 기인한다. 동정이란 자신과 아주 가까이 있는 자가 불행을 겪을 때 발생한다. 나와 아주 무관한 자가 불행을 겪는다면, 우리는 무심해지곤 한다. 셋째, 동정은 비극단성의 특징을 지닌다. 동정은 지나치게 불행한 자도 지나치게 행복한 자도 불러일으키지 않는다.

니체는 12장 7절에서 에우리피데스가 도입한 프롤로그가 공포와 동정을 불러일으키지 못한다고 지적한다. 관객은 프롤로그를 통해 주인공이 어떤 고통을 당할지 이미 다 알고 있다. 그러면 어떤 결과가 초래되는가?

> 관객은 주인공의 고통과 행위에 완전하게 몰입하지 못하며, 주인공에 대한 숨 멎을 듯한 동정과 공포도 불가능하다.

동정과 공포를 일으키지 못한 에우리피데스는 파토스에 집착한다고 니체는 강조한다. 아리스토텔레스는 좋은 비극이란 주인공의 고통이 관객으로 하여금 공포와 동정을 불러일으키는 것이며, 이 공포와 동정을 통해 관객은 카타르시스를 얻는다고 강조한다. 니체는 여기에서 한발 더 나간다. 좋은 비극이란 주인공의 고통을 보고 공포와 동정을 느끼는 것을 넘어서서 생산의 즐거움을 주어야 하며, 그 결과 인간을 살아 있는 자로 만들고 행복한 자로 만들어야 한다고 니체는 강조한다.

니체는 아리스토텔레스가 말한 비극 주인공의 고통, 동정, 공포,

그리고 카타르시스에 대해서는 22장에서 비판하고, 자신의 비극론을 다시 한번 주장한다. 이에 대해서는 22장에서 자세히 살핀다.

7. 오역이 많은 부분이다. 'Zeugungslust'는 '성적 쾌락'으로 극단적 확장 번역하거나 '근원적 일자'와 하나가 된다는 맥락 단절적으로 번역되곤 한다. 오역이 나오는 이유는 7장 및 8장과 연결해서 이 문장을 읽어야 하는데 어휘에 매달리거나 문장 자체에 연연해서이다. 그 때문에 'Zeugungslust'가 무엇을 의미하는지 어떤 맥락에서 사용했는지가 감춰진다. 'Zeugungslust'는 우리말로 '생산의 즐거움'에 해당한다.

니체가 왜 '생산의 즐거움Zeugungslust'이란 용어를 사용했는가를 알아보자. 합창가무단은 성적 은유와 상징으로 가득 찬 사티로스 개체가 아니라 다수의 사티로스로 구성되었다. 사티로스는 디오니소스의 제자이며 생산, 다산 등의 상징이다.

우리는 등장인물과 주인공이 열연하는 셰익스피어의 비극과 같은 비극적 고통을 보는 게 아니다. 지금 우리는 고대 비극을 보고 있다. 고대 비극의 주인공은 인간이라면 참을 수도 견딜 수도 없는 고통이라는 극단적 상황에 처해 있다. 우리는 그 주인공의 고통을 목도하면서 가면을 쓰고 커다란 모조 성기를 달고 나와 합창과 춤을 추는 사티로스 합창가무단을 보고 있다. 나아가 우리는 주인공과 합창가무단을 바라보는 고대 그리스의 관객도 또한 바라보고 있다. 주인공의 고통에 대한 공포와 동정에 사로잡힌 고대 그리스 관객과 춤추고 노래하는 사티로스 합창가무단에 웃음 짓는 고대 그리스 관객이 우리 눈앞에 있다. 우리는 이 불협화음적이고 저 희비극적인 상황을 보면서 어떤 느낌이 들고 어떤 생각을 하는가?

그리스 비극 합창가무단이 왜 사티로스들로 구성되었는가라는 질문을 던져 보자. 생성과 소멸의 동시성처럼, 비극 주인공의 죽음은 끝이 아니라 시작이다. 사티로스로 구성된 합창가무단은 이것의 상징이자 비유이다. 커다란 남근을 단 사티로스들은 다산과 풍요의 상징인 디오니소스의 시종들이며, 생산의 상징이다. 합창가무단의 합창과 춤은 죽음 속에서 새로운 생산을 위한 성행위의 상징이다.

성행위는 행복을 얻는 한 방법이다. 성행위는 개인이 자신만의 만족을 얻는 개인적 행위가 아니라 다자적 행위이다. 성행위는 더불어 만족을 얻는 동시에 그 결과로 영생을 얻는 방법이다. 성행위는 유한한 생명이 다음 세대를 생산하는 행위이며, 필멸의 인간이 자손을 통해 불멸의 영생을 얻는 방법이다. 성행위는 출산의 형태로 사회적 관계를 확장시키며, 나아가 인류 전체의 생명과 삶을 유지시키는 수단이다.

사티로스의 노래와 춤은 '생산의 즐거움'을 우회적으로 표현한 것이다. 비극의 주인공과 마찬가지로 고통에 처할 뿐만 아니라 죽음을 맞게 될 관객은 사티로스의 노래와 춤을 보면서 '행복한 자'가 되고 '살아 있는 자'가 되며 영원한 삶을 얻는다.

다시 보기

비극 주인공의 고통과 죽음 앞에서 커다란 성기를 달고 노래와 춤을 추는 사티로스 합창가무단은 관객에게 어떤 느낌을 주는가? 우리는 상상하기도 이해하기도 어렵다. 하지만 우리가 관심을 갖는다면 그 느낌을 쉽게 찾아볼 수 있다. '진도 다시래기'는 고대 그리스 비극의 전형성과 상징성을 그대로 드러내고 보여 준다.

진도 다시래기에 나오는 장면 (국립 무형유산원·진도 다시래기 보존회 제공)

진도 다시래기를 보자. 죽은 자가 있다. 호상이다. 호상이지만 한 사람의 죽음 앞에 유족과 친족, 그리고 문상객 모두 무척 슬퍼한다. 자식들, 가족과 친척들은 숱한 사연을 남기고 인간이라면 누구나 겪는 고통 끝에 죽은 망자 앞에 너무너무 슬프다. 울다 지쳐 쓰러지기도 한다. 조문객들은 그 죽음 앞에서 죽은 자에 대한 동정과 나도 곧 죽을지 모른다는 공포를 느낀다.

그 가족과 친척들 옆을 보자. 한판 다시래기가 벌어진다. 꽹과리, 징, 장구, 북이 어우러져 노래와 반주가 흘러 퍼진다. 시간이 지나면 마당판이 벌어진다. 꼽추춤이 마당판에 오르고, 거사마당놀이가 이어진다. 가상제(가짜 상주), 장님 거사, 임신한 여사당, 떠돌이 승려가 질펀한 재담을 주고받는다. 떠돌이 승려와 여사당이 성행위를 한다. 떠돌이 승려와 예전에 눈이 맞은 여사당이 남편이자 눈을 뜨고 있지만 보지 못하는 당달봉사인 거사의 노랫소리 속에 아이를 낳는다. 승려와 거사는 아이가 서로 자기 아이라고 다툰다. 마침내 태어난 아이는 상제의 품에 안긴다. 그리고 여흥으로 흐드러지는 노래판과 춤판이 벌어진다.

상주와 유족, 그리고 문상객들은 망자의 죽음에 슬퍼하는 동시에 그 공연을 보고 웃고 떠든다. 가상제는 진짜 상주에게 '내가 상주를 웃기지 못하면 돈을 받지 않겠다'고 호언장담을 한다. 극도의 슬픔과 끝없는 성적 외설, 그 외설이 빚어낸 웃음과 즐거움이 죽음을 기리는 장례식장에서 함께 공존한다. 죽음의 슬픔은 곧 생산의 즐거움이고, 고통은 곧 쾌락이다.

고통과 죽음을 둘러싼 장례식은 축제의 장이다. 진도 다시래기는 고대 그리스 비극의 모든 전형성과 상징성을 보여 준다. 장례식장은 애도의 장소가 아니라 새로운 탄생을 위한 축제의 장소이다. 진도 다시래기는 한 인간이 평생 동안 겪는 고통, 그에 따른 죽음, 이를 웃음으로 승화시킨 웃음판이다. 그 죽음의 장소에서 개인들은 고통을 잊고 낱낱인 하나의 인간으로 행복을 느끼는 것이 아니라 더불어 행복을 느낀다.

디오니소스적 예술인 비극은 고통과 죽음을 둘러싸고 개인들로서 행복을 느끼는 게 아니라 더불어 같이 행복을 느끼게 해 주고, 살아 있음을 느끼게 한다. 주인공의 죽음(한 개인의 죽음), 아니면 주변에서 접하는 죽음을 보면서 나도 언젠가는 죽을 것이라는 공포와 죽은 자를 애도하는 슬픔인 동정을 느낀다. 그 공포와 동정이 공포와 동정으로만 끝난다면, 예술은 존속할 가치가 없다. 정반대되는 무언가를 낳아야 한다.

디오니소스적 예술은 형이상학적 위로, 음악을 통한 근원적 일자와의 만남, 나아가 음악과 춤을 통한 인간의 하나 됨, 그리고 인간의 살아 있음을 느끼게 만든다. 인간은 살아 있는 존재로서 근원적 일자와 하나가 되는 형이상학적 위로를 얻는다. 근원적 일자와 하나가 되어 누리는 인간이 얻는 즐거움은 개인으로서 혼자 얻어지는 것이 아니다. 그 즐거움은 성적 결합의 상징처럼 하나 이상의 결합에서 비롯하므로 다른 인간들과 더불어 같이 얻는다. 고통은 공포와 동정을 자식으로 낳지만, 공포와 동정은 행복과 삶에의 의지를 자식으로 낳는다. 여사당이 망자의 죽음 앞에서 아이를 낳듯이.

조금 더 속물적으로 이야기해 보자. 사마귀의 성적 교합을 보자. 암컷과 수컷의 섹스는 쾌락을 동반하지만 수컷은 극도의 쾌락과 고통을 느끼며 죽어 간다. 죽어 가는 수컷은 자신을 먹어 치우는 암컷을 원망하지 않는다. 수컷 자신의 죽음은 암컷을 통해 영원한 생명, 즉 자손을 번식하기 때문이다. 사마귀들은 개체들로서 기쁨과 고통을 느끼는 것이 아니라 더불어 하나로서 고통과 쾌락을 느끼고, 살아 있음을 느끼고, 생산의 즐거움을 위한 사전 축제를 벌인다.

디오니소스적 예술은 바로 이런 것이다. 진도 다시래기가 바로 이런 것이다. 현상의 즐거움을 주며 개인적으로 감상하는 아폴론적 예술과 달리 디오니소스적 예술은 현상의 배후에 있는 형이상학적 근원적 일자, 영원한 생명을 개인으로서가 아니라 더불어 하나가 되어 얻는 것이다. 죽음의 장소에서 불륜에 의해 새롭게 태어난 아이는 상주의 아이가 되고 모두의 아이가 되는 것도 그 때문이다. 진도 다시래기를 진도 사투리를 모른다고 해서, 한국말을 모른다고 해서 이해하지 못할 사람은 아무도 없다. 상중에 울려 퍼지는 만국 공통 언어로서의 음악이 인간을 개인으로서가 아니라 인류로서 하나가 되게 만든다.

2. 형이상학적 위로를 전해 주는 음악

그리스 비극의 발생사는 이제 우리에게 그리스인들의 비극 예술 작품이 음악정신에서 어떻게 발생했는지를 말해 준다. 우리는 이를 통해서 합창가무단의 근원적이고 놀라운 의미를 제대로 판단했다고 믿는다.[1]

하지만 동시에 우리는 앞에서 제시된 비극적 신화의 의미가 그리스 시인들, 특히 그리스 철학자들에 의해서 개념적으로 명료하게 파악된 적이 없다는 것 역시 인정해야만 한다.[2] 비극의 주인공들은 그들이 행동하는 것보다 어느 정도 더 피상적으로 말하곤 했다.[3] 신화는 표현된 언어 속에서 그 적절한 대상을 발견하지 못한다.[4] 장면의 구성과 눈에 보이는 형상들은 시인들이 말과 개념으로 파악할 수 있는 것보다 심오한 지혜를 드러낸다.[5] 동일한 것이 셰익스피어의 작품에서도 관찰된다. 예를 들면 햄릿은 유사한 의미에서 자신이 행동했던 것보다 훨씬 더 두루뭉술하게 말했다. 앞에서 상술했던 햄릿에 대한 설명은 말이 아니라 심화된 관찰과 조망에서 추론될 수 있다.[6]

물론 우리에게 언어 드라마로 나타났던 그리스 비극과 연관하여, 나는 신화와 말 사이의 불일치로 인해 신화가 본래보다 단조롭고 의미를 상실한 듯 간주된다는 것, 따라서 고대인들의 증언에 견주어 신화가 당연히 지니고 있던 것보다 훨씬 더 천박하게 작동한다고 서술했다. 언어 중심적 작가Wortdichter가 신화의 가장 높은 정신적인 것으로의 승화와 이상성에 도달하지 못하는 것을 창조적 음악가로서 언어예술가는 매 순간마다 도달한다는 것을 사람들은 어찌 그리 잘 망각하는지![7]

우리는 진정한 비극에 반드시 있게 마련인 엄청난 형이상학적 위로로부터 무언가를 얻기 위해서 음악적 효과의 대단한 힘을 학문의 길 위에서 재구성해야만 한다. 만약 우리가 그리스인들이 라면 이와 같은 엄청난 음악적 힘을 그 자체로 느꼈을 것이다. 그 대신 우리는 그리스 음악의 전체 흐름 속에서—우리에게 아주 익 숙할 뿐만 아니라 널리 알려졌으며 그 덕분에 무한하게 풍부한 것과 정반대로—수줍어하며 연주하기 시작하는 나이 어린 음악 천재의 노래에 귀를 기울인다고 믿었다.[8] 이집트 성직자가 말했 던 것처럼 그리스인들은 영원한 어린아이들이며 비극 예술에서 도 또한 어린아이들이다. 그 그리스인들은 자신의 손으로 숭고한 어떤 놀잇감이 만들어졌고 부서졌는지를 전혀 알지 못하는 어린 아이들이다.[9]

1. 합창가무단의 놀라운 의미에 대해서는 7장과 8장에서 다루었다. 또한 합창가무단이 제대로 파악된 적 없다는 논의는 7장 1절에서 자세하게 설명했다. 니체는 합창가무단이 없는 그리스 비극은 비극 이 아니라고 판단했다. 합창가무단의 성격과 그 역할을 제대로 이 해해야만 그리스 비극의 본질을 이해할 수 있다고 니체는 지금까지 주장해 왔다.

고대 철학자들이 비극의 합창가무단을 어떻게 생각했는지 알아보

자. 니체에 따르면 비극이 공연되던 시대에 살던 소크라테스, 플라톤, 아리스토텔레스 등의 고대 그리스 철학자들 역시 그리스 비극을 제대로 이해하지 못했다. 니체가 왜 이렇게 판단했는지 살펴보는 것은 중요하다. 합창가무단의 성격과 역할은 비극에서 가장 핵심적 요소이기 때문이다.

우선, 소크라테스는 말년에 시를 짓고 음악을 하기는 하지만 합창가무단에 대해 한마디도 하지 않았다. 이 점에서 소크라테스는 그 당시 아주 중요한 현상인 비극의 본질이나 내용을 깊이 고민하지 않았다고 볼 수 있다. 따라서 소크라테스는 논의의 대상 자체가 되지 않는다.

둘째, 플라톤은 합창가무단에 대해 비판적이었다. 플라톤의 비극관은 다른 예술관과 마찬가지로 올바름이 기준이다.

> 적어도 우리의 나라 체제 전체는 가장 아름답고 가장 훌륭한 삶의 모방으로 구성되어 있으며, 바로 이것을 우리는 진실로 가장 참된 비극이라 주장합니다.[17]

참된 비극이란 가장 아름답고 훌륭한 삶의 모방이어야 한다고 주장하는 플라톤은 합창가무단의 행위 요소인 노래와 춤 자체가 즐거움에 기원을 두고 있다고 말한다.

> 이들은 우리를 움직이게 하며 또한 우리의 가무도 유도하고, 노래들 및 춤들과 함께 서로 어우러지게 하는데, 그들이 합창가무단이라는 이름을 지은 것도 거기에서 생기는 기쁨(즐거움, 환희 : chara)이라는 이름에서 유래한

것이라는 겁니다.[18]

플라톤은 합창가무단의 기원이 즐거움과 기쁨에서 발생한 것이지만 합창가무단이 즐거움만 추구하는 것이 아니라 올바름을 추구해야 하며, 전쟁과 용맹에 도움이 되어야 한다고 말한다. 플라톤은 합창가무단의 기원에서 비롯한 본질적 요소인 즐거움 또는 쾌락을 무시하고 올바름을 실천하기 위한 수단으로만 받아들인다. 올바른 국가, 그 국가에 필요로 하는 음악과 춤, 이를 수행하는 합창가무단, 이것이 플라톤이 바라보는 예술관이다.

플라톤이 합창가무단을 극도로 경계한 것은 디오니소스의 출생에 대한 부정적 인식에서 비롯한다.

이 신(디오니소스)은 친어머니가 아닌 헤라로 해서 그의 혼이 판단력을 잃게 되었고, 이 때문에 그 보복으로 광란의 주연과 일체의 광적인 합창가무를 (사람들로 하여금) 갖도록 했다는 겁니다. 이런 연유로 포도주도 바로 이 목적을 위해 주어진 것이라는 거죠.[19]

플라톤은 포도주의 신 디오니소스의 제자들인 사티로스로 구성된 합창가무단이 행하는 합창가무가 결국 광적인 형태로 전락할 것이라고 보았다. 합창가무가 광적 쾌락으로 전락하는 것을 막기 위해서 플라톤은 합창가무단이 올바름, 절제의 덕목에 복종해야 한다고 말한다. 플라톤의 이와 같은 주장은 니체가 『비극의 탄생』 1장에서 아폴론적인 것과 디오니소스적인 것의 결합으로서 비극 예술을 바라보았던 것과 극단적으로 대립한다.

플라톤은 합창가무단의 필연적 귀결인 무절제를 제어하는 것이 진정한 비극이자 올바른 예술이라고 주장한다. 합창가무단의 기원인 즐거움과 기쁨, 쾌락을 제거해 버리는 게 플라톤의 예술관이다.

셋째, 아리스토텔레스의 합창가무단론은 형식에만 사로잡혀 있다. 플라톤은 합창가무단을 내용적 측면에서 비판했던 반면 아리스토텔레스는 합창가무단의 그 성격 및 본질과 아무런 연관이 없는 외적 측면만 바라보았다.

아리스토텔레스는 아이스킬로스가 합창가무단의 역할을 줄이고 대화가 드라마의 중심이 되게 만들었고,[20] 합창가무단은 등장가와 정립가를 부른다,[21] 합창가무단도 배우의 한 사람으로 간주해야만 한다[22]고 말했을 뿐이다. 그는 이러한 형식적인 언급 외에 합창가무단의 성격이나 본질에 대해 한마디도 언급하지 않았다.

니체는 이러한 점에서 고대 철학자들 역시 비극의 본질을 구성하는 합창가무단에 대한 이해가 부족했다고 비판한다. 니체는 고대 철학자들의 합창가무단 인식을 뛰어넘어 합창가무단이 비극의 본질이었다고 주장한다.

2. 앞 문장이 합창가무단의 본질을 옛 철학자들이 제대로 다루지 못한 것을 지적했다면, 이 문장은 고대 그리스 시인들과 고대 철학자들이 비극의 주인공을 깊이 있게 파악하지 못했다는 것을 비판한다.

니체의 말대로 고대 그리스 철학자들은 비극의 주인공이 누구인가에 대해 집중적으로 고민하지 않았다. 소크라테스, 플라톤은 비극의 주인공들이 누구이고 무엇인가에 대한 질문을 전혀 던지지 않았다. 아리스토텔레스는 『시학』에서 극도의 고통을 당해 동정과 공포를 불러일으키는 자가 비극의 주인공이며, 그 주인공은 훌륭한 인물이지만 어떤 잘못으로 인해 행운에서 불행에 빠진 자라고 정의할 뿐이다.[23] 아리스토텔레스는 비극의 주인공을 플롯의 구성 관점에서만 보는 한계를 보인다.

니체는 극의 주인공이 누구인지 정확하게 정의한다. 그는 10장 1절에서 다양한 인물과 등장하는 그리스 비극의 주인공들이 '디오니소스'였다고 말한다. 니체는 비극의 다양한 주인공들이란 고통을 당하는 디오니소스의 모상이자 분신들이라고 보았다.

3. 이 문장에 대한 이해는 9장 1절에서 시작해야 한다. 니체는 '대화는 그리스인의 모사에 지나지 않는다.'라고 분명하게 못 박았다. 이 문장은 비극의 주인공의 행동과 언어의 불일치 현상을 다룬 것이다. 이 글은 다양한 측면에서 살펴볼 수 있다.

우선 맥락적 흐름 측면에서 보자. 이 문장은 합창가무단의 음악적 성격(7장과 8장)에 이어 주인공론(9장과 10장)의 연속선상에 있다. 비극의 주인공을 판단하기 위해서는 아폴론적인 주인공의 말과 대화에 집중하는 것이 아니라 주인공이 어떤 행동을 했는가에 주목해야 한다는 것이 니체의 주장이다. 말과 대화는 우리가 대본이나 극본의 형태로 읽을 수 있지만 주인공의 행동은 우리가 유추해야 한다. 비극 주인공의 행위는 말과 대화 속에 숨겨져 있다. 우리는 대화와 전후 맥락 속에서 주인공의 행위를 파악해야 한다.

내용적인 측면에서 살펴보자. 첫째, 일반적으로 본다면 말보다는 행동으로 사람을 판단하는 것이 좋다. 말만 번드르한 사람보다는 말보다 먼저 묵묵히 행동하고 실천하는 사람이 더 신뢰가 가는 것은 기정사실이다. 둘째, 비극 주인공들의 행동과 말의 관계이다. 비극의 주인공들은 미사여구로 치장된 말보다 직접적인 행동이 앞섰다.

오이디푸스가 아버지를 살해할 때도, 어머니와 동침할 때도 별다른 말이 없었다. 그는 다만 숙명에 의해서 주어진 역할을 묵묵히 수행할 뿐이었다. 프로메테우스 역시 제우스에 거역하는 행동을 먼저 했다. 프로메테우스 또한 인간을 새롭게 창조할 때도, 인간에게 불을 가져다 주었을 때도 행동이 먼저 앞섰다. 헤르메스가 제우스의 심부름으로 프로메테우스를 회유할 때에야 비로소 그 이유를 말할 뿐이었다. 비극의 대부분 주인공들은 말보다는 행동이 앞선 것으로 평가할 수 있다.(반면 에우리피데스 비극의 주인공인 메데이아를 보라. 그는 행동을 하기 전 하나하나 일일이 다 설명한다.) 셰익스피어의 햄릿을 보라. 니체의 평가에 따른다면 햄릿은 행동형 인간이지 숙고형 인간이 아니다.

마지막으로 논리적 측면에서 살펴보자. 왜 니체는 그리스 비극에서 말보다 행동을 더 중시하는가? 9장 1절에 답이 있다. 여기서 니체는 '그리스 비극의 아폴론적 부분'을 '대화'라고 지적하고, '대화는 그리스인의 모사에 지나지 않는다.'라고 선언한다. 또한 니체는 '소포클레스 작품의 주인공(영웅)의 언어가 지닌 아폴론적인 명료함과 투명함은 우리를 깜짝 놀라게 만든다.'라고 말하지만, 이는 '그리스인적인 본질의 가장 내적인 토대'가 아니라고 선언한다.

아폴론적인 대화 부분을 보완하고, 그리스 비극을 완성시킬 수 있는 것은 주인공의 행동이며, 그 행동을 더 잘 드러낼 수 있는 것은 디오니소스적 음악이라는 게 니체의 주장이다. 이 절 마지막 부분의 '엄청난 음악적 힘'이 이를 뒷받침한다.

4. '신화', '표현된 언어', '적절한 대상'의 관계에 관한 문제를 다루

어 보자. 이를 문제로 바꾸어 보면, 신화가 언어로 표현되면 그 언어는 대상을 적절하게 반영하는가이다. 이는 세 단계로 나눠 살펴볼 수 있다.

우선, 이 책의 주제인 비극 주인공의 언어와 대상의 관계이다. 비극의 주인공(신화)들은 그들의 말보다 행동이 그들의 본질과 속성을 잘 표현한다고 니체는 지적했다. 비극 작가가 아폴론적인 구체화인 언어와 대화를 통해 주인공의 성격과 본질을 잘 드러낼 수 없다는 것이 니체의 기본 입장이다.

둘째, 신화, 언어, 대상의 관계이다. 플라톤은 신화, 언어, 대상은 기본적으로 일치한다고 가정한다. 플라톤은 『크라튈로스』에서 아주 흥미로운 작업을 한다. 플라톤은 신화의 주인공들이나 여러 사물들이 대상의 본질을 드러내는가를 논증한다. 그는 제우스, 우라노스, 크로노스 등에서 시작하여, 신, 신령(다이몬), 인간 등을 거쳐 다양한 신들의 이름이 어디에서 비롯하는가와 그 본질이 무엇인가를 살펴본다. 그는 신들의 명칭이 신들의 속성과 본질을 잘 표현한다고 말한다.

플라톤은 여기에서 더 나아가 기본적으로 '이름은 사물들에게 본래 있으며'[24] '이름은 본래의 어떤 올바름을 가지고 있'[25]다라고 주장하고, '신들은 사물들의 본래 이름을 올바르게 부'[26]른다고 말한다.

> 잘 붙여진 이름들은 그것들이 붙은 사물들과 닮았으며, 그래서 그것들은 사물들의 상이라고 ⋯⋯'[27]

플라톤에 따르면 어떤 언어나 이름은 사물, 대상의 본질을 '적절하게' 표현한다는 것, 더 정확하게 말하면 언어와 대상은 일치한다는 것이다. 니체가 한 위의 말은 플라톤의 주장에 대한 반론이다.

마지막으로 언어와 대상의 관계에 관한 일반적인 논쟁이다. 언어는 대상을 '적절하게' 반영하는가? 언어와 대상의 일치는 말 그대로 '신화'일 뿐이라는 것이 니체의 기본 입장이다. 이는 후일 해체주의와 연결된다. 니체의 언어와 대상의 문제에 관한 논의는 초기부터 시작되었다.

5. '장면의 구성'은 흔히 우리가 알고 있는 플롯을 말하며, '눈에 보이는 형상'은 무대와 그 배경, 무대 위 등장인물들과 그 연기 등을 지시한다. 니체는 때로는 언어예술가가 말과 대화로 드러낸 것보다 사건의 극적인 구성과 무대 등이 때로는 더 많은 메시지와 내용을 전달할 수 있다고 주장한다.

연극이나 영화 대본을 읽으면서 얻는 감동과 연극이나 영화를 직접 관람하면서 느끼는 감동의 차이를 생각해 보자. 실제로 직접 연극과 영화를 보는 것이 대본 읽기에서 오는 감동보다 훨씬 더 깊고 풍부하다. 적당한 무대, 내용에 맞는 배경, 성격에 맞는 등장인물과 배우의 열연 등이 대본보다 감동을 더 풍부하고 훨씬 더 깊게 전달해 준다.

고대 비극의 창작자인 음악예술가는 플롯을 바탕으로 음악과 춤, 시, 무대 배경과 장치 등을 모두 총괄하는 종합예술가이다. 종합예술인 비극에서 언어가 차지하는 역할은 1/n에 지나지 않는다. 그럼에도 우리는 대화와 말이 비극의 전부라고 착각한다. 그리스 비극을 대본만 읽고 대본만을 분석하고 이해한 후에 모든 것을 얻으려는 데에서 발생하는 현상이다. 이는 마치 뮤지컬의 대본을 읽으면서, 언어적 요소가 뮤지컬의 전부라고 생각하는 것과 마찬가지로 어리석은 짓이다.

6. 햄릿이 인식에 근거한 사색형, 양자택일 사이에서 허우적거리는 주저형, 심사숙고하다 실기하는 우유부단형 주인공이 아니라, 즉각적인 행동형, 주저하지 않는 과감형, 좌고우면하지 않는 돌진형 인간이라는 것을 7장 8절에서 상세하게 다루었다.

7. 이 문장은 비극의 주인공이 주로 사용하는 대화와 언어 중심적 비극과 음악 중심적 비극을 명쾌하게 구분하여 설명한 동시에 음악이 왜 언어보다 보편적인 예술인가를 밝힌 것이다. 니체의 이 문장은 앞에서 언급한 아래 내용들을 전제로 한다.

'언어 드라마'는 9장 1절에 해당하는 내용으로, 니체는 그리스 비극에서 아폴론적 부분이 대화라고 말한다.

'신화와 말 사이 불일치'는 11장 3절과 4절에 해당한다. 여기서 에우리피데스 비극의 주인공을 일컫는 말로 니체는 '오디세우스의 그래쿨루스화'를 이야기한다.

'신화가 본래보다 단조롭고 의미를 상실한 것처럼 간주된다는 것'은 9장 그리스 비극의 본래 주인공과 11장 에우리피데스 비극의 주인공을 비교한 문장이다. '본래'는 그리스 비극의 디오니소스적 주인공들로서, 오이디푸스 같은 수동적 영웅과 프로메테우스 같은 능동적 영웅들이다. 이들은 본래적인 의미에서 '그리스적 명랑성'의 전형으로, 온갖 고통에도 불구하고 자신의 삶을 묵묵히 견뎌 내고 살아가는 자들이다. 그들은 말하는 것보다는 행동이 앞선다. '단조롭고 의미를 상실한'은 그래쿨루스적인 주인공들로 에우리피데스의 주인공들이다. 그들은 고도의 말 훈련을 받은 자들로 행동보다 말이 앞서는 자들이다. 이들은 '노예적 명랑성'을 지닌 자들로 11장 4절에서 언급한 '찰나, 기지, 경솔, 변덕'으로 무장하고 일상에서 소피스트적 기교를 통해 돈과 이익에 혈안이 된 자들이다. 언어 중심적 예술가가 묘사한 주인공은 오이디푸스적인 수동적 영웅과 프로메테우스적인 능동적 영웅과 달리 천박하게 살아간다.

결론적으로 말하면 '언어 중심적 예술가'인 에우리피데스는 '창조적 음악가'인 아이스킬로스나 소포클레스와 달리 승화나 이상에 도달하지 못한다. 더 나아가서 말한다면, 대화와 말을 중심으로 하는 언어예술가는 사물의 본질에 직접 조응하는 창조적인 음악가보다 승화와 이상에 도달하지 못한다. 16장에서 철학적 근거를 밝힌 것처럼 음악은 곧 의지의 표현 그 자체인 반면, 언어는 이 절에서 밝힌 것처럼 행동, 플롯, 형상보다 다의적으로 나타나고 파악 불가능하기 때문이다.

8. 이 세 문장을 풀어서 설명하면 다음과 같다.

하나, 우리는 진정한 비극에 내재되어 있는 음악의 형이상학적 위로를 느낄 수 없다. 다만 우리는 배워서 체득한(학문의 길) 방식으로만 그리스 비극이 주는 형이상학적 위로를 느낄 수 있을 뿐이다. 이것은 진정한 형이상학적 위로가 아니다.

둘, 우리가 고대 그리스인이라면 비극 음악이 주는 형이상학적 위로를 충분히 얻을 것이다.

셋, 그러나 우리는 고대 그리스인이 아니므로 고대 그리스 비극을 어린아이 수준의 초보적 음악으로 간주하고, 그 심원한 형이상학적 위로를 얻지 못한다.

9. 대부분 이 문장을 아주 틀리게 번역한다. 이 문장을 그리스인들이 영원한 유치찬란한 어린아이이며, 그 때문에 그들이 만든 비극도 유치하다는 식으로 번역한다. 니체의 입장에서 최고의 예술인 고대 그리스 비극을 창조한 고대 그리스인들이 유치찬란한 어린이라니! 말도 안 되는 오역이다.

왜 이런 오역이 나오는가는 분명하다. 니체에게 어린아이가 어떤 의미인지를 고려하지 않고 번역한 데에서 비롯된다. 또한 니체가 이 인용을 한 이유와 맥락을 살펴보지 않는 데에서 비롯한다. 여기에서는 출처 중심으로만 설명하고, 니체의 어린이 비유에 대해서는 다시 보기에서 살펴보자.

그리스인과 어린이의 비유는 플라톤의 『티마이오스』에서 나온다.

> 아, 솔론, 솔론 당신들 그리스인들은 언제나 어린이들이군요. 당신들 중에는 노인이 없군요.[28]

이집트의 나이 많은 성직자가 솔론을 만나서 한 말이다. 현상적으로 보면 나이 많은 이집트인 성직자가 그리스인을 어린이에 비유하는 것처럼 보이나 속 내용은 전혀 다르다.

이 말이 나온 배경을 살펴보자. 솔론이 개혁을 완수하고 난 후 처음 여행을 간 곳이 이집트이다. 솔론은 그리스인들이 얼마나 오래되었는지 말하며, 최초의 인간인 포로네우스와 니오베 이야기와 대홍수 이후 데우칼리온과 피라가 어떻게 살아남았는지를 이집트인들에게 설명한다. 이 이야기를 들은 이집트 성직자가 그리스인을 영원한 아이라고 꼬집어 말한다.

그가 이렇게 말한 이유는 그리스인이 문자로 된 기록을 남기지 않았으며, 그리스에는 문맹자와 무식한 사람들만 남아 있는 반면, 이집트에는 그리스의 옛 역사와 기록이 전부 남아 있으며, 이를 지식으로 알고 있는 사람들이 있어서이다.[29] 겉으로 보면 이집트는 성인成人과 지혜의 나라인 반면 그리스는 어린이와 무지의 나라라고 말하는 것처럼 보인다.

조금만 더 들어가 보면 커다란 반전이 일어난다. 나이 많은 성직자는 솔론이 말한 그리스의 대홍수 설화 외에도 여러 번 인간의 몰락에 관한 신화와 이야기가 이집트에 기록되어 있으며, 나아가 아테네가 '세상의 모든 정체 중에서도 가장 훌륭한 정체가 실현'되었다고 말한다. 아테나 여신의 덕분으로 아테네가 만들어졌고, 좋은 법률 또한 가지고 있었다고 이집트 성직자는 솔론에게 말해 준다.

성직자의 전언을 뒤집어 해석해 보자. 그리스인은 가장 오래 역사를 가진 민족이다. 특히 그들은 세상에서 가장 좋은 정체와 법률을 만들었으나 파괴했다. 또 다시 그리스인은 솔론을 통해 그리스에서, 나아가 당시 기준으로 전 세계에서 가장 우수한 민주주의 정체를 만들었다. 이집트인은 노인의 국가이며 다양한 기록을 보존 보관하고 있지만 노인들처럼 새로운 무엇을 만들거나 파괴한 적이 없다. 반면 그리스인은 어린아이들처럼 우수한 정체와 법률을 만들고 파괴하곤 한다.

바닷가에서 모래성을 쌓고 부수는 어린아이. 모래성을 쌓는 것도 놀이이고, 부수는 것도 놀이일 뿐인 어린아이. 그들은 만들고 부수고, 부수고 다시 만든다. 그들은 만드는 이유도 모르고 부수는 이유도 따지지 않는 영원한 아이들이다. 이집트와 그리스 중 어느 것을 선택할 것인가? 당연히 어린아이이다. 어린아이의 비유는 그리스가 우수하다는 것을 은연중에 드러낸 것이다. 플라톤 역시 『티마이오스』를 통해 이런 점을 은근히 강조한다.

니체의 어린아이 비유는 헤라클레이토스 사상에 근거하고 있다. 그리스인은 위대한 비극을 만들었지만 만든 사실 자체도 깨닫지 못한다. 그리스인은 위대한 비극을 파괴했지만 파괴했다는 사실 자체도 의식하지 못한다. 그리스인은 세계사에서 진정한 어린아이이다.

다시 보기

니체는 어린아이를 예술가의 신, 초인적 존재, 신 등의 비유적 의미로 사용한다. 예컨대 니체는 『자라투스트라는 이렇게 말했다』 서문 2절에서 다음과 같이 말한다.

자라투스트라가 변했어. 자라투스트라가 어린아이가 되었군. 자라투스트라가 깨달은 자가 되었어.

니체는 『자라투스트라는 이렇게 말했다』 1권 1장에서 인간은 종교와 초자아의 노예인 낙타에서 이성과 자아의 노예인 사자로, 사자에서 의지와 욕망과 욕구의 주인인 어린아이로 변해야 한다고 말한다. 나아가 니체에게 어린아이는 절대 자유와 창조적 정신의 구현체이다.

어린아이는 순수이자 망각이며, 새로운 출발이자 놀이이며, 스스로 도는

바퀴이자 최초의 움직임이며, 신성한 긍정이다.'[30]

　니체에게 어린아이는 또한 창조하는 신이기도 하다. 니체는 「자기비판의 시도」 5장 1절에서 '이 신은 건설과 마찬가지로 파괴에서도'라는 말을 하면서 어린아이를 신에 비유한다. 나아가 니체는 헤라클레이토스의 사상을 따라서 창조라는 면에서 어린아이를 예술가와 비교한다.

　　어떤 도덕적 책임도 없으며 영원히 동일한 순수 상태인 생성과 소멸, 건설과 파괴는 이 세계에서 오직 예술가와 어린아이의 유희일 뿐이다. 어린아이와 예술가는 놀이를 하듯 …… 순수 상태에서 건설하고 파괴할 뿐이다. …… 어린아이가 마치 바닷가에서 모래성을 쌓고 부수곤 하듯이 …… 어린아이는 놀이도구를 버려 버린다. 그러나 곧장 순수한 기분 상태에서 놀이도구를 다시 붙잡는다.'[31]

　창조자이자 파괴자로서 어린아이. 세계를 창조한 신과 마찬가지로 어린아이는 창조할 때도 파괴할 때도 아무런 죄책감을 느끼지 않는다. 창조할 때가 되었기 때문에 창조했고 파괴할 때가 되었기 때문에 파괴할 뿐이다. 어린아이가 바닷가에서 모래성을 쌓았다 부수는 것과 마찬가지이다. 어린아이는 다만 행위할 뿐이고, 그 행위는 창조와 파괴이다. 어린아이는 행위할 뿐이지 그 이유를 말이나 언어로 표현하지 않는다.(비극의 주인공을 파악하기 위해 말과 언어보다는 행동이 중요한 것도 이 때문이다.)
　니체는 창조자와 파괴자로서 어린아이를 그리스인의 고대 비극까지 연결하여 설명한다. 고대 그리스인들은 어린아이처럼 고대 비극을 창조했고 그 손으로 고대 비극을 살해했다. 고대 그리스인들은 자신들이 위대한 예술을 창조했다는 자부심을 느끼지 않았고, 그 위대한 예술을 자신들의 손으로 살해했다는 죄책감도 느끼지 않았다. 어린아이에게 선악도 호악도 없다. 그들은 모래성을, 위대한 예술을 창조했고 파괴했을 뿐이다.

니체에게 어린이는 세상을 만들고 파괴하는 신과 같은 존재이자 예술가와 같은 존재이다. 우리는 그런 어린 신에게 선악과 호악의 감정을 들이대며 왜 창조했는지 왜 파괴했는지 물을 수 없다. 우리가 어린아이에게 왜 모래성을 쌓았는지 부쉈는지 물어보는 것은 무의미하다.

우리는 위대한 비극을 창조하고 파괴한 그리스인에게 왜 창조했으며 왜 파괴했는지 물을 수 없다. 그들은 절대 창조자이자 파괴자이며 아무런 도덕적 책임을 모르는 절대 순수의 상태이다.

3. 음악정신의 발생과 몰락

서정시의 시작에서부터 아티카 비극에 이르기까지 점차 고조된 형상적 표출과 신화적 표출에 따른 음악정신의 저 분투는 처음 높은 수준에 도달하자마자 곧 파괴되었으며, 그리스 예술의 표면에서 점차 스러져 갔다.[1] 이러한 분투 과정에서 탄생한 디오니소스적 세계관은 신비 제의 속에서 부활했으며,[2] 놀라운 변신과 변성을 겪으면서도 죽지 않고 걸출한 인간들을 끌어들였다.[3] 디오니소스적 세계관은 신비한 심연으로부터 다시 예술로 떠오를 것인가?

1. 역사적 흐름으로 본다면, 이 문장은 서정시에서 출발하여 비극의 완성 과정, 완성과 그리고 동시에 소멸 과정을 묘사한다.

인물 중심으로 본다면, 이 문장은 서정시인 아르킬로코스에서부터 출발하여, 아이스킬로스에서 정점을 찍고 곧장 소포클레스에서부터 몰락하기 시작하여 에우리피데스에서 완전히 소멸함을 묘사한다.

장별 구성으로 본다면, 이 문장은 5장의 서정시와 6장 민요의 결합, 7장과 8장의 합창가무단, 9장과 10장의 음악적 측면으로 바라본 주인공이 하나가 되어 완성된 비극에서 11장과 12장의 에우리피데스에 의한 비극의 소멸을 보여 준다.

2. 이와 동일한 내용이 12장 8절에 나온다. 엘레우시스 신비 제의의 형식과 내용에 대해서는 10장 1절의 에포푸테스와 디오니소스의 또 다른 모습인 자그레우스의 해설 편을 참조한다. 이 신비 제의가 고대 사회의 발전에 얼마나 중요했는가에 대해서는 1장 5절의 엘레우시스제를 참고한다.

포도주의 신 디오니소스, 디오니소스를 기리는 디오니소스 축제, 디오니소스 축제의 한 형식으로서 음악과 춤을 중심으로 한 비극, 비극의 엘레우시스 신비 제의로 부활을 고려한다면, 디오니소스와 그 정신이 우리 문화와 삶 속에서 얼마나 깊이 뿌리박혀 있는가를 알 수 있다.

3. 디오니소스적 정신과 그 예술적 가치는 영원히 죽지 않고 살아 있다는 내용이다. 니체가 머릿속에 염두에 둔 인물들은 문학의 셰익스피어와 괴테, 하이네 등, 철학의 쇼펜하우어, 음악의 베토벤과 바그너 등이다. 이들은 각기 활동 영역은 다르지만 디오니소스적인

가치를 창조적으로 구현한 자들이라고 니체는 생각한다.

다시 보기

신비의 세계에 침잠해 있는 디오니소스적 예술은 언제, 어디에서, 누구에 의해 다시 살아 올라올 것인가? 어쩌면 이미 우리 곁에 디오니소스적 예술은 내내 있어 왔는지 모른다. 진도의 다시래기가 그 사례이다. 죽은 자를 보내는 우리의 장례 의식은 이미 걸판진 한 판의 축제였다. 어쩌면 걸출한 철학자나 음악가가 아니더라도 우리의 삶 속에서 영원히 디오니소스적 음악은 살아 있는지 모른다. 다른 지역이나 국가에서도 마찬가지일 것이다.

4. 음악하는 소크라테스에 의한 음악의 죽음

우리는 여기서 반대 작용을 하여 비극을 약화시킨 힘[1]이 모든 시대에 걸쳐서 비극과 비극적 세계관의 예술적인 부활을 막을 만큼 엄청난 힘을 지니고 있는가라는 질문에 집중해 보자. 옛 비극이 앎Wissen과 학문Wissenschaft의 낙관주의에 대한 대화적 충동에 의해 그 궤도에서 벗어났다고 한다면, 이러한 사실로부터 **이론적 세계관과 비극적 세계관** 사이의 항구적인 투쟁으로 귀결될 것이다.[2] 그리고 학문의 정신이 그 한계에 이르고 보편적 타당성에 대한 학문의 요청이 저 전체 증거에 의해서 근거가 없어진다면,[3] 비극의 재탄생이 희망으로 떠오를 것이다. 그러한 문화 형식에 대해서 우리는 앞에서 상술했던 의미에서 **음악을 하는 소크라테스**라는 상징을 제출해야만 할 것이다.

이러한 대립 상황을 고려해서 나는 소크라테스라는 인물이 처음으로 빛을 밝힌 본능Natur[4]에 관한 해명 가능성과 앎의 보편적인 치유 능력Universalheilkraft에 대한 믿음[5]을 학문의 정신이라고 이해한다.

1. 비극을 약화시키는 힘에 대해서는 11장에서 15장까지 다룬 내용이다. 그 두 주인공은 에우리피데스와 소크라테스이다. 에우리피데스는 소크라테스의 문학적 분신이고, 소크라테스는 에우리피데스의 철학적 화신이다. 전자는 문학을 통해, 후자는 앎, 지식, 학문을 통해 비극을 살해했다.

2. 소크라테스적인 가치는 앎과 학문의 낙관주의이며, 그리스 비극을 죽음으로 몰고 갔다. 하지만 그리스 비극이라는 형식은 사라졌지만 그 정신과 내용은 신비주의와 사상의 형태로 살아났다. 현상적으로 이론적 세계관이 세상을 지배하는 것 같지만, 그 안에는 비극적 세계관이 저항하거나 지배한다.

예를 들면 여전히 서정시는 태어난 이래 지금까지 우리의 심금을 울리고 있으며, 민요는 아직도 살아 사람들 사이에서 불리고 있다. 또한 박제화의 압박 속에서도 민요는 그 모티브를 다양한 음악에 제공하며, 다양한 울림으로 되살아난다. 낭만주의 음악과 국민주의 음악이 그 증거이고, 다양한 현대판 민요들이 생생하게 살아 있는 게 그 증거들이다.

더 나아가 고대 그리스 비극을 현재에 맞게 재현한 바그너의 음악극은 거듭 새롭게 태어난다. 쇼펜하우어의 철학과 니체의 철학, 프로이트의 사상 역시 디오니소스적 정신을 계승하고 있으며, 다양한 현대 철학 역시 넓게 본다면 그리스 비극의 계승자이다. 비극이 이론적 힘에 의해 살해당했는가? 아니다. 여전히 힘을 발휘하기 때문에, 언젠가 다시 비극의 시대 음악이 살아 숨 쉬는 시대가 될 것이라고 니체는 주장한다.

3. 중의적 표현이다. 한편으로는 소크라테스가 죽기 전 시를 짓고 음악을 할 수밖에 없었다는 것을 뜻하는 동시에 다른 한편으로 소크라테스는 자신의 이론적 세계관이 한계에 부딪치자 죽기 바로 전 음악에 의지할 수밖에 없었음을 말한다. 여기에서 방점은 후자에 찍힌다. 15장 전체가 이 내용이다.

4. 소크라테스가 인간에 관한 질문을 던진 것으로 이해할 경우에는 본능이다. 하지만 소크라테스적인 정신이 일반화하여 학문적 보편성이 된다면 자연으로도 해석 가능하다. 대다수 번역은 Natur를 자연으로 해석한다. 여기에서는 본능으로 이해하는 것이 좋다. 그 이유는 다음과 같다.

첫째, 소크라테스는 자연이 아닌 인간에 관심을 가진 최초의 인문학자라는 점 때문이다. 둘째, 소크라테스는 인간이 본능 때문에 올바르지 못한 행동을 할 가능성을 치유하고 싶어 하는 도덕학자이자 윤리학자이기 때문이다. 마지막으로 소크라테스는 인간에 관한 모든 관심을 도덕철학, 윤리철학에 종속시킨 자이기 때문이다. 본능이 저지른 잘못된 행위를 앎이 가지고 있는 보편적 치유 능력으로 교정할 수 있다는 내용이 나온 것도 여기에서 기인한다.

5. '본능에 관한 해명 가능성'은 13장 5절에서 다루었다. 다이몬은 소크라테스가 어려운 상황에 처하면 나타나서 피해야 할 '금지'를 알려 주었고, 또한 소크라테스가 길을 잃고 헤매고 있으면 해야 할 것을 '권유'하는 형태로 출현했다. 여기서 다이몬은 인간의 본능과

대립되는 역할을 한다.

 '앎의 보편적인 치유 능력에 대한 믿음'은 14장 4절과 15장 6절에서 다루었다. 이는 실천적 염세주의에 반하는 이론적 낙관주의를 말한다. '훌륭함은 지식이다. 무지할 때에만 죄를 짓게 된다. 훌륭한 자는 행복한 자이다.'는 이론적 낙관주의의 전형적 표현이다. 훌륭함을 알고 있으면 죄를 짓지 않으며 행복한 자가 된다. 이는 현실세계에서 벌어지는 모든 죄악과 고통을 해결할 기준이 된다.(14장 4절.) 이것이 확장되면, 개념, 판단, 추리의 학문 고유 메커니즘이 성립되고, 이에 의해 우리가 접하는 모든 곤란과 어려움을 해결할 수 있다는 것이 소크라테스의 신념이다.(15장 6절.)

 학문의 정신이란 무엇인가? 본능을 억압하기 위해 출현한 학문(인문학)과 본능 억압을 제도화하기 위해 탄생한 학문(사회과학)은 현재 현실에서 접하는 모든 문제를 해결할 수 있는 방법이자 본능을 억제한 덕분에 사후세계에서도 복 받을 유일한 방법이다.

 니체는 비극의 부활을 위해 가장 필요한 것은 학문이란 무엇인가에 대한 탐구라고 말한다. 학문의 정신이란 무엇인가? 알다, 이해하다Wissen에서 출발하여 학문Wissenschaft으로 나아가고, 마침내 과학Wissenschaft에 이르는 저 길은 도대체 무엇인가? 니체는 학문이 무엇인가, 학문이 어떤 기능과 역할을 하는가, 어떻게 하면 학문을 넘어 새로운 길을 개척할 것인가에 관심이 무척 많았다. 니체의 학문에 대한 관심은 소크라테스의 삶에 대한 고찰에서 시작하고, 그 고독한 여행은 죽어야 끝난다.

짧은 글이지만 아주 간명하게 비극 죽음의 이유와 비극 부활을
위한 과제를 제시한 글이다. 글은 아래와 같이 구성되어 있다.

1. 비극의 죽음과 그 결과에 대해서

1) 비극이 존재했다.

2) 그 비극에 대항하는 앎과 학문이 나타났다.

3) 비극이 앎과 학문에 의해 밀려났다.

4) 소결론 : 이론적 세계관과 비극적 세계관의 대립

2. 비극의 부활을 위한 과제에 대해서

1) 비극적 세계관이 이론적 세계관에 의해 밀려난 것처럼,

　비극적 세계관이 이론적 세계관을 몰아낼 수 있다.

2) 그 사례는 소크라테스가 죽기 바로 직전 음악을 했다는 것이다.

　이는 소크라테스가 이론적 세계관의 한계를 인정한 것이다.

3) 과제 : 학문의 정신(본능의 해명 가능성과 앎의 보편적 치유능력)에
대한 탐구 필요.

5. 음악이 사라진 신 아티카 디티람보스

이처럼 지칠 줄 모르고 앞으로 돌진하는 학문 정신의 결과를
생각해 본 자라면, 곧장 **신화**가 학문 정신에 의해서 어떻게 소멸
되었으며 시가 이러한 소멸에 의해서 어떻게 자연스러운 이상적
토대로부터 쫓겨나 고향을 잃었는지를 떠올릴 것이다.[1] 우리가
정당하게 음악이 신화를 스스로 다시 창조할 수 있는 힘을 지니

고 있다는 것을 인정한다면, 우리는 학문의 정신이 음악의 이와 같은 신화 창조적 힘에 적대적으로 대립하던 바로 그 곳에서 학문의 정신을 찾아야만 할 것이다. 이것은 **신 아티카 디티람보스**[2]에서 발생했다.

이 디티람보스의 음악은 더 이상 내적 본질이나 의지 그 자체를 표현한 것이 아니라 현상만을 불충분하게 드러냈을 뿐이다. 이 음악은 개념에 의해서 매개된 모방만을 재현했을 뿐이다. 소크라테스의 예술 살해적 경향에 대해 혐오감을 지녔던 진정한 음악가들은 내적으로 퇴화한 이러한 음악에 등을 돌렸다.[3] 확실히 적극적으로 주장했던 아리스토파네스가 소크라테스라는 인물 그 자체, 에우리피데스의 비극, 신 디티람보스 작가의 음악에 대해 동일한 증오감을 드러냈다고 한다면, 모든 세 현상 속에서 퇴락한 문화의 특징을 냄새 맡았다고 한다면, 그는 확실히 올바르게 파악했다고 볼 수 있다.[4]

저 신 디티람보스에 의해서 음악은 신성모독적인 방식으로 현상들, 예컨대 전투, 바다의 폭풍을 모방적으로 위조했으며, 그럼으로써 당연히 신화 창조적 힘을 전적으로 박탈당했다. 음악이 우리에게 삶과 자연의 진행 사이에 외적 유사성을 그리고 음악의 어떤 리듬적인 음형Figuren과 특징적인 음향Klängen 사이에 외적 유사성을 찾도록 강요함[5]으로써 우리의 즐거움을 고양시키고, 우리의 오성이 이런 유사성의 인식에 만족한다고 가정해 보자. 그러면 우리는 신화적인 것의 잉태가 불가능해지는 기분에 빠지게 된다. 왜냐하면 신화는 무한 속에서 응시되는 공통성과 진실성의 유일한 예로서 직관적anschaulich으로 느껴지기 때문이다.

진정한 디오니소스적 음악은 우리에게 세계 의지의 그러한 공통적인 거울로서 우리에게 나타난다. 이러한 거울 속에서 굴절되어 나타난 저 직관적인anschauliche 사건은 곧장 우리들이 영원한 진리의 모방을 느끼도록 확장되어 나간다. 이와 정반대로 눈으로 보게 되는anschauliches [6] 그러한 사건은 신 디티람보스적 음화(音畵, Tonmalerei)[7]에 의해서 곧장 모든 신화적 성격을 박탈당한다. 마침내 음악은 현상의 빈약한 모방이 되었으며, 그 때문에 현상 그 자체보다 훨씬 더 빈곤해진다. 음악은 그 빈곤함 때문에 우리의 감정에 대해서 현상 그 자체로 전락했다. 그래서 이제 그처럼 음악적으로 모방된 전투는 행진 소음, 신호 알림 등으로 전락했으며, 우리의 판타지는 곧장 이러한 피상성에 사로잡히게 된다.[8]

음화는 따라서 모든 측면에서 신화 창조적 힘과 대립된다. 음화에 의해서 현상이 본래보다 더 빈곤해지는 반면, 디오니소스적 음악에 의해서 개별 현상은 세계상에 이르기까지 확장되고 풍요로워진다. 비디오니소스적 정신이 신 디티람보스의 발전에서 음악을 스스로 소외시키고 음악을 현상의 노예로 전락시키자마자, 비디오니소스적 정신은 강력한 승리를 거두었다.[9]

아주 고상한 의미에서 철저하게 비음악적 인물이라고 명명된 에우리피데스가 이러한 이유로 신 디티람보스 음악의 정열적인 추종자가 되었으며, 호방한 도둑처럼 신 디티람보스 음악의 효과와 방식을 사용했다.[10]

1. 학문의 정신이 모든 걸 지배하면, 앎과 이론적 세계관이 세상을 지배하면, 죽은 신화의 사회와 죽은 시(시인)의 사회가 된다는 뜻이

다. 인간의 욕망을 억압하는 도덕과 윤리, 이성에 근거한 앎, 이론, 학문은 인간의 자연스러운 본능을 표현한 신화와 인간의 자연스러운 감정을 표출한 시에 적대적이다.

플라톤을 비롯한 대다수 철학자나 학자들은 신화를 허무맹랑한 헛소리로 치부하고, 시를 감정에 호소한 말랑한 노래라고 부정한다. 진지하고 근엄한 큰 바위 얼굴의 철학자와 이론가들이 신화를 노래하고 시를 읊을 것이라고 상상하지 말자.

2. 이 부분을 읽으면서 흥분하지 않는다면 『비극의 탄생』의 진정한 독자가 아니다. 학문의 정신이 신화와 시를 언제, 어디서, 어떻게 죽였는가를 상술하는 장이기 때문이다. 우리는 학문과 신화가 목숨 걸고 쟁투하는 문화전쟁의 격렬한 현장으로 가야만 한다. 그 현장은 바로 **신 아티카 디티람보스**가 횡행하던 곳이다.

11장 2절 다시 보기에 나오는 표를 참조해 보자. 니체는 이 표에서 신 아티카 희극 작가들이 왜 고희극 작가인 아리스토파네스를 따르지 않고 비극의 말살자 에우리피데스를 숭배하는가를 설명한다. 문화투쟁의 시기는 이때가 아니다. 니체는 철학자 소크라테스, 비극 작가 에우리피데스, 신 아티카 디티람보스 작가인 키네시아스와 고희극 작가 아리스토파네스가 함께 활동하던 시대를 정면으로 투시한다. 이 시대에 소크라테스를 시조로 하는 학문의 정신이 음악정신을 살해했다는 증거를 제시한 곳이 바로 이 절이다.

이들이 살았던 시대를 보자. 에우리피데스(기원전 484~406년), 소크라테스(기원전 470~399년), 키네시아스(기원전 450~390년), 아리스토파네스(기원전 448~380년)는 거의 동시대를 살았다. 청년 아리스토파네스가 코미디 극을 막 쓰기 시작했을 무렵, 아테네 구석의 어느 한 술집에서 장년의 에우리피데스와 소크라테스 그리고 청년 키네시아스를 만나 술을 같이 마셨는지도 모른다. 그들은 술자리에서 시와 철학의 투쟁에 관해 논쟁했을지도 모른다. 에우리피데스, 소크라테스, 키네시아스는 아리스토파네스가 어리석다고 공박했을지도 모른다. 그들은 막내 아리스토파네스를 왕따로 만들고 뒷담화를 했는지도 모른다. 반대로 막내 아리스토파네스는 풍자와 해학을 통해 그들을 신랄하게 비판한다.

3. 아리스토파네스가 신 아티카 디티람보스의 대표 작가인 키네시아스를 비판한 내용이다. 아리스토파네스는 여러 희극에서 키네시아스를 풍자한다. 아리스토파네스는 자신의 작품 『새』에서 키네시아스가 신 아티카 디티람보스를 창조했다고 슬며시 드러낸다.

> 키네시아스 : 내 몸과 맘은 두려움을 몰라요.
> 나는 ……을 찾고 말 거예요.[32]

    사라진 '……'을 유추한다면, 새로운 양식이나 방법 또는 새로운 형태의 디티람보스이다. 하지만 아리스토파네스는 키네시아스가 창조한 신 아티카 디티람보스가 새들의 노래를 흉내 내는 것과 다르지 않다고 비판한다.

> 키네시아스 : 새, 새가 바로 나예요 - 전 오래전부터
> 맑은 목소리를 가진 밤꾀꼬리가 되고 싶었어요.[33]

    아리스토파네스는 키네시아스의 신 아티카 디티람보스가 궁극

적으로 학문 정신의 소크라테스에서 비롯한다고 우회적으로 풍자한다. 아리스토파네스는 소크라테스를 풍자한 『구름』에서 키네시아스가 음악적 창작의 영감을 얻었다고 비판한다.

> 키네시아스 : 하지만 우리의 모든 기술은 구름에 의지한답니다.
>
> 우리의 멋진 디티람보스들은 공기,
>
> 안개, 환하면서도 흐리고, 성긴 날개들로 만들어졌답니다.
>
> 당신이 조금만 들어 본다면, 곧 이를 알게 될 거예요.[34]

4. 아리스토파네스가 '소크라테스라는 인물' 그 자체에 대해 갖는 증오감은 13장 1절에 구체적으로 서술되었으며, 그의 작품 『구름』에 그 내용이 잘 나온다. 에우리피데스에 대한 증오감은 12장 7절과 13장 1절에서 서술되었으며, 그의 작품 『개구리』에 그 내용이 잘 나온다. 신 아티카 디티람보스 작가인 키네시아스에 대한 아리스토파네스의 증오감은 17장 5절에서 서술되었으며, 그의 작품 『새』에 잘 나온다.

아리스토파네스에 따른다면, 에우리피데스가 말뿐인 성찬을 벌렸다면, 소크라테스는 도덕적이고 윤리적인 학문의 잔치를 주최했으며, 키네시아스는 화려하고 현란한 모방의 잔치를 치른다. 블랙 코미디 작가 아리스토파네스는 혈혈단신으로 동시대의 이 세 명의 거대한 적들과 목숨을 건 전투를 벌인다. 위대한 비극 작가 아이스킬로스는 이미 죽었고, 존재론적 고민에 빠져 있던 선배이자 동시대의 심원한 비극 작가 소포클레스는 아리스토파네스에게 어떤 힘도 주지 못한다.

아리스토파네스는 블랙 코미디 작가이지만 음악이 무엇인지 아는 작가였다. 그는 소크라테스를『구름』에 목매달아 사형에 처하고, 에우리피데스를『개구리』울음소리에서 벗어나지 못하도록 지하의 하데스에 가두었다. 마지막으로 아리스토파네스는 근원적 일자나 형이상학적 위로를 주는 음악에서 벗어나『새』울음이나 모방하는 음악에 빠진 키네시아스를 영원히『새』나 따라하고 흉내 내는 형벌에 처한다. 아리스토파네스는 키네시아스가 추구한 문학정신이 학문의 정신이며, 그 정신이 음악정신을 살해했다고 풍자한다.

5. 이 문장은 16장 3절에서 니체가 인용한 쇼펜하우어의 모방음악을 비판하는 연장선에 있다. 쇼펜하우어는 모방음악이 왜 저열한가를 지적했다. 쇼펜하우어는 모방음악의 전형으로 하이든의 '사계' 등을 예시로 들었다. 쇼펜하우어의 견해에 따른다면, 니체가 은연중에 제시한 것에서 추론한다면, 하이든의 〈사계〉 등은 신 아티카 디티람보스 작가 키네시아스의 근대적인 음악적 부활이다. 키네시아스 등의 모방음악에 대한 이해는 현대적인 모방음악을 파헤치는 지름길이다.

6. anschaulich를 어떻게 번역할 것인가는 니체의 사상을 이해하는 데 도움이 된다. 이 단어는 경우에 따라 서로 다르게 번역해야 한다. 니체는 비극의 탄생을 아폴론적인 것과 디오니소스적인 것의 화학적 결합에 의해 탄생한다고 보았다. 같은 단어라 할지라도 아폴론적인 것의 맥락에서 쓸 때와 디오니소스적인 것의 맥락에서 쓸 때에 전혀 다른 의미를 지닌다. 대부분의 번역은 내용상 이와 같은 중요한 차이를 간과함으로써 같은 말로 뭉뚱그려 옮김으로써 용감

함을 과시하며, 이 차이를 무시하면서 번역하지 않고 넘어감으로써 자신의 무지함을 감춘다.

anschaulich를 우선 아폴론적 세계, 개별화의 원리에 의해 현상 세계에 드러나는 경우로 볼 때다. 니체가 아폴론적 원리와 연관하여 이 단어를 쓸 때는 '눈에 보이는', '눈에 드러나는' 뜻으로 번역되어야 한다.

마지막에 나오는 '눈으로 보게 되는anschauliches 사건'이 이 경우이다. 키네시아스나 하이든과 같은 모방음악가에 의해 만들어진 음악들은 전투와 바다의 폭풍을 묘사하며, 이는 음악을 통해 우리 눈에 보이게 만드는 효과를 가져온다. 니체는 눈에 보이는 모방음악을 '삶과 자연의 진행 사이의 외적 유사성을 그리고 음악의 어떤 리듬적인 음형과 특징적인 음향 사이의 외적 유사성을 찾도록 강요' 한다.

'눈으로 보게 되는' 이러한 음악은 모방음악일 뿐이며, 진리, 형이상학적 실체, 형이상학적 진리와는 거리가 멀다.

둘째, anschaulich가 이미 세상에 드러나 있고, 이를 관찰하거나 보는 입장일 경우이다. 이때의 번역어는 '관조적인'이며 주로 철학적인 태도를 말한다. 개별화의 원리에 의해 아폴론적 척도에 따라 세상에 형상으로 드러나는 경우이다. 이를 바라보는 사람이 있다면, 이는 '관조적인'이란 말이 좋다. 우리는 이 관조 행위를 통해 진리를 직접 느끼는 것이 아니라 진리의 모방을 인식한다.

마지막으로 anschaulich가 디오니소스적 음악을 직접 체험하면서 근원적 일자와 만나는 경우이다. 이 경우에 anschaulich는 '눈으로 보는 것'도 아니고 멀리 떨어져 '관조적으로 관찰'하는 것이 아니라 '직관적'으로 느끼는 것이다. 앞에서 니체가 제시한 수많은 디오니소스적 축제와 그리스 비극에서 자연과 합일이나 근원적 일자와 하나 됨을 느끼는 것은 바로 직관에 의해서이다.

마지막에 나오는 '저 직관적인 사건'이란 세계 의지가 존재하고 이것이 거울에 반영되어 음악으로 출현하는 것, 다시 말하면 음악가가 이를 느끼고서 세계 의지를 음악으로 표현하는 것을 뜻한다. 또한 우리가 세계 의지가 표출된 그런 음악을 듣게 되면, 형이상학적인 위로를 받는 것 역시 '직관적인' 느낌이다.

우리는 이러한 '직관적인' 느낌과 체험을 통해 자연과 하나가 되거나, 형이상학적 위로를 얻거나, 근원적 일자와 하나가 된다.

7. 음화(音畵, Tonmalerei)란 표제음악, 모방음악, 개념과 내용을 전달하기 위한 음악을 말한다. 사전적으로 말하면 음화란 '음으로 어떤 대상이나 장면의 정경을 묘사하여 회화적인 인상을 주는 표제음악의 한 분야'이다. 음악이 주가 되는 것이 아니라 특정 목적을 달성하는 수단으로 활용되는 것이 음화이다. 대포 소리가 울려 퍼지는 차이코프스키의 〈1812년 서곡〉이 가장 대표적인 음화의 예이다.

8. 모방음악은 쇼펜하우어가 지적했던 하이든의 음악에만 있는 것은 아니다. 이미 신 아티카 디티람보스에도 이러한 모방음악이 존재했다. 니체는 이 부분을 16장 3절에서 쇼펜하우어의 입을 빌려 신랄하게 비판했다. 신 디티람보스 작가 중 하나인 필록세네스가 모방음악으로 작곡했다는 것을 아리스토파네스는 다음과 같이 풍자한다.

카리온 : 난 통통통통 키클롭스를 흉내 내며

여러분을 인도하고 싶어, 이렇게 두 발로

껑충껑충 뛰면서. 자, 애들아, 내 노래에

화합해야지. 새끼 양들과 구린내 나는 염소 떼처럼

매매 울며 나를 따라야지. 포리를 까고. ……[35]

카리온이란 이름은 필록세네스의 디티람보스인 『키클롭스』 또는 『갈라테이아Galatea』에서 나오는 외눈박이 거인 키클롭스 역을 노래한 자이다. 아리스토파네스가 풍자한 글에서 우리는 흔히 『오디세이아』에서 볼 수 있었던 가부장적이고 무서운 외눈박이 거인 키클롭스가 아니라 경박하고 천박한 키클롭스를 보게 된다.

9. 음화와 디오니소스적 음악의 차이를 설명한 글이다. 음화는 현상을 모방하지만, 그 현상을 있는 그대로 또는 원래보다 더 풍부하게 모방할 수 없다. 예컨대 음악으로 행진하는 모습을 아무리 사실적으로 표현해 본다 한들, 먼지가 자욱한 길을 힘에 겨워 터벅터벅 걷거나 비에 젖은 질척한 길을 지쳐서 발을 질질 끄는 모습을 완전히 담을 수는 없다. 음화는 현실이나 현상을 모방하지만 현상이나 현실을 형해화해 버린다. 반면 디오니소스적 음악은 말로 표현할 수 없는 느낌으로서 근원적 일자와의 만남이나 형이상학적 위로를 주기 때문에 세계의 근원적 형상에까지 이르게 한다.

10. 에우리피데스와 신 디티람보스 작가 키네시아스의 관계를 살펴볼 필요가 있다. 에우리피데스(기원전 484~406년)는 키네시아스(기원전 450~390년)보다 한 세대 이전의 작가이며, 소크라테스(기원전 470~399년)보다는 15년 정도 먼저 태어난 작가이다. 일반적으로 전 세대로부터 영향을 받는 것이 순리라고 한다면, 키네시아스와

소크라테스가 에우리피데스로부터 영향을 받아야 한다. 하지만 니체는 이와 반대로 나이가 훨씬 많은 작가 에우리피데스가 자신보다 나이가 어린 소크라테스로부터 내용과 철학적인 측면에서 영향을 받았으며, 자신의 자식뻘에 해당하는 키네시아스의 음악을 따라했다고 주장한다.

왜 니체는 이런 평가를 내리는가? 아마도 에우리피데스가 비극 경연대회에서 상을 별로 받지 못한 점에서 비롯할 것이다. 에우리피데스는 총 5회 수상을 했다. 첫 수상은 기원전 441년이고, 작품 제목이나 내용은 알 수 없다. 그는 기원전 431년에 『메데이아』를 처음 공연했으므로, 그의 첫 수상은 늦지 않았다. 하지만 그는 무려 약 30년이 지나서 기원전 408년에 한 번 더 수상을 했고, 마지막으로 사후 기원전 406년에 수상을 한다. 아이스킬로스가 비극 경연대회에서 13번 우승을 하고, 소포클레스가 24번 수상한 것에 비하면, 에우리피데스의 수상 실적은 형편없다.

연대기를 더 추적해 보자. 에우리피데스는 키네시아스가 마흔 살이 넘은 이후 그리고 소크라테스가 육십 살이 넘은 이후에 두 번째 상을 수상했다. 이런 점에서 니체는 에우리피데스의 작품 속에서 소크라테스의 내용과 사유의 흔적을 찾아내고, 키네시아스 음악의 요소를 찾아낸다고 볼 수 있다.

다시 보기

다시 드는 의문이 있다. 왜 니체는 신 아티카 디티람보스에서 에우리피데스로, 에우리피데스에서 신 아티카 희극의 순서로 글을 쓰지 않았는가? 역사적인 흐름으로 본다면, 이런 방식이 너무 편하고 좋지 않을까?

그 답은 니체가 이미 설명한 대로 내용적 측면에 있다. 에우리피데스는 언어, 말에 의해서 신희극 작가에 영향을 주었던 반면, 음악적 측면에서 키네시아스의 영향을 받았고, 그 영향을 이용하며 비극에서 음악을 살해했다. 에우리피데스는 키네시아스 음악의 영향을 받아 학문의 정신에 의한 음악 살해자의 역할을 부지불식간에 맡았다. 그는 학문의 정신에 근거한 모방음악을 통해 형이상학적 위로를 주는 음악을 살해한 것이다.

이는 16장에서 설명한 쇼펜하우어의 당대 모방음악에 대한 비판을, 니체의 고대 모방음악 비판이론으로 발전하는 것을 설명한다. 니체는 쇼펜하우어의 모방음악 비판이론을 고대 신 아티카 디티람보스에 적용하여 비판한다.

음악은 '직관적으로' 이해되기 때문에 설명할 수 없다는 쇼펜하우어와 니체의 주장에 귀 기울여 보자. 음악이 모방음악이 되면 눈으로 볼 수 있는 듯이 형상을 그려 낸다. 형상을 그려 내는 것은 아폴론적인 예술의 가치이다. 정형예술인 아폴론적인 예술과 형상을 갖지 않는 비정형예술로서 디오니소스적 예술인 음악은 근본부터가 다르다. 디오니소스적 예술을 아폴론적인 예술로 표현하는 것 자체가 어불성설이다.

차이코프스키의 〈1812년 서곡〉을 중심으로 아폴론적인 효과와 디오니소스적인 효과를 살펴보자. 이 서곡은 대표적인 표제음악이자 음화이고 모방음악이다. 이 서곡은 러시아와 프랑스의 전쟁의 결과, 프랑스 혁명군에 수도까지 빼앗긴 러시아가 마침내 프랑스를 물리친 역사를 음악으로 표현한 것이다. 이 음악에는 프랑스 라마

차이코프스키의 〈1812년 서곡〉을 작곡하는 데 영감을 준 보로디노 전투 장면이다. 프랑스의 나폴레옹과 러시아의 쿠투조프 장군이 모스크바의 근교 보로디노에서 맞붙어 7만 명이 넘는 사상자가 발생했다. 이 전투의 결과로 나폴레옹은 모스크바에 입성했지만 힘을 잃게 된다. (작자 미상, 1822년)

르세이유와 러시아 민속음이 싸우고, 승리를 기념하는 대포 소리까지 울려 퍼진다.

이 음악을 그 당시 러시아 인민들이 들었다면, 애국심과 더불어 말할 수 없는 정신적 충만감과 뿌듯함을 느꼈을 것이다. 반대로 그 당시 프랑스 시민들이 들었다면, 패배감과 함께 말할 수 없는 수치심과 모멸감을 느꼈을 것이다.

이 서곡은 전쟁의 승리를 모방으로 표현한다. 그렇기 때문에 눈에 보이는 듯이 사실을 묘사했지만, 모든 사람이 근원적 일자와 하나 됨을 느끼지 못하게 만든다. 이 음악은 듣는 사람에 따라 사람을 분리시키고 서로 대립하게 만든다. 진정한 음악은 인간을 하나 되게 만들고, 근원적 일자 안에서 서로 포용하게 만들어야 한다. 모방음악이 디오니소스적인 음악이 아닌 이유는 바로 이 때문이다.

하이든은 모방음악을 수행했다. 쇼펜하우어는 이를 비판했다. 니체는 이 이론을 고대에 적용시켜 왜 에우리피데스가 음악 살해자가 되었는지를 이론적으로 규명해 낸다. 모방음악 비판이론은 쇼펜하우어의 것이지만, 이를 고대에 적용하여 비극의 죽음을 규명한 것은 니체의 고유한 업적이다. 바로 이 때문에 니체는 역사의 흐름을 뒤집어 17장 5절에서 신 아티카 디티람보스를 끌어온다. 모방음악 비판이론은 쇼펜하우어에 의해 현대적 힘을 얻고 니체에 의해 고대적 힘을 획득함으로써 모든 역사에 적용될 수 있는 보편적 힘을 획득한다.

6. 에우리피데스에 의한 음악의 학살

다른 측면에서 우리가 소포클레스의 비극에서 성격 묘사와 심리적 세련미의 증가에 눈을 돌린다면, 우리는 행위 속에서 신화에 반대되는 방향으로 나간 이와 같은 비디오니소스적 정신의 힘을 볼 수 있다.[1] 성격은 더 이상 항구적 유형으로 확장되는 것이 아니라 그 반대로 예술가에 의해 창조된 부수적 성향과 어조에 의해서 그리고 모든 면에서 가장 정련된 규정에 의해서 개인적으로 작동한다.[2] 그 결과 관객은 신화가 아니라 예술가의 사실성과 모방적 힘만을 느낄 뿐이다. 또한 우리는 여기에서 공통성에 대한 현상의 승리와 마치 개별적으로 해부된 박제에 대한 즐거움을 보게 되고, 우리는 학문적 인식이 세계 규칙의 예술적인 반영보다 더 높게 평가되는 이론적 세계의 공기 속에서 숨 쉬게 된다.[3]

성격적인 것의 묘사를 향한 운동이 훨씬 더 빨라진다. 소포클레스는 전체 성격을 그리고 난 후 세련된 전개로 신화를 속박했던 반면, 에우리피데스는 개별적으로 커다란 성격적 속성을 묘사하고, 격렬한 정열로 이를 표현하곤 했다. 그리고 신 아티카 희극 속에서 경박한 노인, 기만적인 뚜쟁이, 교활한 노예와 같은 단 하나의 표정을 지닌 가면들이 지칠 줄 모르게 반복되었다.[4]

이제 신화를 형성하는 음악정신은 어디로 갔는가? 이제 음악이라고 남아 있는 것, 그것은 흥분시키는 음악이거나 추억을 떠올리게 하는 음악, 즉 둔감해지고 쇠잔해진 신경 자극의 수단이거나 음화일 뿐이다.[5] 앞에 것들의 경우 기존의 텍스트들은 더 이상 의미가 없다. 에우리피데스의 작품 속에서 주인공들이나 합창 가무단이 노래를 부르기 시작하면 이미 방종으로 치달렸다.[6] 그의 뻔뻔한 제자들의 작품 속에는 어디로 나아갔겠는가?

1. 비디오디오니소스적 힘이 드러난 또 다른 예는 성격 묘사와 심리 묘사이다. 비극 속에서 성격과 심리에 관한 묘사의 시작은 소포클레스라고 니체는 주장한다.

우리는 일반적으로 등장인물이나 주인공의 성격이나 심리 묘사가 탁월하면 높은 점수를 준다. 도스토옙스키의 소설이 주는 커다란 재미도 인간의 심리에 관한 탁월한 묘사에 있다. 등장인물 간의 심리 갈등이 조밀하고 섬세할수록 우리는 높은 점수를 준다. 니체는 비극에 등장한 인물의 성격과 심리 묘사에 극히 적대적이다. 등장인물의 성격과 심리 묘사가 많고 정교할수록 높은 점수를 주지 않는다. 그 이유를 찾아보도록 하자.

형식적인 측면에서 살펴보자. 성격 묘사와 심리 묘사는 무대 위 대화를 통해 나타날 수밖에 없다. 비극에서 대화의 증가는 음악이 줄어듦을 뜻한다. 실제로 아이스킬로스의 비극, 소포클레스의 비극, 에우리피데스의 비극에서 노래와 춤을 담당한 합창가무단이 차지하는 역할과 주인공이 차지하는 역할을 비교하면서 음미해 보자. 아이스킬로스의 작품에서는 합창가무단이 차지하는 역할이 현저하게 많다. 14장 4, 5, 6절에서 살펴보았듯이 소포클레스에서 합창가무단의 역할은 상당히 줄며, 에우리피데스의 작품에서는 거의 무의미한 정도에 이른다. 대화의 증가는 음악의 소멸로 나가는 것이 필연적이다. 내용적인 측면은 다음 단락에서 알아보자.

2. 아이스킬로스는 주인공을 고전적인 전형성에 입각하여 확장하는 방식으로 드러내는 반면, 에우리피데스는 주인공에 개입하여 기존의 신화에서 나오는 성격을 변형 변조하여 주인공의 성격을 재창조했다. 전자의 방식은 하나의 점에서 전방위적으로 확장하는 방식, 공간

의 확장 방식이라면, 후자의 방식은 추가적인 연속적인 사건을 일정한 규칙에 따라 만드는 방식, 시간의 흐름에 따른 방식이다. 이에 대한 부연 설명은 다음 단락에서 이어진다.

3. 이 단락의 이해를 돕기 위해 도표로 정리하면 아래와 같다.

4. 아이스킬로스에서 에우리피데스를 거쳐, 에우리피데스의 영향을 받은 신 아티카 희극에 이르기까지 성격 묘사와 심리 묘사가 어떻게 변했는지에 관한 설명이다. 니체는 이에 대해 자세히 설명하지 않았다. 이는 전적으로 우리가 니체의 관점에서 따라 읽어 내야 할 몫이다. 각 작품의 주인공을 중심으로 간단히 살펴보자.

아이스킬로스의 비극 『아가멤논』에 나오는 아가멤논을 보자. 아가멤논은 그리스 연합군 사령관으로서 자신의 딸 이피게네이아를 신들의 제물로 바친다. 아가멤논은 이 행위에 대해 어떤 심적 동요도 없고, 자신에게 주어진 역할이기 때문에 이 일을 수행할 뿐이다. 전쟁 후 집으로 돌아온 아가멤논은 카산드라의 조언에도 불구하고

	고전 비극 (아이스킬로스의 작품)	학문적 인식에 지배당한 비극 (에우리피데스의 작품)
인물 유형	항구적이며 전형적인 인물	예술가에 의해 창조된 주변부적 성향과 어조를 지닌 인물
형이상학적 세계와 관계	공통성 존재	현상의 승리 (공통성의 소멸, 형이상학적 세계와 단절)
관객의 반응	신화 체감(형이상학적 위로)	신화 망각과 개별적으로 해부된 박제의 즐거움 (말초적 즐거움)
결론	세계 규칙의 예술적인 반영	학문적 인식의 지배 이론적 세계의 만연

다른 사람들이라면 의심할 법한 살해 음모에 개의치 않는다. 그는 자신의 행한 일에 대한 업보로 부인 클리타임네스트라에 의해 죽음을 맞는다. 그는 자신에게 주어진 죽음을 기꺼이 받아들일 뿐 어떤 불평도 내색하지 않으며, 또 다른 어떤 심리적 갈등도 드러내지 않는다.

아가멤논의 아내 클리타임네스트라도 마찬가지이다. 그녀는 자신의 딸을 죽이고 자신을 홀로 십년을 지내게 한 남편을 죽인다. 그녀는 죽여야 할 숙명이었기에 남편을 죽일 뿐, 어떤 도덕적 윤리적 갈등도 하지 않는다.

또 다른 주인공 카산드라도 마찬가지이다. 그녀는 앞일을 볼 수 있지만 누구도 믿지 않는 숙명을 지니고 있다. 자신도 곧 죽을 것이라는 걸 알고 있는 그녀는 자신을 전리품으로 데려가는 아가멤논에게 살해의 음모가 있음을 알린다. 하지만 아가멤논도 그 누구도 카산드라를 믿지 않는다. 자신이 살해당할 걸 알고 있기 때문에 피할 만도 하지만, 카산드라 역시 자신에게 주어진 숙명을 무덤덤하게 받아들인다.

아이스킬로스의 주인공들은 반신반인이기는 하지만 자신의 감정을 전혀 드러내지 않는다는 점에서 신이다.(9장 3절 4절 참조.)

소포클레스 비극의 주인공 오이디푸스를 보자. 오이디푸스는 자신이 어떤 운명을 타고난지 알았고, 이를 피하려고 노력하지만 운명을 피할 수는 없었다. 그는 아버지를 살해했고, 어머니와 근친상간을 한다. 그는 진실이 밝혀지는 매 순간마다 끝없이 고뇌하고, 자신의 마음 상태가 어떤지를 계속 밝힌다. 그는 자신의 행동이 운명에 의해 정해져 있어서 벗어날 수 없었고, 그 운명의 굴레가 얼마나 자신에게 가혹한지를 호소한다. 마침내 그는 스스로 견딜 수 없는 상태에 이르렀을 때 자신의 눈을 찔러 벌을 받는다.

그의 딸 안티고네 역시 자신의 오빠를 묻어 주려는 과정 하나하나에 자신의 마음 상태를 계속 밝혀 나간다. 인간이 왜 인간의 법이 아니라 신의 법을 따라야 하는지를 안티고네는 구구절절 설명하고 이해를 구한다.

소포클레스의 주인공들은 반신반인이기는 하지만 자신의 심리적 갈등과 내용을 적나라하게 드러낸다는 점에서 신의 형상을 한 인간들이다.(9장 2절 참조.)

에우리피데스의 메데이아는 분노와 격노의 화신이다. 그는 자신을 배신한 남편에게 분노한다. 그는 분노를 실현하기 위해 자신의 자식들을 죽인다. 그는 자신의 분노를 실천하기 위해 단계를 밟아 차근차근 한 발자국씩 나아간다. 그는 행동의 이유를 낱낱이 밝히고 왜 정당한지 호소한다. 그는 마치 현대의 사이코패스처럼 자식을 살해할 방법과 내용을 철저하게 구상하고 실행한다.

테세우스의 아내 파이도라 역시 마찬가지다. 그는 자신의 남편 테세우스와 전처의 아들인 히폴리투스를 유혹한 것에 실패하자 아들이 자신을 모함하려 했다는 편지를 남기고 자살한다. 그는 자신의 수치심을 타인에게 전가하고, 아들 히폴리투스마저 죽음에 이르게 한다. 그 역시 자신이 행동한 이유를 낱낱이 밝히고 왜 정당한지 호소한다.

에우리피데스의 주인공들은 반신반인이나 신이지만 자신의 감정을 적나라하게 노출하고 그 감정을 실천한다는 점에서 평범한 인간이자 인간으로서 품격을 상실한 인간이다.(11장 3절 참조.)

마지막으로 나오는 신 아티카 희극의 주인공들은 다양한 군상들이지만, 인간 이하의 역할을 한다.(11장 1, 2, 3, 4절 참조.)

고대 그리스 비극에서 신 아티카 희극에 이르기까지 주인공은 신에서 고뇌하는 인간으로, 고뇌하는 인간에서 행동의 정당성을 끝없이 변명하는 평범한 인간으로, 마지막에 가서는 경박한 노인이자 교활한 노예 같은 인간 이하의 인간으로 그 성격이 변해 간다. 우리는 여러 유형의 인간에서 다양성을 느낄 수는 있지만 신적인 공통성을 느낄 수 없다. 대화가 늘고 음악이 죽자 나타난 현상이다. 거꾸로 음악이 줄고 대화가 늘면서 나타난 결과이다.

5. 남아 있는 음악은 결국 언어, 대화 등을 보조하는 음악으로 전락했다는 것, 결국 모방음악으로 전락했음을 뜻한다.

6. 이에 대해서는 14장 5절에 자세하게 설명되어 있다.

다시 보기

다시 한번 소포클레스에 대한 니체의 평가에 주의를 기울이자. 『비극의 탄생』을 읽다 보면, 니체의 소포클레스 평가에 혼란스러워진다. 정답은 니체가 '소포클레스에 대해 애증을 갖고 있다.'이다. 이 애증은 비극이 죽어 가는 과정과 내용이 일치한다.

니체는 소포클레스를 사랑한다. 그는 9장 1, 2절 주인공론에 나타난 오이디푸스를 가장 고통스러운 인물인 동시에 가장 고귀한 인물로 그려 낸다. 또한 니체는 12장 7절 서두에서 모든 실마리를 제공하기 위해 애쓰는 소포클레스를 높게 평가한다.

니체는 소포클레스를 안타깝게 여긴다. 니체는 13장 2절에서 소포클레스가 앎이란 측면에서 소크라테스와 에우리피데스에 포섭

되었다고 한탄한다. 니체는 또한 14장 5절에서 소포클레스가 합창
가무단의 역할을 축소하고, 합창가무단의 위치를 변경했다고 비판
한다. 이 절에서 니체는 소포클레스가 아이스킬로스와 달리 주인공
의 심리 묘사에 고뇌하고 있음을 비판한다.

소포클레스는 비극의 완성과 죽음 그 중앙에 있는 인물이다. 소
포클레스는 비극을 풍요롭게 이끌어 감과 동시에 자신도 모르게 비
극을 죽음으로 몰고 가는 시작점에 있다. 태양이 최고 높은 점에 이
르면 바로 지기 시작하듯이, 소포클레스는 비극의 마지막 완성점이
자 죽음의 시작점이다. 『비극의 탄생』을 읽으면서 소포클레스가 나
오면, 그가 어느 지점에 서 있는가에 주목하는 것이 좋다.

7. 형이상학적 위로를 주는 기계장치의 신

그러나 새로운 비디오니스소적 정신은 신연극의 결말에서 명
백하게 나타난다. 옛 비극에서 형이상학적 위로는 결말에서 느낄
수 있었다. 형이상학적 위로가 없다면, 비극 일반이 주는 즐거움
은 설명할 수 없다. 아마도 다른 세계에서 전해 오는 화해의 울림
은 『콜로노스의 오이디푸스』에서 가장 순수하게 울려 퍼진다.[1]

음악의 신Genius[2]이 마침내 비극에서 달아나자마자, 엄격한 의미
에서 본다면 비극은 죽었다. 그렇다면 이제 사람들은 저 형이상
학적 위로를 어디에서 얻어 올 것인가? 사람들은 위로를 받을 수
없게 되자 비극적 불협화음의 세속적 해결을 추구했다. 즉, 주인
공이 운명에 의해서 엄청 괴로움을 당하고 난 뒤, 주인공은 성대
한 결혼과 신의 보살핌 속에서 상응하는 보상을 받았다. 주인공
은 검투사가 되었고, 호되게 학대를 당하고서 상처투성이가 되었

지만, 적절한 때에 자유를 선물로 받는다. **기계장치의 신**deus ex machina이 형이상학적 위로의 자리에 들어선다.[3]

나는 비극적 세계관이 쇄도한 비디오니소스적 정신에 의해서 전체적으로 그리고 완전히 파괴되었다고 말하려는 것은 아니다. 우리는 비극적 세계관이 예술에서 달아나 지하세계로, 즉 변형된 비교秘敎로 숨어들었다는 것을 알고 있다.[4]

그러나 '그리스적 명랑성'이라는 저 형태로 알려졌던 저 정신의 강렬한 숨결이 그리스적 본질의 표면 전 영역에 걸쳐서 맹위를 떨쳤다. 저 그리스적 명랑성은 이미 앞에서 노쇠한 비생산적인 삶의 갈망이라고 우리는 말했다. 이러한 명랑성은 옛 그리스인들이 장려한 '소박성'과 정반대이다. 주어진 설명에 따른다면 이 소박성은 어두운 심연에서 성장한 아폴론적 문화의 꽃으로, 그리스적 의지가 고통에 관한 미적 반영과 고통에 관한 지혜에 의해서 획득한 승리로 파악된다.[5]

'그리스적 명랑성'의 또 다른 형식 중에서 가장 고상한 형태인 알렉산드리아적 명랑성은 **이론적 인간**의 명랑성이다.[6] 이 명랑성은 내가 비디오니소스적 정신에서 도출했던 이러한 독특한 특징을 보여 준다. 이 명랑성은 디오니소스적 지혜와 디오니소스적 예술과 투쟁을 하며, 신화를 해체하려고 하며, 형이상학적 위로의 자리를 세속적 협화음으로 대체하는, 즉 **기계장치의 신**, 기계와 용광로의 신[7], 특히 더 고상한 이기주의에 복무하는 것으로 알려지고 적용된 본능적인 정신Naturgeister의 힘으로 바꿔 놓는다. 또한 이론적 명랑성은 앎에 의한 세계의 교정, 학문에 의해서 인도된 삶을 믿으며, 개별적인 인간을 가장 좁은 범주의 해결 가능한 임무 속으로 추방할 수 있다.[8] 그러면 개별적인 인간은 그 안에서 삶에게 '나는 당신을 원한다. 당신은 인식될 만한 가치가 있다.'라고 명랑하게 말한다.[9]

1. 형이상학적 위로란 무엇인가? 이 문제에 대해 니체는 3장 2절에서 실레노스와 미다스의 대화에서 시작했고, 9장 2절에서 『콜로노스의 오이디푸스』를 예로 들면서 '초지상적 명랑성'이라고 답했다. 초지상적 명랑성이란 고통을 받는 자가 궁극에 가서 구원을 받는 것을 말한다. 이 절에서 니체는 형이상학적 위로를 명확하게 '고통 뒤에 오는 행복'으로 정의한다.

니체는 형이상학의 신비적 아류인 종교를 극단적으로 비판하지만 초월적 존재를 인정하고 증명하려는 형이상학자이다. 형이상학적 위로는 어디에서 오는가? 니체는 16장에서 음악이라고 단언한다. 고대 그리스 비극은 인간에게 음악을 통해 형이상학적 위로를 주었다. 음악을 들으며 춤을 추는 것은 근원적 일자, 초월적 일자, 형이상학적 존재, 자연 그 자체와 만나는 것이며, 전 세계 인간을 하나로 만드는 것이다. 마치 음악에 맞춰 수피댄스를 추며 신을 교감하는 것과 마찬가지이다. 고대 비극에서 음악, 이에 조응하는 춤이 사라지면 형이상학적 위로가 사라지는 것은 너무나 당연한 일이다.

2. 니체는 Genius를 대부분 천재라는 뜻으로도 사용하지만, 여기에서는 날개 달린 신을 뜻하고, 내용적으로 보면 디오니소스를 말한다. 음악의 신이 비극에서 달아난다는 것은 디오니소스가 비극을 떠난다, 즉 음악이 사라짐을 말한다. 음악이 사라지면 비극이 사멸

한다는 것은 니체의 기본 주장이다. Genius를 천재로 해석하는 경우는 10장 3절, 16장 2절을 참조하면 좋다. 여기도 천재로 번역하는 경우가 많은데 오역이다.

3. 니체가 기계장치의 신을 다양하게 사용함에 주의를 기울여야 한다. 니체는 비극적 불협화음의 해결 방식으로서 기계장치의 신, 형이상학적 위로를 주는 기계장치의 신 등을 말한다. 니체는 12장 7절에서 에우리피데스가 기계장치를 신적인 진실성을 보장하려 사용했다고 말한다. 니체는 14장 4절에서 소크라테스가 '피상적이고 파렴치한 신적 올바름'을 보장하기 위한 장치로 사용했다고 말한다. 여기에서 니체는 '기계장치의 신이 말초적 위로를 주는 장치'라고 비판한다.

4. 이에 대해서는 17장 3절 해설 1을 참조한다.

5. 니체는 그리스적 명랑성을 다양한 형용어를 붙여 다양한 의미로 사용한다. 그리스적 명랑성을 총 4개로 설명한다. 소포클레스와 아이스킬로스의 고전적 비극의 주인공에 근거하는 그리스적 명랑성(9장 1절 참조), 에우리피데스의 주인공이 보여 주는 노예적 명랑성(11장 4절 참조), 소크라테스와 앎에 근거하는 이론적 그리스적 명랑성(15장 7절 참조), 마지막으로 알렉산드리아적 명랑성이다.

6. 알렉산드리아적 명랑성은 소포클레스와 아이스킬로스의 비극에 나타나는 고전적인 그리스적 명랑성과 대립된다. 이 명랑성은 소크라테스적인 이론적 인간의 명랑성을 또 달리 표현한다. 왜 니체는 이론적 인간의 명랑성이란 말 대신에 알렉산드리아적 명랑성이라 했는지를 유추해 보도록 하자.

니체가 말한 내용을 중심으로 살펴보자. 그리스적 명랑성은 그리스인들이 명랑하다는 뜻이다. 따라서 알렉산드리아적 명랑성은 알렉산드로스 대왕의 제국에 소속된 사람들의 명랑성이라고 볼 수 있다. 니체가 이런 이름을 단 이유는 알렉산드로스 대왕의 과제가 '세계를 그리스화'[36]시키는 것, 즉 정복 전쟁을 통해 그리스의 정신과 문화를 전 세계에 퍼지게 하는 것에서 비롯한다.

한 나라의 정신과 문화가 세계화되는 과정에는 반드시 세속화와 저열화가 따르기 마련이다. 세계화의 과정은 한 나라의 정신과 문화가 있는 그대로 또는 보다 고상한 형태로 전파되지 않는다. 있는 그대로의 전파는 반감과 적대감을 불러일으키거나 일시적인 호기심 자극과 한시적인 소비만을 불러온다. 전파 지역의 정신과 문화와 타협하지 않는 한, 한 나라 문화의 세계화는 이루어질 수 없다. 알렉산드로스의 '세계의 그리스화' 전략은 그리스 정신과 문화를 그 지역의 정신과 문화와 타협시키는 것이다.

> 그리스 역사의 조야粗野한 복제이자 약어인 알렉산드로스는 이제 범세계적 그리스인, 소위 '헬레니즘'을 발명한다.[37]

헬레니즘은 그리스 역사의 조잡한 복제이자 약어라는 것이 니체의 주장이다. 니체의 입장에서 '그리스 역사'는 음악정신 위에 서 있는 그리스 비극을 말하고, 알렉산드로스에 의해 만들어진 조잡한 헬레니즘은 음악이 죽은 소크라테스의 이론적 정신 위에 세워진 그리스적 명랑성이다.

니체는 왜 알렉산드리아적 명랑성이란 용어를 사용했는가? 공간적, 시간적 확장의 사전 장치로 살펴볼 수 있다. 니체는 '알렉산드

로스의 절대 국가'와 '아리스토텔레스의 절대 학문"[38]이란 말을 한
다. 알렉산드로스는 철학을 좋아했으며, 철학자들을 무척 존중했
다. 그는 아리스토텔레스를 스승으로 모셨다. 플루타르코스는 알렉
산드리아가 얼마나 아리스토텔레스를 존경했는지를 다음과 같이
표현했다.

> 어린 시절 알렉산드로스는 아버지보다 아리스토텔레스를 더 사랑하고 숭
> 배했다. 아버지는 자신을 태어나게 했지만 아리스토텔레스는 자신이 잘 살
> 아가도록 가르쳐 주었다고 알렉산드로스는 말하곤 했다.

그는 아리스토텔레스가 번역을 해 준 『일리아스』를 늘 가지고 다
녔으며, 단검과 함께 항상 베개 밑에 두고 생활했다.'[39] 알렉산드로
스는 '철학의 개' 디오게네스와 저 유명한 일화를 남겼으며, 철학자
들에게 거액의 상금을 내리기도 했다.

알렉산드로스 사후 그의 후계자 중 하나인 프톨레마이오스 1세
(기원전 367~283년) 또는 그의 아들 프톨레마이오스 2세(기원전 308~
246년)가 아리스토텔레스 제자 팔레룸의 데메트리우스를 도와 이
집트의 알렉산드리아에 거대한 도서관을 세웠다고 한다. 이 도서관
은 고대 시대 최대이며 최고의 도서관이었다고 한다.

니체는 알렉산드리아에 지식과 이론의 집합체인 도서관이 있었
다는 사실을 바탕으로 소크라테스적인 이론적 지식이 공간적으로
확장되고, 시간적으로 전승되고 있음을 보여 주고자 했다. 즉, 알렉
산드리아적 명랑성은 소크라테스가 살고 있던 좁은 아테네를 떠나,
아리스토텔레스의 '절대 학문'의 영향을 받은 알렉산드로스 대왕의

'절대 제국'을 관통하여 전 세계로 퍼져 나간다고 니체는 평가한 것이다. 이러한 알렉산드리아적 명랑성은 공간에만 국한되지 않고 시간적으로도 지속적으로 전승되어 현재까지도 전해져 내려온다.

알렉산드리아적 명랑성, 이론적 인간의 명랑성은 소크라테스라는 괴물이 이제 전 세계적 보편 규범으로 확장함을 지적하는 대표적인 용어이다. '이론적 명랑성'이 시간적으로는 고대, 공간적으로는 아테네, 인물적인 측면에서는 소크라테스를 나타낸다면, '알렉산드리아적 명랑성'은 모든 시대, 모든 나라, 모든 인간을 지배한다.

7. 니체는 '기계장치의 신'을 '기계와 용광로의 신'으로 부연 설명한다. 이는 '차가운' 기계가 만들어 내는 인간 감정 융해의 '뜨거운' 용광로라는 뜻이다. '기계'는 기계장치의 신이 기계로 작동하기 때문에 붙은 이름이다. '용광로' 또는 '도가니의 신'은 기계장치의 신이 관객에게 주는 효과를 말한다. 그 뜨거운 효과는 다음과 같다.

에우리피데스의 비극 말미에서 기계장치의 신이 나타나 무엇이 '진실한'지 알려 주었을 때, 관객은 감격하며 마음이 따뜻해진다. 감격한다. 소크라테스적인 비극(에우리피데스의 비극) 말미에서 기계장치의 신이 무엇이 '올바른지'를 상세히 알려 주면, 관객은 뜨거운 눈물을 흘리면서 이때까지 자신이 무엇을 잘못하고 살았는지를 되돌아보고, 앞으로 어떻게 올바르게 살아야 할지를 알게 된다. 마지막으로 음악의 신이 사라진 예술, 예를 들면 신데렐라류의 문학, 콩쥐팥쥐류의 이야기에서 온갖 고통을 겪은 주인공이 결말에서 '행복'해지면, 독자는 가슴이 뭉클해지며 마음에 온기가 돌고 행복의 눈물을 흘린다.

기계가 인간의 감정을 용광로 또는 도가니에 녹여 내고, 인간에게 획일적인 공감대를 갖게 만든다. '용광로' 또는 '도가니'는 기계가 관객과 독자를 올바르게 살도록 결심하게 만드는 중간 장치이다. 인간에 의해 만들어진 차가운 '기계'는 인간의 감정마저도 지배하는 무서운 절대 신이 된다.

8. 알렉산드리아적 명랑성, 이론적 명랑성이 어떤 역할을 하는가에 대한 최종 정리이다. 첫째, 음악, 축제, 감성적 지혜를 추방한다. 둘째, 신화를 몰아낸다. 셋째, 형이상학적 위로를 제거하고 기계적 만족으로 대체한다. 넷째, 학문을 세상에서 가장 중요한 것으로 등극시킨다. 다섯째, 모든 인간을 하나의 전문 지식에 종사하게 만든다. 여섯째, 인간은 형이상학적 위로를 멀리하고 삶이 살 만하다고 세뇌당한다.

니체는 위에서 이론적 명랑성의 역할을 전복시키기 위한 투사로서 알렉산드리아적 명랑성과 전방위 투쟁에 나선다.

9. 인생은 살 만한 것인가? 미다스가 실레노스에게 던진 질문이다. 그 질문에 대한 답은 네 가지이다.

우리가 가장 잘 아는 것은 종교이다. 이는 소크라테스가 죽으면서 자신이 좋은 곳에 갈 것이라는 자기믿음과 유사하다. 그 이론적 정교화는 소크라테스의 제자 플라톤이 여러 저서에서, 특히 『국가』 10장에서 철학적으로 정교하게 만든 천국과 지옥의 신화이다. 이론의 종교적 완성은 현재 우리가 눈으로 보고 있는, 착하게 살면 죽어서 천국 간다는 모든 종교의 신화이다.

두 번째 답변 역시 소크라테스에서 출발한다. 소크라테스는 앎을 가지고 현재 어떻게 살아야 할지 알았으며, 죽어서도 역시 어떻게 된다는 것을 알았다. 극단화시키면 이성으로 모든 걸 알 수 있다는 자기확신이다. 인식은 그 주요 수단이고, 이성은 인식을 작동시키는 방식이다. 현재 우리가 알고 있는 인간에 대한 학문적 이해는 여기에 해당한다.

세 번째 답변은 예술적인 길 중에서 아폴론적인 방법이다. 16장 5절에서 '현상의 영원함'을 통해 '개체의 고통'을 극복하는 것이다. 정형예술 작품이 주는 기쁨을 통해 인생의 고단함을 이기는 것이다.

마지막은 디오니소스적인 길이자 니체가 말한 방법이다. 삶이란 고통스럽지만 굳건히 이겨 내야 한다. 하지만 이겨 내기 쉽지 않기 때문에 고통을 감내하고, 비극을 보며 유희하듯이 잠시 잠깐의 행복을 누리며 인간과 인간이 하나가 되고 근원적 일자를 체감하는 것이 중요하다. 그러면 오이디푸스와 프로메테우스처럼, 인간은 고통스럽게 살지만 마지막 순간에 마침내 행복을 얻을 것이다.

다시 보기

비극은 형이상학적 위로를 주는 반면, 음악이 죽은 예술은 말초적 위로를 준다. '비극적 불협화음'이란 비극에서 나타나는 불협화음이다. 비극의 주인공인 오이디푸스와 프로메테우스는 극도의 고통을 당하지만 마침내 행복을 얻는 것이 불협화음이다. 인간은 비극에 나타난 이런 불협화음을 보면서 '고통 끝에 행복'이라는 '형이상학적 위로'를 얻는다.

음악이 소멸된 장르는 무엇으로 형이상학적 위로를 줄 것인가? 기계장치의 신이 그 위로를 준다. 부모의 갑작스러운 죽음, 버려지는 슬픔, 고아로 겪는 서러움, 이러한 엄청난 고통 뒤에 모든 것을 다 갖춘 왕자나, 자상하면서도 부자인 키다리 아저씨와 이룬 행복한 결혼과 신의 축복이 하나의 길이다. 온몸이 상처투성이가 된 검투사에게 주어지는 자유가 또 하나의 길이다.

여기서 우리는 곤란함에 빠진다. 오이디푸스, 프로메테우스 그리고 고아, 검투사가 누리는 행복의 차이는 무엇인가? 콩쥐, 신데렐라, 소공자, 소공녀, 키다리 아저씨 등 비극적 고통의 주인공을 우리는 안다. 그들은 다 하나같이 곤란과 고통을 겪지만, 스스로 밝고 현명하게 처신하고 나쁜 짓을 하지 않는 올바른 행동을 통해 마침내 커다란 복을 얻는다.

신데렐라류의 동화적인 판타지가 주는 위로에 우리는 만족하는가? 이야기일 뿐이지 현실에서는 절대 일어나지 않는다. 일어난다 할지라도 내가 그 행운을 누릴 확률은 로또 당첨 확률만큼이나 희박하다. 우리는 이러한 동화적 판타지에서 무엇을 얻는가? 그래도 살 만하다는 현실 인정, 읽고 즐기는 동안의 현실 도피일 뿐이다.

자유를 얻는 검투사, 얼떨결에 올바름을 실현하는 무능한 경찰, 부패 끝에 정의를 실현하는 타락한 검사를 다룬 영화를 보라. 하루도 극장에서 상영되지 않는 적이 없는 정의 실현 영화를 보라. 그 많은 정의 영화를 보면서 무엇을 얻는가? 그래도 정의는 살아 있다는 안도감, 악의 응징을 보고 있는 동안의 짜릿함일 뿐이다.

형이상학적 위로와 말초적 위로의 차이를 보자. 말초적 위로에는 운명의 승복에서 오는 오이디푸스적인 숭고한 행복이 없고, 절대적 힘에 대한 저항에서 느껴지는 프로메테우스의 거대한 기쁨도 없다. 말초적 위로에는 삶 속에서 근원적 일자와 하나 되는 느낌과 죽음의 순간에 느껴지는 저 형이상학적 위로가 없다. 말초적 위로는 현재의 고통을 마약처럼 사라지게 할 뿐이다. 영원에 대한 기대와 희망은 사라지고 현실적인 속물적 위로만 남는다.

17장 다시 보기

신화가 죽은 시대, 죽은 신화의 사회에는 인간의 감정을 은유적으로 대표한 신들이 사라지고 싸구려 올바름만을 추구하는 거짓 슈퍼 히어로들이 나타난다. DC의 슈퍼맨, 배트맨, 원더우먼, 아쿠아맨, 캣우먼, 마블의 스파이더맨, 아이언맨, 엑스맨 등이 그들이다.

그들은 고대 비극의 주인공과 유사하다. 그들은 대부분 비극적인 고통을 겪었다. 그들은 우연이든 필연이든 직간접적인 아버지 살해, 그것도 아니면 삼촌 살해를 경험한다. 그들은 어떤 이유로든 인간이라면 견딜 수 없는 극한의 고통을 경험한다.

하지만 이들은 고대 비극의 주인공과 전혀 다르다. 그들은 인간이라면 누구도 가질 수 없는 타고난 체력, 무기, 절대 죽지 않는 불사의 몸을 가지고 있다. 그들은 천부의 능력을 갖고 있거나, 혹은 사람이라면 그 어느 누구도 소유할 수 없는 엄청난 돈, 자본을 가지고 있다. 그들은 어떤 어려움과 고통에도 굴하지 않고 다시 꿋꿋이 일어서는 오뚝이 같은 정신을 가지고 있다. 그들은 비극의 주인공이 아니라 누구나 바라고 원하는 희극의 주인공이다.

이들은 고대 비극의 주인공과 전혀 다르다. 이들은 소크라테스적인 올바름의 포로이다. 이들은 잠자다가도, 밥 먹다가도 올바르지 못함을 행하는 악당이 나타나면 싸우러 나간다. 악당은 선량하지 못한 대자본가이기도 하고, 어렸을 적 버려져서 성격이 비틀린 자이기도 하고, 동네 뒷골목을 주름잡는 양아치이기도 하다. 아니면 국가 이념과 다른 이념을 가진 자이거나 이기적인 자이거나 싸이코패스이기도 하다. 슈퍼 히어로들은 소크라테스적인 올바름을 몸으로 실현하기 위해 온 몸과 맘을 바치고 자신이 가진 자본을 바친다.

죽은 신화의 사회에 살고 있는 우리들은 슈퍼 히어로들의 고통에 가슴 아파하고, 그들의 승리에 통쾌해한다. 우리는 그들의 활약에 박수를 보내며, 정의로운 활동에 참가하지 못함을 애석해한다. 아니면 나한테 그런 초인적인 힘이 주어진다면, 슈퍼 히어로들보다 더 정의롭게 싸울 것을 마음속으로 맹세하기도 한다. 전 인류는 슈퍼 히어로들이 만들어 낸 감정의 용광로와 열정의 도가니 속에서 하나 됨을 느낀다.

그뿐만 아니라 검사, 변호사, 경찰, 아니면 평범한 소시민 아버지들도 리틀 히어로로 출현하고 그들만의 작은 정의를 실천한다. 그들 역시 경제적인 문제, 가족 갈등, 직장 내 따돌림 등으로 좌충우돌한다. 그들은 평범한 인간이라면 견딜 수 없는 극한의 고통을 당한다. 그럼에도 그들은 국가와 사회를 지키기 위해, 가족을 위해 자신을 희생한다.

헤아릴 수 없이 많은 슈퍼 히어로들과 리틀 히어로들이 존재하고 그들이 영웅적인 활약을 하지만, 형이상학적 위로를 받은 적이 있는가? 그들은 하나같이 고통을 당한다. 하지만 우리는 그들을 보면서 공포와 동정을 느끼지 못한다. 그들의 그 고통은 슈퍼 능력을 받기 위한 기계장치에 지나지 않는다. 그들은 고통 뒤에 더 큰 선물을 받는다. 우리는 일상에서 커다란 고통을 받지만, 초능력을 선물 받을 가능성은 전혀 없다. 가장 가능해 보이는 돈도, 자본도 우리는 선물로 받기가 어렵다. 평범한 우리들은 리틀 히어로들처럼 자신을 희생하기 어렵고, 고통 끝에 행복을 누리기란 결코 쉽지 않다.

비극스러운 슈퍼 히어로들과 리틀 히어로들은 존재하지만, 그들은 우리의 눈요기만을 만족시켜 줄 뿐이다. 그들은 우리에게 형이상학적 위로를 주지 못한다. 그들은 우리의 마음을 현혹시키는 기계장치의 신에 지나지 않는다. 우리는 형이상학적 위로를 주는 새로운 예술세계를 만들어 나가야 한다. 자, 누가 언제, 어디에서, 무엇을 근거로 나서고 시작할 것인가?

알렉산드리아적 문화의 융성과 소멸

1. 알렉산드리아적 문화의 토대로서 소크라테스

다음과 같은 것은 영원한 현상이다. 탐욕스러운gierige 의지는 항상 사물들 위에 확장된 환영을 통해서 자신의 피조물들을 삶 속에 긴박시키고 이를 계속 지속하도록 강제하는 수단을 발견한다.[1]

인식에 관한 소크라테스적인 탐욕과 이 인식에 의해서 존재(삶)의 영원한 상처를 치유할 수 있다는 망상에 사로잡힌 자도 있다. 또한 그의 눈앞에 어른거리는 매혹적인 예술의 아름다운 베일에 정신을 빼앗긴 자도 있으며, 다른 한편으로 현상의 소용돌이 속에서 영원한 삶이 끊임없이 다시 흘러나온다는 형이상학적 위로에 현혹된 자도 있다. 의지가 매순간 준비해 놓은 보편적이고gemeineren 한층 더 강력한 환영에 대해서는 언급하지 않도록 하자.[2]

저 3단계 환영은 일반적으로 고상한 자들을 위해 마련된 것이다. 이들은 존재(삶) 일반의 무거움과 짐에 대한 심각한 불쾌감을 느끼는 자들이다. 이들은 찾아낸 자극제로 이러한 불쾌감을 속인다.

우리가 문화라고 부르는 모든 것이 바로 이러한 자극제를 구성한다. 우리는 혼합의 비율에 따라 임시방편으로 **소크라테스적인** 또는 **예술적인** 또는 **비극적인** 문화를 갖는다. 다른 말로 역사적인 예시를 들어 설명한다면, 알렉산드리아적인 또는 헬레니즘적인 또는 불교적인 문화가 존재한다.[3]

1. '탐욕스러운 의지'의 주체는 누구인가라는 문제가 발생한다. 의지는 앞에서 살펴본 것처럼 동물, 식물, 모든 사물의 '각자 내부'에 존재하는 것이자 스스로 발현하는 어떤 것이다. 쇼펜하우어는 의지를 궁극적으로 플라톤의 이데아와 동일하다고 말한다.(『의지와 표상으로서의 세계 I』 2부 25장.) 의지는 주관과 객관을 모두 벗어난 어떤 것이다. 따라서 의지에는 탐욕이란 말이 붙을 수 없다. 의지는 의지 그 자체일 뿐이다. 의지는 삶을 추동하는 에너지이다.

'탐욕스러운 의지'는 탐욕의 주체와 탐욕의 대상을 전제로 한다. '탐욕의 주체가 탐욕의 대상에 대해 무엇을 탐욕하는가?'라는 질문이 발생하고, '왜 탐욕하는가?'라는 의문 역시 발생한다.

탐욕의 주체는 우리가 알고 있는 종교 또는 국가와 사회, 그리고 스스로 욕심을 내는 나, 개인일 수 있다. 탐욕의 대상은 이 세계에서 살아가는 모든 인간들이다. 이들 모든 탐욕의 주체는 탐욕의 대상을 갈망한다. 자신의 뜻대로 탐욕의 대상을 제멋대로 조정하고

통제하기 위해서이다.

2. gemeineren를 '저급한'이나 '저속한'으로 번역하고, 그 사례로 마약이나 술 등을 들기도 한다. 오역이자 문맥 파악을 잘못했다. 이런 번역에 따르면 어떤 '탐욕스러운 의지'를 가진 자는 술이나 마약 등에 빠져 사는 것을 뜻한다.

이것이 오역인 첫 번째 이유는, '의지'가 무엇인가에서 비롯한다. 쇼펜하우어는 '의지'를 플라톤의 이데아와 동일한 것이며, 이 동일한 것을 자신만의 용어로 '의지'라고 표현한다고 말했다. 의지 자체가 저급하거나 저속한 것일 수 없다. gemein을 '저급한'이나 '저속한'으로 한 해석은 오역이다.

두 번째 이유는, '소크라테스적인 탐욕', '매혹적인 예술', '형이상학적 위로' 등은 다음 단락에 나오는 알렉산드리아적, 헬레니즘적, 불교적인 문화와 각각 상응한다. 점층 상향적인 나열을 하다 갑자기 급전직하하여 '저급한', '저속한'을 언급하는 것은 앞뒤가 맞지 않는다. 이는 문맥 파악 부족이다.

gemein은 '일반적인'이나 '보편적인'이란 번역어가 좋고 의미를 잘 전달하기도 한다. '의지가 매순간 준비해 놓은 보편적이고 gemeineren 한층 더 강력한 환영'이란 쇼펜하우어적인 종교일 수도 있고, 최고의 단계로서 '무無에의 의지' 그 자체일 수도 있으며, 플라톤적인 이데아 그 자체일 수 있다. 종교는 가장 보편적인 동시에 강력한 환영이며, 여기에 빠진 자는 종교 교리의 관점에 따라 모든 것을 이해하고 해석하며, 그 강력한 환영에서 벗어나기 무척 어렵다는 것은 다 아는 사실이다.

3. 세계 역사의 발전 단계를 도식적으로 보여 주는 전형적인 예이

	인식	예술	형이상학
고통 치유 방법	탐욕과 인식	매혹적 베일로 침몰	영원한 삶의 위로
명목상 문화	소크라테스적인 문화	예술적인 문화	비극적인 문화
실제 문화	알렉산드리아적인 문화	헬레니즘적인 문화	불교적인 문화
니체의 설명	인식에 관한 소크라테스적인 탐욕과 이 인식에 의해서 존재(삶)의 영원한 상처를 치유할 수 있다는 망상에 사로잡힌 자	그의 눈앞에 어른거리는 매혹적인 예술의 아름다운 베일에 정신을 빼앗긴 자	현상의 소용돌이 속에서 영원한 삶이 끊임없이 다시 흘러나온다는 형이상학적 위로에 현혹된 자

다. 내용을 간단하게 정리하면 위의 표와 같다.

역사적으로 보면 불교적인 단계에서 헬레니즘적 단계로, 헬레니즘적 단계에서 알렉산드리아적 단계로 나아간다. 니체는 여기서 역사적 순서를 뒤집어 설명한다. 과거 이상적인 불교적 문화의 단계가 있었고, 이것이 쇠퇴하여 헬레니즘적 단계로 나아갔으며, 다시 헬레니즘적 단계가 타락하여 알렉산드리아적 단계에 이르렀다고 니체는 진단한다.

역사적인 진행과 이상향의 전도된 관계는 현 사회가 그만큼 타락했음을 지적한다. 따라서 인류는 학문과 교양으로 타락한 알렉산드리아적 단계에서 비극이 꽃피었던 헬레니즘적 단계로 거슬러 올라가야 하며, 궁극적으로 불교적인 문화의 단계로 나아가야 한다고 니체는 설명하고자 한다.

'원(Ur, 原)'에 대한 추구는 청년기 니체에게 주어진 헤라클레스적인 과업이다. 니체의 '원'에 대한 탐구는 18장에서 정해진 것이나 마찬가지이다. 니체는 현재 우리가 살고 있는 사회를 '타락하고 쇠락한' 알렉산드리아적 문화 단계로 설정한다. 헬레니즘적 문화의 단계는 소크라테스와 소크라테스적인 학문과 그 아류인 교양, 학자와 교양인에 의해 망가졌다. 그 망가진 단계가 현재 우리가 살고 있는 알렉산드리아적 문화이다.

니체는 '타락하고 쇠락하기' 이전의 사회를 1~10장까지 헬레니즘적 문화인 비극으로 설명했다. 과거의 헬레니즘적 문화는 니체가 바라는 미래 지향적인 문화이다. 역사의 진행과 이상향의 전도된 관계는 역사가 발전한 것이 아니라 퇴보했음을 보여 준다. 역사학에 대한 니체의 진지한 비판은 이런 사유 방식에서 근거한다. 따라서 역사는 과거의 '원Ur'으로, 근원, 시원으로 되돌아가야만 제대로 선다고 할 수 있다.

니체 하면 떠오르는 '자라투스트라'는 우리가 생각하는 것처럼 대단한 초인이 아니다. 헬레니즘적 문화 단계에서는 흔히 보는 '일반 시민'이다. 니체의 설명대로라면 자라투스트라는 '원'시민이자 '원'인간일 뿐이다. 니체가 그토록 칭송한 바그너의 악극은 '원'비극일 뿐으로, 원래의 고전적 비극에 가장 근접한 것일 뿐이다. 니체는 '원'인간, '원'시민, '원'음악, '원'예술을 과거에서 찾고, 현 문화 단계에서 이 과거를 회복하기 위한 운동을 벌여야 한다고 주장한다. 거룡 정벌자들이 해야 할 일은 알렉산드리아적 문화를 파괴하고 과거의 헬레니즘적 문화를 재건하는 것이다.

니체의 사유는 크게 두 가지이다. 하나는 비판, 다른 하나는 대안이다. 비판은 현재의 알렉산드리아적 문화를 회의적으로 바라보는 것이고, 대안은 과거의 헬레니즘적 문화를 긍정적으로 바라보는 것이다. 하지만 이것은 단순하지 않다. '원'을 가정하는 것 자체가 형이상학적 사유의 전형적인 방식이기 때문이다. 우리가 알지 못하는 알 수 없는 '원'이 존재하고 그 원을 찾아가는 인류의 여정이야말로 진정한 발전이라고 니체는 말한다.

19장에 이르면 우리는 이 '원'을 실컷 볼 수 있다. 이유는 간단하다. 학문에 의해 타락한 인간이 '오페라'를 만들고, 교양에 의해 현혹된 교양인들이 '오페라'를 최고의 예술로 치는 시대가 알렉산드리아적 문화의 단계이다. 니체는 오페라를 상당히 비판적으로 바라본다. 오페라를 부정하고 극복하면 무엇이 나오는가? '원'이 나온다. '원세계', '원인간', '예술가적인 원인간', '원시간' 등이다. 니체의 '원', '원'에 근거하는 사유는 역사의 흐름과 이상향의 전도된 사유의 산물이다.

2. 학문적 모방에서 발전한 시예술

우리의 근대 세계 전체는 알렉산드리아적인 문화의 사슬에 사로잡혀 있으며, 가장 높은 수준의 인식 능력을 준비하고서 학문에 헌신하는 **이론적 인간**을 이상으로 인정한다. 이 인간의 원형이자 최초의 조상은 바로 소크라테스이다.

우리의 모든 교육 수단은 근본적으로 이러한 이상을 염두에 두고 있다. 그 밖의 모든 존재는 그 곁에 힘겹게 서 있는 것에 지나지 않으며, 허락된다 할지라도 의도적으로 허용된 존재에 지나지 않는다.[2] 너무 경악스럽기는 하지만 오랜 시간 동안 교양인 Gebildete은 단지 학자Gelehrten의 형태로 발견되었다.[3]

우리의 시예술은 학문적 모방으로부터 발전해야만 했다. 각운 (Reim, 脚韻)의 주요 효과 측면에서 본다면, 우리 시문학 형태가 고향이 아닌, 올바르면서도 적절한 학문적 언어의 예술적 실험으로부터 발생했음을 우리는 알게 된다.[4]

너무 당연한 근대인인 **파우스트**가 본래의 그리스인들 입장에서 얼마나 이해 불가능한가. 파우스트는 모든 능력에도 불구하고 만족하지 못하고 앎에 대한 충동으로부터 마법과 악마에 굴복했다.[5] 근대인이 저 소크라테스적인 인식의 탐욕이 가진 한계를 예감하기 시작했으며 저 황폐한 난바다로부터 연안에 도달할 것을 갈망한다는 것을 우리가 알고 싶다면, 우리는 소크라테스 곁에 파우스트를 놓고 비교해 보자.[6]

예전에 괴테가 에커만에게 나폴레옹에 대해 "여보게, 행동의 생산성이란 것도 있다네."라고 말했다면,[7] 그는 우아하면서도 순수하게 다음과 같은 것을 상기시키는 것이다. 즉, 근대인에게 이론적이지 않은 인간이란 믿지 못할 뿐만 아니라 놀라운 어떤 것이다. 따라서 그처럼 낯선 존재 형태를 개념적으로 파악하고 인정할 만하다고 생각하기 위해서는 괴테 정도의 지혜가 필요하다는 점이다.[8]

1. 근대 이후 서양에서 가장 이상적인 인간은 누구인가? 학문에 헌신하는 이론적 인간이고, 그 시조는 소크라테스라고 니체는 답한다. 중세 시대 서양은 종교가 지배하는 세상이므로 이론적 인간이

존재하지 않았거나, 존재했어도 의미가 거의 없다.

중세 시대에 가장 이상적인 인간은 종교적 인간이라고 생각할 것이다. 하지만 그 종교적인 인간도 이론적인 인간의 일부에 지나지 않는다. 신의 말을 아는 자, 선행은 곧 사후의 행복임을 아는 자가 곧 종교인이고, 그 종교인은 곧 신의 말을 이론적으로 이해하는 자이므로 그 역시 이론적 인간의 일부이다.

동양으로 질문을 바꿔 보자. 니체의 답변은 여기에도 적용된다. 학문에 헌신하는 이론적 인간이 가장 이상적인 인간이고, 그 시조는 공자이다. 논어의 첫 구절, 배우고 또 배우면 즐겁지 아니한가를 뜻하는 '學而時習之 不亦說乎학이시습지 불역열호'가 그 증거이다. 동양에서는 종교가 완전히 지배한 시대는 없었으므로 언제나 이상적 인간은 이론적 인간을 의미한다고 보아도 무방하다.

이 점에서 니체의 이론적 인간에 대한 비판은 지역을 불문하고 모든 시대 모든 이론적 인간의 비판으로 보아도 좋다. 우리 사농공상의 서열화 역시 그 구체적인 예이다.

2. 근대 이후 현재까지 우리가 접하고 있는 교육의 가장 커다란 문제점은 무엇인가? 갑작스러운 질문에 당혹스러워진다. 이제까지 줄곧 음악, 예술에 관해 논의하다가 갑자기 교육과 관련된 내용이 나오기 때문이다. 이 당혹스러움을 풀기 위해 비극, 예술, 음악, 교육은 어떻게 연결되는지 살펴볼 필요가 있다.

소크라테스적인 이론적 인간은 그리스 고전적 비극의 소크라테스적인 재창조에서 시작한다. 이론적 인간은 최종적인 결과와 궁극적인 목적에서 삶과 괴리되어 사유하고 살아가는 존재이다. 이론적 인간은 비극의 디오니소스적 구성 요소인 서정시와 민요와 춤과 노래를 알지 못하고 향유하지도 않는다. 이론적 인간은 인간의 마음을 노래한 서정시, 힘들고 지친 삶을 노래로 풀어 내는 민요, 이에 맞춰 춤추고 즐기는 것을 두려워하고 부정적으로 바라본다.

이론적 인간은 궁극적으로 인간에게서 감정이라는 요소를 제거하고자 한다. 그 결정적 시작은 소크라테스적인 음악이다. 앎으로 음악을 대체하고, 보완하고 싶은 욕망의 응집(니체는 19장에서 오페라로 상세하게 이를 설명한다.)이 소크라테스적인 음악이고, 이의 구체화와 보편화가 이론적 인간이다.

이론적 인간의 교육이 어디에서 시작되었는가? 플라톤의 『국가』이다. 니체는 이를 정확하게 적시한다. 플라톤은 어릴 때부터 세상이 이데아의 모방에 지나지 않는다는 것, 철학자는 금, 수호자는 은, 생산자는 철과 동으로 만들어졌다는 것, 이 신분질서는 변하지 않는다는 것을 국가에서 교육시켜야 한다고 주장한다. 니체는 현실에서 실제로 살아가는 삶에서 플라톤의 교육은 잘못되었다고 본다.[40]

니체는 교육의 목적을 현실의 고통스러운 삶을 묵묵히 견뎌 낼 뿐만 아니라 예술을 통해 고통 그 자체를 이겨 내고 즐기는 인간의 양성으로 보았다. 니체의 비극관을 보자. 비극은 인간이라면 누구나 겪는 고통을 주인공의 극한 고통으로 대체하며, 그 고통을 해소하기 위한 방편으로 노래와 춤을 향유한다. 이런 관점에서 교육의 지향점은 분명하다. 삶이 고통임을 직시하고 그 고통을 이겨 내기 위해 예술을 향유하는 게 교육의 목적이다.

착하게 살면 죽어서 복을 받는다는 것이 교육의 최종 목적이어서는 안 된다. 하지만 소크라테스적인 이론적 인간 이후 교육은 삶과 멀리 떨어진 이론만을 위한 교육이자, 이론적 인간의 완성을 위한 교육이다. 니체는 이를 독일 청년 교육의 예로 설명한다.

　　하지만 독일의 청년 교육은 이처럼 허구적이고 생산적이지 못한 문화의 개념에서 출발한다. 아주 순수하고 극히 고상한 독일 청년 교육의 목적은 자유로운 교양인이 아니라 학자, 학문적 인간이며, 가능하면 최대한 일찍 이용 가능한 학문적 인간, 삶을 이해하기 위해서 삶과 떨어져 있는 인간이다. 경험적이며 일반적으로 관찰 가능한 그 교육의 결과는 역사학적이며 미학적인 속물적 지식인Bildungsphilister이자, 국가, 교회, 예술에 관해 조숙한 척하며 새로운 것을 아는 척하는 떠버리이며, 몹시 다양한 지각 감정을 느끼는 중추지각을 지닌 자이자, 진정한 배고픔과 갈증이 무엇인지 전혀 모르는 극도로 허기진 위장이다.[41]

　이론적 인간은 우리가 흔히 접하고 있는 '나는 생각한다, 고로 나는 존재한다.'로 집약될 수 있다. 사유하는 것 자체가 존재의 이유이고, 존재하기 위해서는 사유해야 한다. 하지만 사유하는 것만으로 인간은 삶을 이해하고 향유할 수 없다.

　니체는 이를 뒤집어, '나는 살고 있다, 고로 나는 존재한다.'로 바꾼다.[42] 내가 현재 삶을 살아가지 않는데 어떻게 사유할 수 있단 말인가라며 니체는 통탄한다. 삶이 없는 사유란 있을 수 없음에도 불구하고, 궤변론자들은 '나는 사유한다, 고로 존재한다.'라고 떠버리 장사치 만병통치약을 팔고 있다.

　삶이란 고통 그 자체이다. 고통스러운 삶 자체를 현재 감내하고 이를 이겨 내기 위해 예술을 즐기고 향유할 수 있도록 만드는 것이 교육의 진정한 목적이다. 니체의 교양인이란 학문에 경도된 자가 아니라 예술을 즐길 줄 알고 느끼는 자이다. 그리스 비극은 삶의 반영 이상도 이하도 아닌 반영 그 자체일 뿐이다.

3. 교양인Gebildete과 학자Gelehrten의 관계 문제이다. 학자는 한 분야 등에 전문 지식을 갖춘 자이며, 이를 가르치는lehren 자라고 한다면, 교양인은 여러 학자의 지식을 두루두루 배워서 자신을 도야하고bilden 이를 바탕으로 자신을 만들어 가고 형성해 가는bilden 자이다.

니체는 지금까지 학문적 인간, 이론적 인간 등을 통해 소위 전문적인 지식인을 언급하고, 이들의 문제점을 지적했다. 여기에서 니체는 학자에서 교양인으로 앎을 확대 해석한다. 그는 교양인을 통해 이론적 지식과 학문적 지식이 알렉산드리아적 문화의 시대를 살고 있는 우리 시대 우리 모두에게 널려 퍼져 있음을 지적한다.

니체는 3절에서 이를 더 확장시켜 노예계급을 말한다. 노예계급은 대다수가 교양인스러운 지식을 습득한 계급을 뜻한다. 우리 대다수가 교양을 금과옥조로 여기는 노예계급이다. 우리 시대의 절대다수는 이론적 인간의 변종이거나 학문적 인간의 아종인 노예계급이다.

결론적으로 말하면 낙관주의 전도사 소크라테스의 의도가 전문적 학자를 넘어 일반적 지식인과 시민 절대다수에게 관철되었다. 지식인과 시민 대다수가 곧 노예계급이라고 니체는 강변한다. 우리는 이론적 지식과 학문적 지식의 포로로 살아가는 노예계급이라는 것, 달리 말하면 예술과 비극을 진정으로 향유하지 못한 채 살아가는 노예라고 니체는 지적한다.

하지만 니체는 교양인의 속을 채우고 있는 교양Bildung이란 무엇인가에 대해 언급하지 않았다. 이에 대해서 니체는 20장 1절에서 자세하게 설명하므로, 그곳에서 자세하게 살펴보자.

4. 이 문장을 이해하기 위해서 두 가지 긴장을 살펴보아야 한다. 첫 번째 긴장은 니체가 음악과 시의 관계를 어떻게 바라보았는가이다. 니체는 5장 2절에서 시를 쓰는 과정을 설명한다. 그는 "어떤 음악적인 기분이 먼저 나오고, 이 위에서 시적인 관념이 비로소 나에게 따라 나온다."라는 실러의 글을 인용한다. 또한 그는 6장 3절 민요에 관한 설명에서 "선율Melodie이 가장 우선적인 것이며 보편적인 것이다. 이 때문에 선율은 다양한 가사Dichtung로 다양한 객관화 그 자체를 견뎌 낼 수 있다."고 선언한다. 니체는 한마디로 음악, 선율이 있고 난 다음에 가사와 노랫말이 따라 나와야 한다고 말한다.

이 문장에서 니체는 현재 우리가 접하고 있는 시문학이 '각운'을 중시하는 것은 잘못되었다고 말한다. 5장과 6장에서 살펴본 것처럼 음악과 선율에 맞춰 시가 지어져야 하는데, 우리의 시문학은 각운이 중심이 되고 그 각운을 바탕으로 시적 리듬과 선율이 만들어지므로 니체는 문제가 있다고 진단한다.

이를 가장 잘 이해하려면 '노래하는 시인'이라 일컬어지는 힙합을 상기해 보면 된다. 힙합은 주로 각운을 중심으로 시적 언어를 만들어 내고, 이것이 다시 리듬을 만들어 내곤 한다. 니체의 관점에 본다면, 힙합은 '학문적'이다. 각운을 맞추기 위해 언어를 생각하는 과정 자체가 이론적 정신, 학문적 언어의 산물이기 때문이다.

흔히들 힙합 가수들의 라임을 들으면서, 우리는 그들을 '천재적'이라고 말하곤 한다. 이는 그들의 음악성이 천재적이라는 것이 아니라 각운을 풍성하게 맞춰 리듬을 만들어 낸다는 점에서, 즉 언어

예술적인 면에서 천재적임을 나타낸다. 니체의 입장에서 라임, 즉 각운을 맞춰 리듬과 선율을 만들어 음악을 풍성하게 하는 것은 음악이 아니라 음악이 언어예술에 기식하는 것, 음악에 언어예술이 종속되는 것이다.

우리가 현재 접하는 시는 음악이 아니라 언어, 이론적 사유, 학문적 노력에서 성장했다. 이 점에서 니체는 시가 자신의 모태인 음악이라는 '고향'을 떠났다고 한탄한다.

또 다른 긴장은 앞에서 여러 번 지적했듯이 시와 음악을 둘러싼 플라톤과 니체의 전쟁이다. 플라톤은 『국가』 398c에서 "노래melos, song는 세 가지, 즉 노랫말logos과 선법harmonia, harmony, 그리고 리듬rhythmos, rhythm으로 이루어져 있고" "선법과 리듬은 노랫말을 따라야만" 한다고 주장한다. 또한 플라톤은 『국가』 400a에서 "사람의 말(노랫말)에 시각pous, meter과 선율melos, tune이 따르도록 해야지, 그 반대로 해서는" 안 된다고 말한다.

플라톤의 주장은 니체의 주장과 정반대이다. 한마디로 언어가 있고 난 다음에 이 언어에 음악과 선율이 따라야 한다는 것이다. 플라톤은 올바름을 찬양하는 노랫말, 올바른 언어가 있고 난 다음에 그에 맞는 음악이 따라야 한다고 주장한다.

각운은 형태적 측면에서 플라톤의 노랫말에 해당하는 동시에 내용적 측면에서 올바름을 이야기하며, 음악적인 측면에서 리듬과 운율을 만들어 내는 전제 조건이다. 각운은 음악을 지향하지만 출발점 자체는 플라톤의 노랫말, 즉 언어적인 성격에서 벗어나지 못한다. 이 점에서 우리가 알고 있는 각운은 학문적인 예술 실험에서 기인한다.

니체가 6장에서 얼마나 많은 민요의 시어들이 민요의 가락과 맞추려고 긴장하고 있는가라고 선언한 내용을 상기해 보자. 민요 가락에 얼마나 많은 가사들이 만들어지고 불려지고 사라지는지 생각해 보자. 민요의 가사들은 각운을 고려하지 않고 민요의 가락에 맞출 뿐이지만, 시적 느낌을 전달하고 보고 듣는 이로 하여금 심금을 울린다.

이 구절은 오역이 많다. '각운'을 '운율'로, '고향'을 '토착 언어'나 '모국어' 등으로 번역하기도 한다. 시의 '각운'은 '토착 언어'나 '모국어'를 이용하기도 하지만, 이를 이용하지 않고서도 얼마든지 만들어 낼 수 있다. 수많은 시인들이 '모국어'와 '토착 언어'만으로 각운을 만들지는 않는다. 거리의 시인인 힙합 가수들이 '모국어'와 '토착 언어'만으로 각운을 만드는가!

대립의 지점은 '토착 언어'와 '모국어' 대 '학문적 언어의 예술실험'이 아니라 '음악' 대 '학문적 언어의 예술실험'이다. 이 대립을 간과하면 기묘한 번역들이 나오게 된다.

5. 이 내용을 간단하게 정리하면 다음과 같다. 근대인은 파우스트와 다름없다. 비극을 즐기던 고대 그리스인들은 파우스트와 같은 삶을 이해하지 못한다. 그리스인들은 파우스트와 다름없이 살고 있는 근대인(현대인 포함)을 도무지 이해할 수 없다.

왜 그런가? 근대인은 파우스트처럼 살아가기 때문이다. 파우스트는 '철학, 법학, 의학, 신학'에 '통달'했고, '석사와 박사'로 불렸으며, 심지어 '세상의 비밀을 알아내려고 마법에 몰두'했다. 그는 '세상을 지탱하는 것을 인식하고 모든 작용하는 힘과 근원을' 알고 싶어 했다.

파우스트는 많은 노력에도 불구하고 그 힘과 근원을 찾지 못한다. 그는 마침내 그 힘과 근원을 알 수만 있다면 '파멸'에 이를지라도, 메피스토펠레스가 자신을 '마음대로' 할 수 있도록 계약한다. 정도의 차이는 있지만 대다수 근대인은 파우스트처럼 이성과 합리성에 의해 모든 것을 알려 하고, 알지 못하면 행동하지 않는 특성이 있다.

고대 그리스들은 현재의 '우리를' 이해하지 못한다. 앞에서 살펴본 것처럼 고대 그리스인들에게 소크라테스는 무척 난해하고 이해하지 못할 인간이었다. 소크라테스는 앎을 통해서 사후 죽음의 세계마저 알 수 있다고 자부했던 실천적 낙관주의자였다. 비극을 온몸으로 받아들였던 고대 그리스인들은 소크라테스의 낙관주의를 절대 이해하지 못했다. 그들은 앎을 통해 인간에 대한 모든 것을 알 수 있다고 믿지 않았다. 그들은 앎에 바탕을 둔 행동을 통해 사후세계의 좋은 곳에 갈 수 있다는 것을 헛소리고 생각했다. 소크라테스가 사형을 당한 이유는 바로 이 때문이다.

파우스트의 '나는 사유한다, 고로 존재한다.'를 맹신하는 근대인, 현대의 교양인, 우리 모두는 모든 것을 알고 있다고 자부한 소크라테스와 다름없다. 고대 그리스인들은 앎을 중시하는 소크라테스도, 앎을 위해 영혼을 판 파우스트도, 사유가 존재의 이유인 근대인도, 앎을 가장 중시하는 현재 우리들도 이해하지 못한다.

6. 소크라테스와 파우스트의 비교는 이성과 도덕, 윤리의 한계를 지적하는 것과 마찬가지이다. 소크라테스는 어떻게 최후를 맞이하는가? 파우스트는 어떻게 최후에 대처하는가? 근대인은 여기서 무엇을 느끼는가?

파우스트 실험실 장면 (프란츠 하비어 쉬타이펀잔트Franz Xaver Steifensand 그림, 『파우스트』 2부 삽화, J. G. Cotta'scher 출판, 1840년)

소크라테스는 죽기 바로 직전 음악을 한다.(14장 7절과 15장 참조.) 소크라테스는 '논리적 본성'의 한계를 느끼고 이른이 넘는 나이에 자신이 그토록 부정했던 시를 짓고 곡을 붙인다. 소크라테스는 죽음에 이르러서 학문의 한계를 예술로 보완한다.

파우스트는 어떤가? 그 역시 세상의 모든 질서를 알고 싶어 했지만 죽기 직전 이성, 논리, 도덕과 윤리의 한계를 느낀다. 이성의 질서와 논리의 엄격함, 차가운 도덕과 윤리가 인간의 자유와 삶을 제한한다고 파우스트는 외친다.

> 날마다 자유와 삶을 쟁취하려고 노력하는 자만이
> 그것을 누릴 자격이 있네.
> 어린아이, 젊은이, 늙은이 할 것 없이 이곳에서 위험에 둘러싸여
> 알찬 삶을 보내리라.
> ……
> 자유로운 땅에서 자유로운 사람들과 더불어 지내고 싶네.[43]

사후의 행복을 위해서 절제하고 또 절제하고 올바르게 살아가느라 현재를 낭비하지 말라. 현재 이 순간의 행복을 위해 삶을 열심히 살아가고 자유를 누려라. 파우스트의 죽기 전 마지막 소망이다. 파우스트는 외친다.

> 순간아 멈추어라,
> 정말 아름답구나. ……
> 나는 지금 최고의 순간을 즐기노라.[44]

현재의 고통스러운 삶을 음악과 춤으로 이겨 내는 것이 비극의 정신이다. 이 비극의 정신이 곧 음악정신이다. 파우스트는 이성의 한계를 직시한다. 그는 죽기 전 절실하게 깨닫는다. 그는 '어쩌다 하루 이성적으로 밝게 웃음 짓'지만 '두 발로 땅을 딛고 서서 이곳을 둘러봐야'[45] 한다고 선언한다.

근대인은 파우스트와 다름없지만, 이성과 논리, 도덕과 윤리만으로 현재의 삶과 자유를 누릴 수 없음을 본능적으로 알고 있다. 이를 구체적으로 확인해 보고 싶다면, 소크라테스와 파우스트의 죽기 전 삶을 비교해 보라고 니체는 권고한다.

7. 로고스와 행동 중 어느 것이 중요한가? 로고스, 이성, 논리는 소크라테스, 학문적 인간, 이론적 인간, 교양인을 지칭한다. 그들이 세상을 바꾸어 왔는가? 사상과 철학이 세상을 변혁시켜 왔는가? 철학과 사상, 이론은 사후약방이다. 미네르바의 올빼미는 밤에만 날지 않는가! 모든 사태가 다 끝나고 철학적 사유가 시작하지 않는가! 행동이 있고 난 다음에 사유가 있지 않는가! 사건이 있고 난 다음에 이를 체계적으로 설명하려는 이론이 있지 않는가! 햄릿은 행동형 인간이라는 점을 잊지 말자.

니체는 행동이 로고스, 이성, 논리보다 훨씬 더 많은 것을 바꾸어 왔다고 주장한다. 17장 7절에서 니체는 "저 그리스적(알렉산드리아적) 명랑성은 이미 앞에서 노쇠한 비생산적인 삶의 갈망"이라고 표현했으며, 10장 4절과 15장 6절에서 이를 자세하게 설명했다.

8. '괴테 정도의 지혜가 필요하다'는 것은 아무나 괴테의 지혜 정도를 가질 수 없음을 역설적으로 표현한다. 결국 대다수는 행동의 생산성을 이해하지 못하고, 이론적 인간의 유형에 빠져 살아간다. 우

리는 파우스트와 같은 인간이며, 소크라테스의 사상적 포로이자 윤리적 인질임이 너무나 명확하다. 이걸 부인할 수는 없다.

다시 보기

왜 교양인은 비판 대상인가? 교양인이 아니라면 또 다른 인간이 있는가? 우리는 지적인 자, 많은 분야의 지식을 두루 아는 자를 최고의 인간으로 여기는 시대에 살고 있다. 무엇을 하든 교양을 겸비해야 한다. 돈이 많아도 그림 하나 정도는 집 안에 걸어 놓아야 한다. 권력을 잡았어도 오페라와 음악회에 일 년에 서너 번은 관람해야 한다. 아무리 커다란 명예를 얻었어도 책 한 권 정도는 마치 통달한 듯이 아는 척을 해야 한다. 현대인은 돈, 권력, 명예를 갖춰도 교양이 없다면, 혹은 지적이지 못하다고 취급받으면 벌레나 된 듯이 부끄러워한다. 부정한 방법으로 돈과 권력을 획득한 자일수록 벽 한 구석을 미술품으로 치장하고 음악회에 참석함으로써 자신의 치부를 가리려 한다. 교양은 이 점에서 지식과 예술의 합작품이다. 지식과 예술은 교양의 화장품이다.

교양인은 행동보다 생각이 앞서는 자이다. 교양인은 실천보다는 사색을 즐긴다. 교양인은 문제 해결 능력보다는 상황 판단 능력을 중시한다. 교양인은 아는 건 많지만 매사 주춤거린다. 교양인은 도덕적인 듯이 행동하고 양심적인 듯이 처신한다. 한마디로 교양인은 결단력이 부족해 행동이 미처 따르지 못하는 자이다.

현대는 교양인의 시대이다. 하지만 반대로 생각해 보자. 술 마시고 노래하고 춤추고 게슴츠레한 눈을 가진 달관한 자가 지적 교양을 추구하는 '나'를 뚫어져라 쳐다본다고 가정해 보자. 그의 눈은

초점도 없고 바라는 것도 없고 그저 무심하다. 두려움을 느끼는가? 그는 허공이나 하늘에 그 무엇이 있음을 꿰뚫어 보는 듯한 얼굴을 하고 있다. 공포를 느끼는가? 그는 어떤 문제에 부딪치면 아무런 문제가 없다는 듯이 몸을 던져 행동하고 해결한다. 존경심이 느껴지는가?

현대에는 절대다수의 교양인과 아주 극소수의 자유인이 있다. 그리스 작가 니코스 카잔차키스가 평생 닮고 싶었지만 닮을 수 없었던 그리스인 조르바는 교양인이 아니라 타고난 자유인이자 행동하는 인간이다. 소크라테스적인 이론적 인간의 관점에서 본다면 작가 카잔차키스는 교양인이지만, 조르바는 절대 교양인이 아니다. 조르바는 그저 술 마시고 춤추고 사귀고 있는 현재의 여자에게 모든 것을 바치는 순정파 인간이다.

니체의 이상적인 근대인은 누구인가? 대지 위에 두 발을 딛고 있다 갑자기 하늘로 한 발을 쳐들고 춤을 추는, 어떤 곤란하고 힘든 문제에 부딪쳐도 대수롭지 않게 생각하고 과감하게 행동하면서 헤쳐 나가는 자이다. 다름 아니라 그는 그리스인 조르바이다.

교양인과 자유인의 대결은 플라톤의 소크라테스적인 교양인과 니체의 초인적인 자라투스트라의 쟁투로 압축될 수 있다. 이 대립의 연장선은 현대 교양인과 조르바적인 자유인의 대결로 탈바꿈한다. 소크라테스와 조르바는 두 극단적인 가치의 대결이다. 대결 장소는 우리에게는 너무나 낯선 피레우스Piraeus 항구이다.

플라톤은 소크라테스가 『국가』를 설파하는 자리를 피레우스 항구로 설정했다. 그날은 마침 벤디스 여신을 기리는 축제날이었고, 횃불을 들고 한밤중 철야 축제가 벌어질 예정이었다. 축제의 왁자

지껄함, 떠들썩하고 야단법석이 벌어지는 그 한복판에서 소크라테스는 어리디 어린 제자들을 꼬드겨 고귀하고 고상한 국가 철학을 논증하려고 한다. 소크라테스의 이론적 인간을 만드는 작업, 젊은 청년들을 교양인으로 키우는 작업이 막 시작하려는 지점에 플라톤의 『국가』가 있다. 축제의 그 화려한 장면만으로도 소크라테스가 세상을 얼마나 낙관적으로 바라보았는지 짐작할 수 있다.

현대의 그리스인 카잔차키스는 고대 플라톤의 소크라테스적인 인간에 전면 도전장을 날린다. 카잔차키스는 플라톤의 『국가』와 정반대 설정을 한다. 그는 자신의 비극적 세계관을 설파하는 자리를 플라톤을 풍자하고 조롱하듯 피레우스 항구로 설정한다.

주인공 작가가 그리스인 조르바를 만난 곳은 피레우스 항구였다. 그날은 비가 내리고 있었다. 아직 해가 뜨기 전이었다. 유리문을 닫았는데도 찬바람이 카페에 불어 들어왔고, 뱃사람들은 카페에 죽치고 앉아 아침부터 술을 마시며 바다가 잔잔해지기를 기다렸다. 그날 비와 우울, 고독이 사뭇 짓누르는 카페에서 작가는 '프로메테우스가 바위에 붙박인 채 울부짖던 높은 산을 생각'하고 있었다.

책벌레 작가는 술꾼이자 춤꾼이며 가수 뺨치는 조르바를 바로 그 카페에서 만난다. 을씨년스러운 비가 내리는 바닷가 카페의 장면으로도 작가는 인간이 얼마나 고통 속에 살고 있는지, 조르바가 얼마나 처절하게 싸우며 험난한 인생을 거쳐 왔는지를 슬며시 보여준다.

2,400년 역사적 시간의 거리를 두고 피레우스 항구에서 두 인간이 대결한다. 근대인은 두 종류뿐이 없다. 소크라테스적인 이론적 인간의 아종인 교양인, 아니면 인생의 험난한 고통을 술과 춤과 노

래로 아무렇지도 않게 극복하고 행동하는 자유인 조르바. 교양인으로 평생을 살아갈 것인가, 아니면 행동하는 자유인 조르바로 살아갈 것인가? 니체는 소크라테스와 그의 아류 교양인을 버리고 자유인 조르바에게 달려오라고 손짓한다.

한발 더 나가 보자. 예술가는 교양인이 아니란 말인가? 교양인이 맞다. 예술가는 새로운 창작을 위해서 직관과 감정을 통합한다. 예술가는 지적으로 표현하지 않고, 지적으로 표현할 줄도 모른다. 그렇다면 예술가는 교양이 없는 자인가? 말로 표현하지 않아도, 말로 표현을 못했어도 예술 속에서는 교양인의 냄새가 물씬 풍겨 나온다.

에우리피데스의 주인공처럼 아는 것을 떠벌릴 줄 알고, 소크라테스적인 대화법에 익숙한 자만이 교양인이란 말인가? 천만의 말씀이다. 조르바의 체험에서 비롯한 말 한마디는 천 권의 책을 읽은 작가보다 깊이가 있고 삶과 세계를 꿰뚫는다.

한발 더 나가 신기료 장수는 교양인이 될 수 없단 말인가? 무두질 장인은 교양이 없다고 말할 수 있나? 교양이란 영역 자체가 책에서만 이론에서만 얻어지는 것인가? 교양이란 세상을 살아가는 아주 한정된 작은 지식에 지나지 않는다는 걸 왜 인정하지 않는가? 니체의 강조이다. 니체는 교양인을 알고 싶다면 행동하는 자유인 조르바를 보라고 넌지시 말한다.

3. 노예계급을 필요로 하는 알렉산드리아적 문화

그리고 소크라테스적인 문화의 태내에 무엇이 은폐되어 있는지 더 이상 은폐하지 말자! 제한이 없다고 망상하는 낙관주의!

이러한 낙관주의의 열매가 무르익고, 저러한 문화에 의해서 가장 낮은 계층에 이르기까지 발효된 사회가 점차 높아지는 파도와 갈망 속에서 뒤흔들린다고 해서 놀라지 말자.[1] 지상의 행복에 대한 모든 사람의 믿음이 뒤흔들린다면, 그러한 보편적인 앎의 문화의 가능성에 대한 신뢰가 저러한 알렉산드리아적인 지상의 행복에 대한 절박한 요구와 에우리피데스적인 **기계장치** 신의 주문 속에서 전복된다고 해서 놀라지 말자![2]

알렉산드리아적 문화[3]가 지속적으로 존속할 수 있기 위해서 노예계급Sklavenstand을 필요로 한다는 것에 주목하자.[4] 하지만 알렉산드리아적 문화는 삶에 관한 낙관주의적 고찰을 견지하면서 그러한 신분의 필연성을 부정하며, 그 때문에 '인간의 존엄성'과 '노동의 가치'[5]처럼 미화된 유혹적이며 위로적인 말들의 효과가 사라지면, 이 문화가 점차 지독한 소멸을 맞게 된다는 것에 주목하자.[6] 자신의 존재를 부당한 것으로 고찰하도록 배웠으며 자신의 계급뿐만이 아니라 모든 세대를 위해서 이제 막 복수를 하려는 야만적인 노예계급보다 무서운 것은 없다.[7]

누가 감히 그러한 위협적인 폭풍우에 대항하여 우리의 창백하고 피로에 지친 종교에 호소하려는 확실한 마음을 가지겠는가?[8] 기본적으로 종교는 가르치는 종교Gelehrtenreligion[9]로 퇴화해 버렸다. 따라서 모든 종교의 필연적 전제인 신화는 이미 불구가 되었으며,[10] 우리가 우리 사회 절멸의 맹아로 규정지었던 저 낙관주의적 정신이 이러한 영역을 지배했다.

1. 이 문장은 세 번째 단락의 내용과 대구를 이룬다. 소크라테스식

낙관주의가 세상의 모든 사람을 지배하고, 마침내 가장 낮은 계층이나 계급조차 소크라테스식 낙관주의를 믿고 따르는 시대가 되었다. 일반적으로 노예계급이나 노동계급도 각종 교육 기관과 교양 기관에 의해서 소크라테스식의 이론적 지식을 습득하고, 그 결과 소크라테스식 낙관주의적 세계관을 갖는다. 그런 사회 역시 흔들거리고 마침내 전복되기 마련인데, 그리 놀랄 필요가 없다.

2. 이 문장은 네 번째 마지막 단락의 내용과 대구를 이룬다. 소크라테스식 낙관주의는 현세에서의 절제와 그에 따른 사후 행복에서 가장 잘 드러난다. 하지만 우리가 살아가고 있는 시대는 점점 더 지상의 행복을 요구한다. 그 지상의 행복이 물질적이고 타락한 것일지라도 그 요구는 커지기 마련이다.

사후 행복을 약속하는 종교적인 소크라테스식 낙관주의는 지상의 행복을 보장해 주지 않는다. 소크라테스식 낙관주의는 에우리피데스 시대에는 기계장치의 신이 주는 도움을 빌어 선과 악 그리고 옳고 그름을 구분하고, 근대에는 신데렐라와 키다리 아저씨 방식의 행복 제시로 현재의 즐거움을 제시할 뿐이다. 종교적 측면의 소크라테스식 낙관주의는 현재 우리의 마음을 사로잡을 수 없어서 패배할 지경에 이르렀는데, 우리가 그리 놀랄 필요는 없다.

3. 알렉산드리아적 문화는 역사적인 흐름으로 보면 소크라테스적인 것 다음에 나온다. 니체는 이 책 20장 1절에서 '소크라테스적-알렉산드리아적'이란 용어를 사용한다. 12장에서 17장까지의 글에서 살펴보았듯이, 니체는 그리스적 명랑성과 알렉산드리아적 명랑성의 중간에 소크라테스라는 인물을 넣었으며, 이 소크라테스와 알렉산드리아적 문화를 결합하여 설명한다. 따라서 역사적인 흐름으로

본다면 고대 그리스 비극을 뜻하는 헬레니즘적 문화 다음에 알렉산드리아적 문화가 나타난다고 볼 수 있다.

문화 발전의 단계로 보면 역순이다. 니체는 18장 1절에서 알렉산드리아적 문화 다음에 헬레니즘적 문화를 놓고 있으며, 최고의 완성 단계로 불교적인 문화를 들고 있다. 니체는 알렉산드리아적 문화를 폐기하거나 극복하고 나면 헬레니즘적 문화가 나타난다고 보았다.

다음으로 '알렉산드리아적'이란 말 다음에 무엇이 붙느냐에 따라 다른 의미를 지닌다는 점을 살펴보아야 한다. 알렉산드리아적-이집트적인 문화는 그리스적인 것과 이집트적인 것의 결합이다. 17장 2절 해설 9의 솔론과 이집트 노인 성직자의 대화에서 간접적으로 알 수 있듯이 소크라테스 이전 그리스는 학문적인 민족이 아니었고 이집트가 주로 학문적인 민족이었다.

> 그리스인들이 아니라 이집트인들이 본래부터 학문적인 민족이자 문학적인 민족이다.[46]

그리스는 소크라테스의 영향을 받아 학문적이며 이론적인 것이 중심이 되는 문화를 지향하게 되었으며, 니체는 이를 알렉산드리아적-이집트적 문화라고 말한다. 이 문화는 위에서 말한 행동이 아닌 로고스, 이성 중심적인 문화를 지칭한다.[47] 니체는 알렉산드리아적 문화가 왜 멸망했는가라는 문제를 제기하고, 이 문화가 행동이 아닌 이론과 학문을 중시해서 멸망한다고 강조한다.

알렉산드리아적 문화는 무엇 때문에 멸망하는가? 이 문화는 이 세상에 관한 유용한 발견과 인식에 대한 욕구에도 불구하고 이 세상, 현재의 삶을 중시하는 게 아니라 피안을 훨씬 더 중시한다.[48]

또한 알렉산드리아적-로마적 문화는 그리스적인 것과 로마적인 것의 결합으로, 정신적인 것이 아니라 속물적인 문화를 뜻한다. 니체는 이런 문화를 23장 5절에서 설명한다. 이에 따르면 알렉산드리아적 문화는 그리스 말기 문명 상태, 르네상스 시기, 그리고 현재의 문명 상태이다.

이상을 바탕으로 알렉산드리아적 문화를 정리해 보면 다음과 같다. 알렉산드리아적 문화는 소크라테스 학문적 영향을 받아, 행동보다는 이성 중심적 사유를 하는 문화인 동시에 이익을 중시하는 물질 중심적인 속물적 문화이다. 현재 우리가 접하고 있는 대부분의 문화는 알렉산드리아적 문화이다.

4. 위에서 니체가 규정한 알렉산드리아적 문화는 우리가 알고 있는 대부분의 문화를 뜻한다. 모든 사람이 절대 평등한 문화는 이제까지 한 번도 존재한 적이 없기 때문이다. 따라서 모든 문화는 노예 또는 노예계급을 필요로 한다는 명제 역시 성립할 수 있다. 니체는 "실제로 노예제도Sklverei는 항상 있었다."[49]라고 하거나 '한 문화의 이익을 위해 노예는 필연적"[50]이라고 말했다. 니체의 이러한 주장의 근원을 거슬러 올라가면 아리스토텔레스의 『정치학』이 있다.

아리스토텔레스는 '지배하고 지배받는 것은 필연적일 뿐만 아니라 유익한 것"[51]이며, 지배받는 노예는 주인의 '삶의 필요를 공급하기 위한 신체적인 도움"[52]을 제공하는 존재라고 규정한다. 반면 노예의 주인인 자유민은 노예의 필요노동 덕분에 '정치적인 일과 철학하는 일에 참여'하는 자이며, 시민으로서 '숙고하고 판결하는 관직에 참여할 자격이 있는 자"[53]이다.

니체 역시 아리스토텔레스와 마찬가지로 노예계급은 삶을 유지하는 데 필요노동을 하는 존재로 규정한다. 니체는 또한 아리스토텔레스와 마찬가지로 삶을 유지하기 위해 필요노동을 하지 않는 계급이 존재한다고 말한다. 그 계급은 한편으로는 우리가 알고 있는 기득권 계층이며, 다른 한편으로는 예술을 창조하는 자들이다. 니체는 우리가 알고 있는 모든 문화가 존속하기 위해서는 자신의 몸과 두뇌를 사용하여 잉여를 생산하는 계급(노예계급)과 이를 향유하고 즐기는 계급이 있다고 전제한다.

한발 더 나가 보자. 니체는 왜 알렉산드리아적 문화가 지속되기 위해서 노예계급을 필요로 한다고 말하는가? 이 말을 뒤집어 보면 알렉산드리아적 문화가 아닌 다른 문화가 존속하기 위해서는 노예계급을 필요로 하지 않는다는 것을 뜻한다.

그렇다면 비알렉산드리아적 문화는 무엇인가? 니체가 알렉산드리아적 문화와 대비시키고 있는 디오니소스적 문화이다. 디오니소스적 문화는 계급 계층이 아무런 차별도 받지 않고 하나가 되는 상태, 모든 인간이 근원적 일자와 하나가 되고 모든 인간과 동물이 하나로 어우러지는 문화를 말한다. 이에 대해서 니체는 1장 5절에서 상세히 다루었다.

5. 여기서 말하는 알렉산드리아적 문화는 여러 다양한 문화 중 근대와 현대에 해당한다. '인간의 존엄성Würde des Messchen'과 '노동의 가치Würde der Arbeit'를 알렉산드리아적 문화와 연결시켜 말하기 때문이다.

종교혁명과 근대 시민혁명 이후 인간의 존엄성과 노동의 가치는 주요한 주제로 나타난다. 근대 이후 문화의 가장 큰 특징 중 하나는 모든 인간이 평등하며, 어느 누구도 신체적으로 정신적으로 긴박되지 않는 자유로운 주체라는 점이다. 또 다른 특징은 누구나 평등하기 때문에 노력만 하면(근면 성실하게 열심히 노동한다면) 성공할 수 있다는 낙관주의이다. 니체는 이런 '인간의 존엄성'과 '노동의 가치'를 전면 부정한다.

　　노동이 그토록 고귀하고 가치가 있는가? 이런 질문을 던져 보자. 노동이 그토록 고귀하고 가치가 있다면, 왜 귀족은, 지배계급은, 많이 배운 자는, 권력을 가진 자는 그 고귀한 노동을 땀 흘리며 하지 않는가? 그들은 노동의 땀을 전혀 흘리지 않는 불한당不汗黨 아닌가! 반대로 배운 것 없고, 돈 없고, 빽 없는 자는 노동을 하고 싶지 않아도 왜 피땀 흘리며 죽기 직전까지 해야 하는가! 아니, 손이 잘리고 발이 끊어지고 심지어 일하다 죽을 걸 알면서도 왜 노동을 하는가!

　　노동이 그토록 고귀한가? 내가 노동할 것인가 말 것인가, 결정할 수 있는가? 내가 어떤 방법으로 노동할 것인가를 결정할 수 있는가? 우리는 노동할 것인지 말 것인지 결정할 수 없다. 우리는 하고 싶은 일을 할 수도 없고, 우리 맘대로 일할 수도 없다. 우리는 먹고 살기 위해서 어쩔 수 없이 일해야만 하고, 위에서 시킨 일을, 심지어 기계가 돌아가는 순서대로, 기계가 명령하는 대로만 노동해야만 한다. 그런데도 노동이 고귀한가?

　　'인간의 존엄성'과 '노동의 가치'는 근대 시대의 위선에 지나지 않는다. 니체의 판단이다. 그런데도 왜 세상의 모든 종교, 윤리, 도덕 등은 인간이 존엄하고 노동이 고귀하다고 강조하는가? 인간은 존엄하지 않기 때문에 존엄하다고 위장해야만 살아가기 때문이다. 노동은 고귀하지 않기 때문에 가치 있다고 위장해야만 땀 흘리면서 일하기 때문이다.

누가 '노동의 가치'를 역설하는가! 다양한 학문과 대다수의 종교는 노동의 가치를 말한다. 심지어 근면한 노동이 죽어서 구원받을 수 있는 유일 징표라고 떠들어 대는 종교도 있다.

인간으로 태어나는 것이 그토록 존엄한 일인가! 인간이 동물보다 더 존엄하다고 말할 근거가 있는가! 니체는 3장 2절에서 인간의 존엄성을 부정하는 주장을 이미 실레노스의 지혜를 통해 적나라하게 말했다. 태어나지 않는 것이 가장 최상의 미덕이며, 태어났다면 빨리 죽는 것이 차선의 미덕이라는 실레노스의 가르침을 보라.

> 인간이란 대단히 굴욕적이며 형편없는 아무것도 아닌 존재라는 것, 그림자의 꿈에 불과하다. 인간이란 존재 그 자체는 아무런 가치가 없다.[54]

절대다수의 인간은 존재하기 위해서, 살아가기 위해서 노동해야만 한다. 필요가 인간을 지배한다. 인간은 필요로부터 한 치도 자유로울 수 없다. 존엄하지 않는 인간이 그 존엄하지 않음을 위해 노동하지 않으면 살 수 없다. 그럼에도 삶을 유지하기 위한, 죽지 못해 어쩔 수 없이 땀 흘리는 필요노동이 고귀하다고 말할 것인가? 수치스러운 노동을 통해 삶을 유지할 수밖에 없는 인간이 존엄하다고 말할 것인가?

니체는 고대 그리스인들이 노동을 극도의 수치로 간주했다고 분명히 말한다. 아리스토텔레스 역시 노예나 수치스러운 노동을 하지, 정치와 철학을 하는 시민은 노동을 하지 말아야 한다고 분명히 못 박았다.

마지막으로 질문을 던져 보자. 인간이 그렇게 존엄한 존재라면, 인간은 왜 그렇게 노동을 하면서 인간의 존엄성을 상실해야 하는가?[55] 하루하루 먹고 살기 위해서, 짐승만도 못한 삶을 유지하기 위해서 오늘 하루도 오랜 시간을 출퇴근하고 장시간 노동에 극심하게 시달리는 것이 인간의 존엄성인가?

반대로 질문을 던져 보자. 고귀한 노동은 존재하는가? 존재한다. 앞에서 밝힌 것처럼 내 스스로 노동을 할 것인가 말 것인가를 자신의 주체적 의지로 결정할 수 있는 노동이 고귀한 노동의 첫 번째 조건이다. 내가 하고 싶은 방법대로, 기계의 흐름이나 다른 인간의 명령이 아닌 나만의 생각과 방식대로 일하는 것이 고귀한 노동의 두 번째 조건이다. 노동을 고귀하게 만드는 것은 우리 손에 달려 있다.

6. '인간의 존엄성'과 '노동의 가치'는 근대 이후 사회를 유지하기 위한 명목상의 구호이다. '인간의 존엄성'은 '모든 인간은 신 앞에서 평등하다, 따라서 모든 인간은 존엄하다.'를 뜻한다. 신은 인간에게 형식상의 평등을 부여했다.

'노동의 가치'는 모든 인간이 평등하므로 과거처럼 폭력에 의거한 강제 노동을 시킬 수 없는 상태에서 만들어 낸 하나의 구호이자 슬로건이다. '노동의 가치'는 살아남기 위해 어쩔 수 없이 행하는 노동에 위선과 가식의 꽃다발을 안긴 것이다. '노동의 가치'는 잉여 생산물을 자발적으로 창출하지 않으면 스스로 자책하도록 내부적으로 처벌하는 양심 장치이다.

'인간의 존엄성'과 '노동의 가치'는 근대 이후 사회를 움직이는 정치적인 수레바퀴와 경제적인 물레방아이다. 개개인은 명목상으로는 '존엄한' 존재로 살아가기 위해, 실질적으로는 죽지 않고 살아가기 위해 '고귀한' 노동을 소중한 가치로 여겼다.

'인간의 존엄성'과 '노동의 가치'는 허위의식과 위선이다. 허위의식과 위선이 인간을 지배했고, 그 가치는 무궁무진한 듯 보였다. 그런데 문제가 생긴다. 근대인은 하루도 쉬지 않고 교육, 교양, 종교, 문화를 통해 '인간의 존엄성'과 '노동의 가치'를 계속 주입받았다. 인간은 '어쩌다', '진짜' 평등하다고 생각했고, '얼떨결에', '생각지도 않고서' 노동이 '절대적으로' 고귀하다고 여겼다.

천부인권설과 노동가치설이 마침내 인간의 의식을 실질적으로 지배한다. 마침내 인간은 보무당당하게 스스로 주인임을 선언하고 나선다. 명목상의 '위선적' 가치가 사실적인 '실질적' 가치로 전환되었다. 근대의 노예계급인 노동계급이 인간 평등과 노동 가치를 주장하면서 혁명에 나선다.

알렉산드리아적 문화의 허위의식인 '인간의 존엄성'과 '노동의 가치'가 실제로 발현되어 실천적으로 드러나기 시작하면, 그 문화는 밑에서부터 무너진다고 니체는 주장한다.

7. "자신의 존재를 부당한 것으로 고찰하도록 배웠으며"는 노예계급이 인간의 존엄성과 노동의 가치를 알게 되었다는 것을 뜻한다. "자신의 계급뿐만이 아니라 모든 세대를 위해서"는 모든 인간이 존엄하고, 노동이 고귀하므로, 노예계급의 해방운동은 자신뿐만이 아니라 차후 세대를 위한 운동이 된다. "이제 막 복수를 하려는 야만적인 노예계급보다 무서운 것은 없다."는 노예계급의 해방운동이 가장 무서운 운동임을 뜻한다.

글의 표면 내용 그대로 해석한다면, 이 정도의 뜻이 된다. 하지만 대다수는 니체의 이러한 주장을 사회주의운동이나 노동계급의 해방운동을 부정한다고 비논리적인 도약을 감행하고, 니체에게 반사회주의, 반노동주의자라는 딱지를 붙인다. 과연 그렇게 봐야 하는가를 맥락 중심으로 살펴보자.

니체가 말한 이론적 측면에서 살펴보자. 모든 문화는 노예계급, 노예제도가 존재해야만 하고, '한 문화의 이익을 위해 노예는 필연'[56]이라고 말한다. 니체는 이는 잔인하지만 진리[57]라고 말한다. 노예제도는 '문화의 본질'이라는 것, 달리 말하면 잉여가치를 생산하는 노예계급이 존재하지 않는다면 문화는 사멸할 운명에 처한다는 것이 니체의 주장이다. 세상의 모든 노예계급이 인간의 존엄성과 노동의 가치에 의해 잉여생산물을 생산하는 노동을 거부한다면, 우리가 알고 있는 문화는 소멸할 운명을 맞는다. 니체 주장의 핵심이다.

니체는 학문적 인간이 교양을 통해 모든 노예계급을 세뇌시켰지만, 마침내 폭발한 노예계급의 혁명을 두려워하지 않는다. 니체가 바란 문화의 상태는 모든 인간이 평등한 디오니소스적 상태이다. 노예계급의 복수에 의해 기존의 학문적이고 교양의 탑 위에 세워진 알렉산드리아적 문화가 전복된다면, 디오니소스적 문화가 더 빨리 태동할 수 있다. 알렉산드리아적 문화의 죽음은 한 단계 높은 디오니소스적 문화의 밑거름일 뿐이다.

노예계급의 복수는 니체의 입장에서는 환영할 만한 사건이다. 인간의 존엄성과 노동의 가치가 위선적 가치가 아닌 실질적 가치를 지니는 사회를 생각해 보자. 니체가 말한 디오니소스적 예술이 지배하는 사회이다. 만민이 평등하고, 더 나아가 인간과 모든 생명체가 합일되는 사회를 생각해 보자. 그렇다면 위선은 사라지고 실질만 남는다.

누가 야만적인 노예계급의 복수를 무서워하고 두려워하는가? 노예계급과 적대적인 지배계급이 무서워하는가? 아니다. 니체가 두려워했던 건 인간의 저열화 경향이다. 니체는 사회주의적인 단체가 '장차 다가올 노예제도를 형성'하며, 결과적으로 근대 이후 지속화된 인간의 평준화와 평균화된 상태, 즉 노예 상태의 가속화를 촉진시킨다고 보았다.

니체는 계급 혁명을 두려워하지 않았다. 니체는 이론적 인간의 가르침에 의한, 나아가 여러 여론 매체의 교양에 의한 인간의 평준화, 평균화, 마침내 왜소화되는 것을 비판한다. 왜소화한 인간이 바로 노예계급이다. 이들은 자신이 노예계급인 줄조차 모르고 '이익과 향락'을 위해 모든 능력과 정열을 소비하는 자가 현대의 노예들이다. 니체의 입장에서 사회주의는 인간을 노예화하는 가장 체계적인 장치이며, 궁극적으로 알렉산드리아적 문화의 가장 극단적인 타락 형태일 뿐이다. 알렉산드리아적 문화가 해체되고 디오니소스적인 헬레니즘적인 문화가 온다면, 모든 인간이 평등해진 상태가 온다면 니체는 더 환영할 것이다.

'야만적인 노예계급의 복수보다 무서운 것은 없다.' 이를 바꾸어 말하면, '누가' 노예계급의 복수를 무서워하는가이다. '누가'가 핵심적인 질문이다. 노예계급이 소비하고 남은 잉여의 산물을 필요로 하는 자가 있다. 바로 예술 창조자이다.

예술 창조자는 노예계급이 만들어 낸 잉여 생산물을 바탕으로 새로운 예술을 창조한다. 니체는 '생존만을 위해', '생존을 위해 투쟁하는 인간은 예술가일 수 없다'고 말한다. 반대로 니체는 힘겨운 고통을 겪는 자들이 존재하는 것은 극소수 예술세계의 창조자를 위한[58] 것이라고 단언한다.

노예계급의 복수가 두려운 이유는 여기에 있다. 노예계급이 노예임을 모르고 스스로 주인임을 선언하는 경우, 우리 사회에 더 이상 그리스 비극과 같은 예술이 생산되지 못한다. 니체는 이것이야말로 노예계급의 복수가 가져올 가장 두려운 결과라고 말한다. 예술가가 예술을 창조하지 않는다면, 그 사회와 국가는 디오니소스적 사회나 국가가 될 수 없다. 모든 인간이 함께 어우러질 디오니소스적 축제의 상태는 오지 않는다.

노예는 예술 창조자를 위해 잉여물을 생산하는 자라는 이분법적 도식은 우리를 불편하게 한다. 아니 못마땅하다. 노예와 예술 창조자의 이분법은 극소수의 천재와 절대다수 노예 또는 노예인 줄도 모르고 살아가는 시민, 극소수의 초인 자라투스트라와 절대다수의 난쟁이 시민들이라는 이분법의 연장선일 뿐이다. 우리는 절대다수가 자라투스트라가 되는 사회, 다시 말하면 노예계급의 평준화, 평균화, 저열화를 극복하는 사회가 되어야 한다. 니체가 바라는 건 평준화 현상의 극복이지, 이분법이 아니다. 모두 자라투스트라 같은 인간이 되어야 한다. 모두 디오니소스적 축제 상태를 즐기고 향유하는 자가 되어야 한다. 모두 자라투스트라 같은 시민이 되어야 한다. 니체의 바람이다.

결론적으로 말하면 니체의 노예계급 혁명에 대한 공포는 사회주의가 아니라 반예술 상태에서 비롯한 것이다. 오히려 모든 인간이 저열화, 하향 평준화에서 해방되어 거인과 같은 인간이 되고, 모두 디오니소스적인 축제의 평등 상태가 된다는 것은 니체의 입장에서 환영할 만한 일이다.

8. 노예계급이 복수한다고 으르고 있다면, '창백하고 피로에 지친 종교'에 도와 달라고 요청할 것인가? '창백하고 피로에 지친 종교'는 우리가 알고 있는 기성 종교, 기독교이다. 이 기독교에 호소해 노예계급의 복수를 막아 달라고 할 것인가? 논리적으로 불가능하다. 노예계급에게 복수를 하라고 이론적으로 학문적으로 가르친 종교가 바로 기독교이기 때문이다. 인간의 존엄성과 노동의 가치란 병을 준 자에게 이 병을 고칠 약을 달라고 하는 것은 이치에 맞지 않다. 이에 대해서 니체는 11장 4절에서 초기 기독교를 '창백하면서도 붉은 빛blaßrote을 띠는 명랑성'으로 설명했다.

9. Gelehrtenreligion을 흔히 '학자적 종교', '이론적 종교'로 번역하곤 한다. 오역이다. 학자적 종교는 학자가 많은 종교, 학자처럼 연구해야만 이해할 수 있는 종교를 말하는 것인가? 이론적 종교는 이론이 풍부한 종교, 이론을 이해해야만 알 수 있는 종교를 뜻하는 것인가? 원시 종교나 신흥 종교가 아니라 나름 체계를 갖춘 기성 종교 중에 학자가 없으며, 종교 교리를 풍부하게 이론화시키지 않은 종교가 있는가! 체계적인 교리를 갖춘 종교라면 학자와 이론이 없겠는가! '학자적 종교', '이론적 종교'는 말도 안 되는 궤변일 뿐이다.

니체는 사실 이 말을 거의 사용하지 않는다. 니체는 이 말을 용어화해서 사용하지 않는다. 이 용어는 기존의 종교가 인간의 존엄성과 노동의 가치 등을 가르쳤음을 지적하기 위한 것일 뿐이다. 이 용어는 2절의 '행동의 생산성'과 대비되는 말이기도 하다. Gelehrtenreligion은 직접 활동하고 행동하는 '행동의 생산성'과 대비되는 '가르치는 종교'라는 평이한 말로 바꾸는 게 좋다.

10. '모든 종교의 필연적 전제인 신화'는 '가르치는 종교'와 대비된다. '신화'는 행동의 생산성의 다른 말이며, 니체식으로 말하면 디오니소스적 종교, 디오니소스 축제에 참여하며 종교적 행동을 취하는 것을 말한다. 또한 '신화'의 구체적 형태는 수동적 영웅인 오이디푸스처럼 우연에 의해 주어진 모든 고통을 담담히 받아들이며, 능동적 영웅인 프로메테우스처럼 절대자에 도전하여 얻는 고통을 스스로 이겨 냄을 뜻한다.

두 영웅의 공통점은 '가르치는' 종교의 내용을 받아들이는 것이 아니라 몸으로 행동하고 이겨 내는 것을 뜻한다. 신화가 불구가 되었다는 것은 '행동하는 종교의 소멸'을 뜻하며, 이 자리를 사후 행복의 낙관주의가 지배한다.

다시 보기

인간의 존엄성과 노동의 가치가 왜 문제인가? 현대 정치사상에서 인간의 존엄성, 모든 인간의 평등이 전제되지 않는다면, 현대 정치사상은 무너진다. 홉스, 로크, 루소 등의 근대 사상은 인간의 존엄성에 근거하고, 영국의 명예혁명, 미국의 독립 전쟁, 프랑스의 대혁명은 모두 인간의 존엄성에 발판을 두고 있다. 인간의 존엄성은 현재 우리가 살고 있는 정치체제의 근간이다.

현대 경제사상에서 노동의 가치, 노동가치론이 무너진다면, 현대 경제사상은 무너진다. 로크가 자유권, 생명권, 재산권 중에서 유일하게 논증 비스무리하게 한 것은 노동에 근거한 재산권뿐이었다. 부르주아 경제학이 성장한 것도 노동가치론이며, 혁명적인 전복의 경제학인 마르크스의 경제학도 노동가치론에 근거한다.

니체는 알렉산드리아적 문화의 단계에서 노예계급이 필요하다고 말한다. '노예'는 인간의 존엄성도 부정하고, 노동의 가치도 부정하는 것이다. 현대 사회에서 노예는 절대다수인 우리들이다. 우리가 곧 노예계급인 것이다. '인간의 존엄성'과 '노동의 가치'가 부정당하면, 노예인 우리는 인간으로서 존엄성도 인정받지 못하고, 노동에 의한 대가로 만들어지는 노동가치도 부정당한다.

자, 존엄성도 부정당하고 노동의 가치도 부정당한 우리는 어디에 서 있을 것인가? 니체가 말한 인간의 존엄성 부정과 노동의 가치 부정은 우리에게 무엇을 묻는 것인가? 인간은 정녕 존엄하지 않는가? 노동은 전혀 가치 없는 것인가?

우리의 위선이란 측면에서 바라보자. 매일 아침 일어나 가기 싫어도 노동하러 가고, 또 내가 원하는 방식으로 일할 수 없는 나는 존엄한 인간인가? 평생 일하고 돈을 모아도 집 하나 장만할 수 없고 근근이 먹고 살 수밖에 없는 나의 노동은 가치가 있는 것인가? 나는 나의 정치적 의견과 일치하는 정당을 통해 인간으로서 권리를 보호받고 있는가? 하루 종일 톱니바퀴 돌아가듯 기계적으로 반복하는 노동을 하는데도 나의 자아나 가치가 실현되는 노동을 한다고 생각하는가?

다른 예를 들지 않더라도 현재 우리는 존엄하지도 않고 가치도 인정받지 못하고 있는 것은 사실이다. 그럼에도 우리는 존엄하다는 가정과 노동의 가치를 인정받고 있다는 전제 하에 살아가고 있다.

매일 우리가 직장에서 날리는 웃음은 가식이고, 크고 작은 권력 앞에 굽신거리면서도 존엄한 존재라고 뻐기는 것은 위선이다. 그럼에도 우리는 가식과 위선이라고 생각하지 않고 진심이라고 생각한다.

어느 날 갑자기, 가식에 환멸을 느끼고, 위선이 위선임을 깨달았다고 가정해 보자. 어떤 일이 발생할 것인가? 모두 위선의 가식적인 웃음을 싹 지우고 혁명적인 투쟁과 전투에 나선다고 가정해 보자. 그 순간 니체가 말한 노예의 노동을 전제로 구성된 현재의 알렉산드리아적 문화는 박살난다.

니체가 말한 알렉산드리아적 문화에서 인간의 존엄성과 노동의 가치는 현재의 문화를 지키기 위한 위선적 가치일 뿐이라는 점이 명백하게 드러난다. 우리의 가식과 위선은 알렉산드리아적 위선의 문화를 유지시키는 것이다. 알렉산드리아적 문화는 교양을 통해 우리에게 가식과 위선을 주입했으며, 그 교양의 내용이 올바르다고 확신하도록 가르쳤다. 다만 우리가 가식과 위선이 가식과 위선임을 깨닫지 못하고 있다는 것, 이것이 문제이다.

인간이 진짜 존엄한 존재라는 것은 우리가 교양의 허울을 깨뜨리고 확인해야 한다. 인간의 노동이 진정한 가치가 있다는 것은 우리가 현실에서 실현해야 할 근본적 가치이다. 니체는 이것이 우리의 과제임을 다시 제시한다. 이 과제가 어떻게 국가와 사회에서 실현될 것인지에 대해서는 전체 다시 보기에서 다루도록 한다.

4. 학문을 대신할 수 있는 지혜

이론적 문화의 태내에서 잠자던 불행이 점차 근대인을 불안하게 만들기 시작했던 동안, 불안에 떨던 근대인이 자신의 풍부한 경험을 바탕으로 위험을 회피할 수 있게 해 주는 수단을 믿지 않으면서도 이러한 회피 수단을 찾는 동안,[2] 근대인이 또한 자신에게 정해진 결과를 예감하기 시작했던 동안,[3] 믿을 수 없을 정도로 사려 깊은 거인 같은 인물들은 인식의 한계와 제약을 총괄적으로 제시하기 위해서,[4] 보편타당성과 보편적 목적에 대한 학문 Wissenschaft의 요구를 결정적으로 거부하기 위해서 학문 자체의 예비 지식을 이용할 줄 알았다.[5] 그들은 어떤 증명의 결과를 바탕으로 감히 사물의 가장 내적 본질의 깊이를 잴 수 있다는 인과성 Kasualität을 망상적 표상으로 인식했다.[6]

칸트와 쇼펜하우어의 용기와 지혜가 엄청난 승리를 만들어 냈다.[7] 그 승리란 우리 문화의 하위 토대인 논리의 본질에 은폐된 낙관주의[8]에 대한 승리였다. 낙관주의는 자신의 입장에서 좌고우면의 여지가 없는 **영원한 진리**aeternae veritates 위에 세워졌으며, 이를 바탕으로 세계의 모든 수수께끼를 이해하고 파헤칠 수 있다고 믿었으며, 공간, 시간, 인과율을 가장 보편적인 타당성을 지닌 완전히 무조건적인 법칙으로 취급했다.[9] 칸트는 낙관주의가 마야의 작품인 단순한 현상을 유일한 최고의 현상으로 격상하고, 이 현상을 사물의 가장 내적이며 진정한 본질의 자리에 위치시키며, 그 결과 이 현상에 관한 실제 인식을 불가능하게 만든다고,[10] 즉 쇼펜하우어의 설명에 따르면 꿈꾸는 자를 더 깊이 꿈꾸게 만드는 데(『의지와 표상으로서의 세계 I』, 498쪽) 어떻게 기여하는가를 밝혔다.[11]

이러한 인식을 함으로써 나는 감히 비극적이라고 지칭할 수 있는 하나의 문화를 도입했다. 이 문화의 중요한 특징은 지혜Weisheit

가 최고의 목적으로서 학문의 자리에 들어서는 것이다. 이 지혜는 학문의 유혹적인 유도에 속지 않고서 세계의 전체 상에 눈을 고정시키며, 여기에서 영원한 고통을 공감하는 사랑의 감정을 지니고서 고유한 고통으로 파악하는 것이다.[12]

[13] 이처럼 눈을 부릅뜨고 괴물에게 이처럼 영웅적으로 돌진하고 있는, 자라나는 세대를 생각해 보자. 이러한 용 살해자의 저돌적인 걸음걸이, 의기양양한 대담함을 생각해 보자. 그들은 모두 완전히 '당당하게 살기 위해서' 낙관주의의 병약한 주장에 등을 돌린다. 이러한 문화의 비극적 인간은 심각함과 경악스러움을 스스로 학습하면서 새로운 예술, 형이상학적 위로의 예술, 즉 비극을 자신이 속한 헬레나로 갈망하고서, 파우스트처럼 다음과 같이 소리치는 것은 필연적이지 않은가?

그리고 나는 이처럼 강력하게 갈망하는데
유일한 형상을 살려 내서는 안 되는가?

1. 이론적 문화 속에서 태어나고 살아가고 그 안에서 죽어 가는 근대인도 이론적 문화의 한계를 직시한다. 그 한계란 이론적 지식이나 인식론만으로는 칸트식의 물자체, 플라톤식의 이데아, 철학적으로 형이상학적 존재, 종교적으로 신을 인식할 수 없다는 것이다.

이 단락은 전체적으로 이론적 인간의 태두인 소크라테스의 말년과 비교하면 이해하기 쉽다. 소크라테스는 그토록 앎을 중시했지만 말년에 철학과 이론으로 모든 걸 알 수 있는가 의심했다. 그 때문에 그는 말년에 음악에 귀의한다. 마찬가지로 근대인도 소크라테스처럼 이론적 문화의 한계를 인식하고 새로운 돌파구를 찾는다.

2. 근대인은 기존의 이론적 지식과 인식론을 통해 형이상학적 실체를 찾는 게 불가능함을 알지만, 또 다른 마땅한 방법을 알지 못한다. 그럼에도 근대인은 기존의 방법과 또 다른 방법으로 형이상학적 실체를 찾으려고 무척 노력한다.

소크라테스와 근대인을 비유하여 알아보자. 소크라테스는 일생에 걸쳐 이상적인 앎을 찾으려고 했지만 혹시나 '양심에 께름칙한 것'[59]이 있을 수 있다고 고백한다. 소크라테스는 여신이 자꾸 시를 지으라고 꿈에서 명령했고, 이를 따르면서 "양심에 께름칙한 것이 없게 하기 전에 이 세상을 떠나지 않는 게 더 안심이 될 테니까."[60]라고 말함으로써 철학의 한계를 인정한다. 그리고 그는 음악을 통해 진리에 도달할 것이라고 일말의 희망을 가졌다.

3. 근대인은 결론적으로 이론적 지식이나 인식론을 통해 형이상학적 실체를 찾을 수 없다는 사실을 직감한다. 소크라테스와 비교해 보자. 그는 죽기 전 시를 짓고 음악을 작곡하면서 철학으로는 형이상학적 실체를 찾을 수 없다고 인정한다. 그는 '철학은 가장 위대한 시가'라는 교묘한 위장 언어를 사용한다. 그는 철학과 시의 화해를 시도하면서, 형이상학적인 방법의 실패를 인정한다.

4. 기존의 인식론으로는 물자체나 형이상학적 실체인 이데아를 인식할 수 없다는 것을 지적한 문장이다. 다른 말로 하면 니체의 이 주장은 기존의 모든 철학과 신학을 완전히 부정하는 논리이다. 다음의 그림을 보자.

플라톤의 용어로 설명해 보자. 이데아의 세계가 있고, 그 이데아가 현실세계에서 다양한 물物을 만들어 낸다. 이데아라는 초월적 존

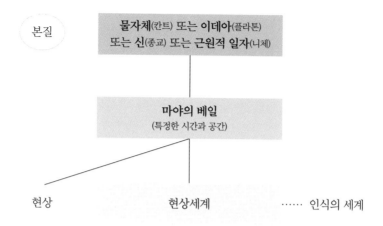

본질

물자체(칸트) 또는 이데아(플라톤)
또는 신(종교) 또는 근원적 일자(니체)

마야의 베일
(특정한 시간과 공간)

현상   현상세계   …… 인식의 세계

재의 '의자'가 있고, 우리 현실에 수백 수천 수만의 다양한 종류의 의자가 있다. 그 중간에 마야의 베일이 있어, 특정한 시간과 공간 속에서 다양한 물物, 의자가 현상한다.

우리가 알고 있는 인식이란 무엇인가? 니체는 수백 수천 수만의 물 또는 의자를 보고서 초월적 존재인 이데아로서 물 또는 '의자'를 깨닫는 것이다. 이것이 가능한가? 수많은 종류의 물 또는 의자를 추상하고 또 추상한다고 해서 물 또는 '의자'라는 이데아적 존재를 인식할 수 없다는 게 니체의 주장이다.

더 나아가 우리의 인식을 방해하는 것이 있다. 바로 언어, 용어이다. 의자를 표현하는 수많은 언어, 용어들이 있다. 모양으로 분류한 의자, 기능으로 분류한 의자, 색으로 분류한 의자 등 의자와 관련된 언어와 용어가 너무나 많다. 한국어, 독일어, 영어, 라틴어, 프랑스어, 중국어 등 언어권과 국가와 민족에 따라 의자와 관련된 언어와 용어 역시 아주 많다. 시대와 공간에 따른 의자와 관련된 언어와 용어도 무시할 수 없다. 문제는 여기에서 비롯한다.

인식이란 기본적으로 이 언어와 용어를 바탕으로 사유하여 객관적으로 존재한다고 가정되는 이데아에 도달하고자 하는 방법이다. 이것의 기원은 플라톤이다. 17장 2절 해설에서 보았듯이 플라톤은 『크라튈로스』에서 이름과 실체가 처음부터 연결되어 있다고 주장한다.

니체는 이름과 실체의 연관성 자체를 부정한다. 인식에 의해서 초월적 실체인 이데아에 도달하는 것은 애초부터 불가능하다고 니체는 주장한다. 니체는 출발점부터 인식에 의한 형이상학적 실체에 도달하는 것이 불가능하다고 본다.

성경에 나오는 바벨탑은 일종의 인식론을 부정하는 신화이다. 바벨탑 건설은 인간이 하나의 언어를 사용하고, 인식에 의해서 신에 도달할 수 있음을 보여 준다. 하지만 신은 자신의 지위에 도전하는 바벨탑을 허물어 버리고, 인간의 언어를 아주 다양하게 만들어 버린다. 그 결과 인간은 원하지 않았지만 다양한 언어를 사용하게 되었다. 인간은 그 다양한 언어 때문에 형이상학적, 초월적 존재인 신에게 다가갈 수 없다. 다른 말로 하면 인간은 이제 신을 인식할 수 없게 되었다.

그렇다면 형이상학적 실체, 니체의 표현대로 근원적 일자를 어떻게 인식할 것인가? 인식한다는 말 자체가 어불성설이다. 인간은 어떤 인식론과 과학을 사용해도, 어떤 수단과 방법을 사용해도 형이상학적 실체를 알 수도 없고 이해할 수도 없다.

단, 인간은 형이상학적 실체를 느낄 수는 있다. 니체는 〈자기비판 서문〉에서 인식이 주요 방법인 '학자용 모자'를 집어던졌다고 고백하고, 〈서문〉에서 자신을 "예술을 인간적 의미에서 이러한 삶의 가장 고상한 과제로, 고유한 형이상학적 활동"을 하는 자라고 선언한다. 예술만이 바로 형이상학적 실체를 느낄 유일한 방법이라고 니체는 선언한다.

5. 대부분의 번역이 이해를 돕기 위해서 이 문장을 잘라서 번역하지만, 의도와 반대로 이해를 가로막는다. 길기는 하지만 한 문장으로 번역해야만 이해에 도움이 된다. 비유적으로 본다면, 거친 파도로 인해 바다에서 커다란 바위에 좌초한 여객선을 상상하는 것이 좋다. 니체의 글을 좌초한 여객선에 비유하여 순서에 따라 설명하면 아래와 같다.

우선, 배가 커다란 바위에 부딪쳐 좌초하면 배에 탄 여행객들은 불안을 느끼기 시작한다.(이론적 문화의 태내에서 잠자던 불행이 점차 근대인을 불안하게 만들기 시작했던 동안.)

둘, 선원과 선장들, 배와 관련된 지식이나 경험이 있는 자들(기존의 모든 이론가와 학자들)이 알고 있는 지식과 경험을 총동원하여 문제를 어떻게든 해결하려고 노력한다.(불안에 떨던 근대인이 자신의 풍부한 경험을 바탕으로 위험을 회피할 수 있게 해 주는 수단을 믿지 않음에도 불구하고 이러한 회피 수단을 찾는 동안.)

셋, 그들은 워낙 배가 많이 망가져 돌이킬 방법이 없다는 것을 깨달으며, 곧 배가 잠길 것이라고 예감하자마자, 좌절하거나 믿지도 않았던 신에게 기도하고 지은 죄를 고백하고 살려 달라고 간구한다.(근대인이 또한 자신에게 정해진 결과를 예감하기 시작했던 동안.)

넷, 반면 살려는 엄청난 의지를 가지고 운명을 시험할 용기를 가진 자들(믿을 수 없을 정도로 사려 깊은 거인 같은 인물들)과 이를 따르는 자들은 구명보트나 작은 배를 띄우고 거친 바다와 싸우며 운명을 개척해 나간다.(인식의 한계와 제약을 총괄적으로 제시하기 위해서, 보편타당성과 보편적 목적에 대한 학문의 요구를 결정적으로 거부하기 위해서 학문 자체의 예비지식을 이용할 줄 알았다.)

작은 재난이나 큰 재앙이 닥쳤을 때 어떻게 행동하는가? 위에서 설명한 것과 크게 다를 바 없을 것이다. 니체는 위험에 직면한 인간 행동의 일반적 유형화를 통해 근대인이 인식론의 한계를 느꼈을 때 어떻게 대처하는가를 비유하여 설명한다.

6. 15장 3절에서 '아리아드네의 실과 같은 인과성das Denken· an dem Leitfaden der Kausalität'을 주장하는 소크라테스를 니체는 망상에 가득 찬 자라고 비판했다. 니체는 이성적, 학문적, 과학적 사유의 근간인 인과성이 왜 문제가 되는지 직접 설명하지 않았다. 여기에서 살펴보도록 하자.

형이상학에 따르면 우리가 접하는 현실세계는 이데아가 특정한 시간과 공간 속에서 형상으로 드러난 세계이다. 이 세계는 이데아나 물자체인 본질의 세계가 아니라 다만 가상의 세계일 뿐이다. 학문과 과학의 방법인 사유는 이 가상 세계에서 접할 수 있는 형상에서 추상해 낸 언어들을 바탕으로 진행된다. 그 주요 방법은 원인에서 결과를 찾거나(연역법) 결과에서 원인을 찾는(귀납법) 인과성이다.

인과성은 과연 올바른 방법인가? 니체는 인과성을 무척 회의적으로 바라보았다. 그는 어떤 사건이 발생한 뒤 그 다음에 나타나는 결과가 필연성인지를 의심한다. 그는 우연히 발생한 현상들 간의 관계에 필연성을 부여하는 인과성이 문제라고 지적한다.

더 나아가 니체는 『우상의 황혼』에서 "네 가지 중대한 오류들"을 주장하면서 인과성을 신랄하게 비판한다. 그는 '원인과 결과를 혼동하는 오류', '잘못된 인과관계의 오류', '가상적 원인들이라는 오류' 등을 열거하면서 인과성에 의거한 방법을 비판한다. 그는 심지어 '자유의지'도 오류라고 주장한다.

그럼에도 소크라테스에서 발흥한 학문적 낙관주의는 이 형상의 세계를 파헤침으로써 사물의 본질에 이르게 할 수 있다고 주장하고, 나아가 사물의 본질 자체를 바꿀 수 있다고 강변한다. 이 인과성에 대한 질문은 니체가 시작한 것이 아니다. 니체는 인과성에 기인한 학문적 방법론의 오류는 이미 칸트가 시작했고, 쇼펜하우어가 뒷정리를 했다고 겸손하게 말한다.

7. 칸트와 쇼펜하우어가 낙관주의에 승리를 거두었다는 말은 이성적, 과학적 세계관을 극복했다는 뜻이다. 니체는 이를 다음 말로 표현했다.

> 내가 칸트와 쇼펜하우어에게 열광했던 것은 인식의 자기파괴와 인식의 최종적인 한계들에 대한 통찰이었다.'[61]

8. 주로 니체는 14장 4절에서 다룬 윤리적 낙관주의와 15장 6절에서 다룬 이론적 낙관주의를 다루었다. 여기에서는 주로 15장 6절의 이론적 낙관주의를 중심으로 논의가 진행된다.

9. 니체의 이론적 낙관주의 비판은 다음의 세 단계로 요약된다.

첫째 단계, 니체가 소크라테스적인 세계관, 이론적 낙관주의를 비판하는 가장 중요한 근거는 '영원한 진리aeternae veritates'이다.

논리적으로 볼 때 영원한 진리 자체에 문제가 있다면 이론적 낙관주의 자체가 무너진다. 낙관주의는 영원한 진리 위에 근거한다.

니체는 이론적 낙관주의를 파괴하기 위해서 '영원한 진리'라는 개념을 토대에서부터 허물어 버린다. '영원한 진리'란 무엇인가? 니체는 이를 '사물의 이름과 개념'이라고 밝힌다.

> 인간은 오랜 동안 사물의 이름과 개념을 **영원한 진리**aeternae veritates로 믿어 왔던 동안, 다른 동물보다 우월하다고 자부했다. 실제로 인간은 언어로 세계를 인식할 수 있다고 믿었다.[62]

앞에서 살펴보았듯이 플라톤은 이름과 개념이 본성을 보여 준다고 애써 논의했지만, 그 노력은 실패했다. 사물의 본질과 사물의 이름은 별개의 존재이다. 사물의 이름이 사물의 본질을 다 보여 주지 못한다. 언어는 우연의 산물이 훨씬 더 많다. '사과'는 왜 사과라고 이름 붙였는지 알기 쉽지 않을 뿐만 아니라 사과의 본질 그 자체를 보여 주지 못한다.

사물은 사물에 붙은 이름으로는 표현할 수 없을 만큼의 다양성을 지니고 있다. 다양한 사물에서 추상한 언어에 바탕을 두고 추론하는 것은 사물의 본질이나 형이상학적인 세계에 도달할 수 없다. 사물의 이름과 개념을 영원한 진리라고 가정하는 것 자체가 잘못되었으므로, 이 영원한 진리에 바탕을 둔 낙관주의는 허물어질 수밖에 없다.

둘째 단계, 이론적 낙관주의자의 믿음이다. 사물의 이름과 개념이 영원한 진리라는 가정 자체가 성립될 수 없을 때 유일한 탈출구는 믿음이다. 소크라테스류의 이론적 낙관주의는 언어를 바탕으로 추론하여 형이상학적 존재나 근원적 일자에 도달할 수 있다고 믿는다.

믿음은 자신이 믿는다는 사실 이외에 또 다른 어떤 근거도 없다. 믿음은 신념일 뿐 이론적 근거가 될 수 없다. 이는 마치 신의 존재를 '신을 믿는다'에서 추론하는 것과 같다. 신을 믿는다는 사실이 신의 존재를 증명해 주지는 않는다. 믿음은 사유의 허약함과 나약함의 증거이다.

셋째 단계, 이론적 낙관주의자의 방법론이다. 이론적 낙관주의는 형이상학적 실체가 현실에서 드러나는 시간과 공간 그리고 여기에서 진행되는 우연적 사건을 파악하는 인과성을 불변의 법칙으로 받아들일 뿐이다. 인과성은 우연에 지나지 않음을 앞에서 설명했다.

10. 칸트의 철학적 방법론을 말한다. 칸트는 근대 이성주의에 의해 위협받고 있던 종교와 도덕의 세계를 살려 내고 싶었다. 그는 '본질세계, 형이상학적 세계, 물자체의 세계를 연구하는 철학'과 '종교와 현상세계를 다루는 이론과 과학'을 구분했다. 그 결과, 이론과 과학은 현상세계와 경험세계를 연구할 명분을 얻는 대신, 철학은 형이상학적인 본질세계를 연구하는 것으로 나간다. 이 말을 뒤집어 말하면, 현상세계를 다루는 과학은 현상세계를 철저히 파헤칠 수 있지만, 본질세계를 다루거나 연구해서는 안 된다는 결과를 가져온다.

니체는 이 점에 주목한다. 낙관주의는 과학과 동맹을 맺고 현상을 철저하게 탐구할 수 있지만, 진정한 본질을 인식할 수 없게 된다. 진정한 본질의 세계는 철학의 연구 대상이기 때문이다. 결과적으로 이론적 낙관주의는 태생적 한계 때문에 현상세계를 연구하지만 현상을 근원적으로 인식할 수 없는 한계를 드러낸다. 니체는 칸트가 철학적 사유를 통해 이성적 사유의 한계를 드러내는 동시에 형이상학적 세계가 존재할 수 있음을 증명했다고 생각한다.

11. 니체가 말한 쇼펜하우어의 『의지와 표상으로서의 세계 I』, 498 쪽이 정확하게 어디인지 찾을 수 없다. 해당 쪽에는 이런 내용이 나오지 않는다. 내용상으로 본다면, 『의지와 표상으로서의 세계 I』 4부 63장 "영원한 진리"(452~461쪽) 편인 듯하다.

쇼펜하우어에 따르면 영원한 정의는 사물 자체에 근거하는데, 인간은 시간과 공간, 인과성의 세계인 현상세계에서 행복과 고통을 누리고 살아간다. 인간은 개체화 원리에 의거해 영원한 진리를 파악하려고 노력하지만 현상세계에서는 파악할 수 없다.

인간은 마치 '거지가 왕이 되는 꿈'을 꾸듯이, 이 현상세계가 영원하다고 착각하고 살아가며, 이 꿈이 깨지 않기를, 마치 거지가 왕이 된 꿈을 더 깊이 오랫동안 꾸기를 바란다. 현상세계에서 일시적 행복을 누리는 자, 즉 꿈꾸는 자는 영원한 정의이자 진리의 세계인 사물 자체를 인식할 수 없다.

니체가 인용한 쪽수가 맞는지 여부는 위에서 설명한 내용과 연관하여 더 조사할 필요가 있다.

12. 니체적인 의미에서 학문Wissenschaft과 지혜Weisheit의 차이 구분은 지금까지 논의를 앎이라는 다른 방향에서 설명하는 것과 마찬가지이다. 『비극의 탄생』 1장 첫마디를 패러디해서 표현하면, 학문과 지혜의 차이를 실감할 수 있다.

> 앎의 발전이 학문적인 것과 지혜로움의 이중성에 달려있다는 것— ……
> —을 우리가 논리적인 통찰뿐만 아니라 직접적인 확실한 관찰로 알게 된다면, 우리는 인간에 관한 지식에 대해 상당히 많은 것을 얻게 될 것이다.

학문과 지혜의 비교는 예술에 있어서 아폴론적인 것과 디오니소스적인 것을 비교하는 것이다. 지금까지 니체가 논의했던 모든 것을 학문과 지혜의 대비로 설명해도 그대로 적용할 수 있다. 아폴론적인 것, 논리적인 것, 행복, 소크라테스와 소크라테스적인 예술, 과학과 지식 등이 학문의 동지라고 한다면, 디오니소스적인 것, 예술적인 것, 고통, 헤라클레이토스와 헤라클레이토스적인 창조관, 예술과 음악이 지혜의 동반자이다.

니체는 '학문과 지혜를 투쟁 관계'[63]로 보았으며, '고대 그리스 철학자도 학문과 지혜의 투쟁'[64]이라고 말한다. 이를 가장 잘 설명한 단락은 『비극의 탄생』 17장 7절이다. 여기에서 니체는 학문을 잉태한 알렉산드리아적 명랑성, 이론적 명랑성이 디오니소스적 지혜와 예술, 신화를 해체시킨다고 한탄한다. 니체는 고대 그리스의 '국가 예술 작품Staatskunstwerk'인 비극이 '어떻게 멸망했는가?'라는 질문을 던지고 '지혜'를 외면한 데서 비롯한다고 주장한다.'[65]

학문은 낙관주의를 지향하므로 '행복'을 다룬다면, 지혜는 염세주의로 '고통'과 연관된다. 고통을 다루는 지혜는 3장 2절 미다스왕과 디오니소스의 스승 실레노스의 대화에서 출발한다.

니체는 "지혜란 무엇인가?"라는 질문을 던지고 "학문과 대립하여"라고 매듭짓는다. 결국 지혜는 학문과 대립되는 또 다른 앎이고, 이 앎은 고통을 승화한 비극 예술에서 잘 나타난다. 그는 『비극의 탄생』 14장 7절에서 '논리가 쫓겨난 자리에 지혜의 영역이 존재하지 않을까? 예술은 학문에 반드시 필요한 상관물이자 보완물이 아닐까?'라고 답함으로써, 학문을 대신할 수 있는 지혜를 제안한다.

학문과 지혜의 대립은 니체의 사상을 관통할 수 있는 또 하나의 핵심 내용이다. 하지만 니체는 예술에서 아폴론적인 것과 디오니소스적인 것을 다루듯이 이 양자를 명시적으로 연구하지 않았다. 이 부분을 채워 사유하고 정리하는 것은 오롯이 이 글을 읽는 독자와 연구자의 몫이다.

13. '이처럼' 이하 단락은 「자기비판의 시도」 7장에 똑같이 나온다. 거꾸로 말하면 니체가 후일 「자기비판의 시도」를 집필하면서, 이 내용을 그대로 옮긴 것이다. 이에 대한 자세한 해설은 「자기비판의 시도」 7장을 참조한다.

다시 보기

학문(과학)은 왜 문제인가? 이에 대해서는 앞에서 아주 많이 다루었다. 이 문제의식은 이 절에서는 '우리가 알고 있는 인식론은 왜 문제인가?'로 깊어진다. 여기서 우리는 망설여진다. 형이상학적 존재, 신, 이데아, 물자체 등이 있다고 인정하는 형이상학 신봉자라면 니체의 인식론 비판에 고개를 끄덕일 수 있다. 반면 형이상학적 실체가 없다고 부정하는 자라면 니체의 이런 비판에 고개를 갸웃거릴 것이다.

후자라면 어떤 태도를 취해야 하는가? 니체의 말 그대로 받아들이면 된다. '다양한 사물들에서 추상한 것으로 초월적 실체를 이해할 수 없다', '언어에 의한 사고는 다양성을 보지도 이해하지도 못한다', 결론적으로 '우리가 알고 있는 인식론에 한계가 있다.'를 인정하는 것이다. 더 나아가 인식론에 근거한 학문적 세계, 학문적 세계에서 만들어지는 지적인 세계, 지적인 세계의 확장으로서 교양, 절대 우월적 지위를 차지하고 교양인이 최고인 사회와 국가를 비판할 수 있는 눈을 갖는 것이다. 말 그대로 현대 사회와 국가에 대해 비판적인 태도를 취하는 것이다.

5. 알렉산드리아적 문화의 몰락 징후

따라서 소크라테스적인 문화는 두 측면에서 흔들린다. 소크라테스적인 문화의 무오류성 왕홀王笏[1]은 겨우겨우 덜덜 떨며 유지할 수 있었는데, 한편으로는 그 문화가 이제 막 예감하기 시작했던 이미 정해진 결과에 관한 공포 때문이고,[2] 다른 한편으로는 이 문화가 자기 토대의 항구적 타당성과 관련해서 이전의 순수한 신뢰를 더 이상 받지 못했기 때문이다.[3] 소크라테스적인 문화의 사유의 춤이 새로운 형상을 포옹하기 위해서 새로운 형상에 탐욕스럽게 달려들었지만, 메피스토펠레스가 매혹적인 라미아에게 그랬던 것처럼 갑자기 새로운 형상을 떠나보낼 수밖에 없었던 것은 참담한 연극trauriges Schauspiel이다.[4]

이론적 인간이 그 결과에 관해서 깜짝 놀라서 만족하지 못하면서도 무시무시한 빙하와 같은 존재(삶)를 감히 토로하지 못하고, 불안에 떨며 물가 여기저기를 뛰어다니며, 모든 사람이 이를 근대 문화의 근원적 병[5]이라고 떠드는 것 자체가 이미 저 '파국'의 징후이다. 이론적 인간은 전체를 보려 하지 않았으며, 사물에 당연히 내재되어 있는 잔혹성 역시 보지 않았다.[6] 낙관주의적 관점은 이론적 인간을 유약하게 만들었을 뿐이다.[7] 더구나 이론적 인간은 학문의 원리 위에 세워진 문화가 **비논리적으로** 되기 시작하면, 즉 그 결과에 깜짝 놀라자마자, 그 문화가 몰락할 것이라고 느꼈다.[8]

우리의 예술은 이러한 일반적인 곤란한 상황을 다음과 같이 폭로했다. 사람들이 모든 위대한 생산적인 시대와 인간에게 의지해봤자 아무런 쓸모없다. 또한 사람들이 근대인을 위로하기 위해서 전체 '세계 문학' 그 주위에 모아 놓고, 모든 시대의 예술 양식과 예술가들 사이에 이 근대인을 앉혀 놓고, 아담이 동물들에게 그랬던 것처럼 이 근대인이 이들에게 이름을 부여한다고 해 봤자 역시 아무런 소용이 없다.[9]

근대인은 영원히 굶주린 자이며, 갈망과 힘이 없는 '비판가'이며, 기본적으로 도서관 사서이자 교정자이며 책 먼지와 오탈자에 비참하게 눈이 먼 알렉산드리아적 인간으로 머물 뿐이다.[10]

1. '소크라테스적인 문화의 무오류성 왕홀'은 소크라테스의 토대 위에 세워진 문화는 어떤 오류도 없다는 것을 뜻한다. 이 말은 소크라테스적인 문화가 엄청 강력할 뿐만 아니라 절대 흔들리지 않음을 말한다.

소크라테스적인 앎에서 시작한 철학은 우리 사회의 모든 영역에 깔려 있다. 소크라테스적인 앎이 겉으로 드러난 영역은 철학이나 종교이며, 이 앎은 학문을 비롯한 모든 영역에 은밀하게 투영되어 있다. 우리가 지금도 소크라테스의 변명에서 시작된 그의 죽음을 성스럽고 숭고한 것으로 읽고 또 해석하는 것은 이 때문이다.

이와 반대로 소크라테스적인 앎이 무오류가 아니라 처음부터 불안한 이론이라는 점을 찾아내고, 소크라테스적인 앎의 실체를 파헤치고 전복시켜 보자. 학문의 세계가 아니라 지혜의 세계를 구축한다면, 새로운 문화와 문명의 세계가 열린다.

2. 주로 3절의 내용을 말하는 것으로, 지상의 행복이라는 신화가 사라지고 노예계급이 막 복수를 시작하려고 하면, 어떤 종교도 힘을 줄 수 없는 현재 상태를 뜻한다.

3. 주로 4절의 내용을 말하는 것으로, 소크라테스적인 철학적 방법이 더 이상 인정받지 못할 뿐만 아니라 칸트와 쇼펜하우어 같은 철학자에 의해 무너지고 있음을 뜻한다.

4. 그리스 신화 속에서 라미아는 무척 아름답고 무섭고 잔혹하다. 라미아는 상반신은 여성(아름다움의 상징)이며 하반신은 뱀(지혜의

라미아 (하버트 제임스 드레이퍼, 1909년)

상징)이라고도 한다. 라미아는 리비아의 여왕으로 제우스와 사랑해서 여러 명의 자식을 낳는다. 제우스의 아내 헤라는 화가 나서 라미아가 낳은 자식들을 모두 죽여 버린다. 슬픔에 찬 라미아는 그 후부터 다른 여성의 어린아이들을 잡아먹었다고 한다. 헤라는 또한 라미아가 잠에 들지 못하는 형벌을 주었으나, 제우스는 라미아가 눈을 빼고 잠을 잘 수 있게 해 주었다.

괴테의 『파우스트』에서 메피스토펠레스는 여러 라미아의 유혹을 받는다. 하지만 메피스토펠레스가 접한 라미아들은 '말라깽이 빗자루', '고약한 상판', '키 큰 것', '뚱뚱한 것'이었으며, 마지막으로 즐기기 위해 잡은 라미아는 '정말 물컹물컹하고 물렁물렁'했다. 그는 '곱상한 가면인줄 알고 붙잡았는데, 소름끼치는 것이 걸려들다니'라고 말하며 길을 잃고 헤맨다.[66]

니체는 소크라테스적인 문화와 메피스토펠레스를, 시, 예술, 비극 등을 의미하는 '새로운 형상'과 라미아(아름다움과 지혜)를 비유하여 설명하고 있다. 이 비유는 3단계를 밟는다.

첫째, 소크라테스는 죽기 직전 시를 짓고 예술(라미아)을 이해하려고 노력한다. 이유는 철학의 한계를 부지불식간에 깨달아서이다.

둘째, 소크라테스적인 문화는 한계에 부딪치자, 시와 비극, 예술(라미아)에 의지하여 한계를 극복한다. 하지만 그 노력은 곧 아무런 도움이 되지 않는다. 이유는 학문적인 길은 예술적인 길(라미아)과 조응하지 못해서이다.

마지막으로 메피스토펠레스(소크라테스적인 문화)는 아름다운 라미아들(다양한 예술)을 낚아채려고(도움을 받으려고) 하지만, 소름끼치는 것(예술의 진정한 정신)에 화들짝 놀라고 길을 잃는다.(어디로 나아가야 할지 우왕좌왕한다.)

조금 더 나아가 번역을 중심으로 이 내용을 살펴보자. trauriges Schauspiel을 진정으로 사랑하지만 사랑할 수 없는 '슬픈 연극'으로 해석해서는 안 된다. 이 말은 이론적 인간의 한계를 중심으로 이해해야 한다. '슬픈 연극'은 주인공이 구애에 실패하고 죽을 것처럼 힘들어하는 것이고, 주인공의 슬픈 감정이 관객에게 전이되어 관객역시 슬퍼하는 것이다. 악의 교사자이자 절대 악의 화신인 메피스토펠레스의 구애 실패에 슬퍼할 관객이 있을 것인가! 소크라테스가 예술에 진심으로 구애했다고 설정하는 것 자체가 슬픈 연극의전조는 아니지 않는가! '슬픈 연극'이란 번역은 오역 중 오역이다. '슬픈 광경(Schauspiel은 연극이란 번역어가 옳다. 파우스트가 극형식을 취하고 있기 때문이다.)'이란 번역 역시 오역이다.

적절한 번역과 내용의 이해를 위해 메피스토펠레스와 소크라테스를 중심으로 살펴보자. 메피스토펠레스는 파우스트에게 이론적 인간의 무오류성, 즉 흔들리지 않는 절대 지식을 주겠다고 약속한 자이다. 메피스토펠레스가 파우스트에게 이런 능력을 줄 수 있는 자라는 점에서, 메피스토펠레스(소크라테스)는 파우스트(대중, 또는 이론적 인간, 또는 교양인)보다 이론적으로 뛰어난 자이다.

이론적 측면에서 메피스토펠레스(소크라테스)는 절대 지식을 갖춘 자이지만, 어느 순간 아름다움, 즉 예술이 중요하고 예술을 사랑해야 한다는 것을 깨닫는다. 그는 아름다움의 화신인 라미아(비극 또는 시)와 사랑을 나누고 싶어 한다. 하지만 라미아들은 무오류성의 화신 메피스토펠레스가 아름다움을 느낄 수 없음을 이미 알고 있었다. 라미아들은 메피스토펠레스(소크라테스)가 이런저런 아름다움과 예술에 기웃거리고 안을 때마다 추함과 경악스러움을 접하게 만든다. 메피스토펠레스(소크라테스)는 자신의 한계를 보완하지도 못할 뿐만 아니라 극복하지도 못하고, 결국 이전의 길마저 잃어버려 우왕좌왕한다.

절대 무오류를 자처한 소크라테스, 메피스토펠레스처럼 세상의 모든 사람에게 행복을 전파하겠다고 호언장담한 활동가 소크라테스는 죽기 직전 이론적 철학적 한계를 느낀다. 이를 보완하기 위해 그는 아름다움, 시와 비극, 예술에게 처절하게 구애한다. 시, 비극, 예술, 즉 '아름다움'은 이론적 인간인 소크라테스가 자신을 진정으로 사랑하는 것이 아님을 알고 있다.

'아름다움'은 소크라테스가 철학의 한계를 보완하기 위해 자신을 이용한다는 것을 몸으로 깨닫고 있다. '아름다움'은 소크라테스의 애처로운 구애에 라미아들처럼 추하고 역겨운 모습을 보여 준다. 화들짝 놀란 소크라테스는 혼비백산하여 뒤도 돌아보지 않고 도망간다. 소크라테스는 구애에 실패하고 분루를 삼킨다. 소크라테스는 '아름다움'에게 참담하게 패배한다.

이 점에서 이론적 인간의 실패를 극명하게 드러내는 '참담한 연극'이란 번역어가 나오고, 내용 또한 명확해진다.

5. '근대 문화의 근원적 병Urleiden'이란 무엇인가? 첫째, 이론적 인간이 내적 한계로 인해 파산했다는 점이다. 위에서 이를 자세하게 다루었다. 둘째, 이론적 인간이 무시무시한 빙하와 같은 인간의 삶을 논의하지 못한다는 점이다. 이론적 인간은 낙관주의에 입각하여 인간에게 행복을 설명했지만, 인간의 삶이 근본적으로 고통이라는 점을 해명하지 못했다. 셋째, 새로운 목표(물가)를 찾으려고 우왕좌왕

한다는 점이다. 이론적 인간은 한계에 도달하자 예술의 도움을 받아 새로운 방향을 제시하고자 했지만, 의견의 통일을 보지 못하고 다양한 견해만 노출할 뿐이다.

6. 니체는 이론적 인간의 한계를, 첫째, '전체를 보지 못함'과 둘째, '사물에 내재된 잔혹성을 보지 못함'이라고 지적한다.

첫째, '전체를 보지 못함'은 곧 부분만 본다는 말이다. 이론적 인간은 인과성, 인식으로 사물의 본질을 규명하고 초월적 실체에 도달할 수 있다고 주장한다. 언어에 의지한 논리적 추론은 언어가 사물의 전부가 아니므로, 전체를 볼 수 없다. 또한 인과성 이론은 현재 현실의 가상으로서 물物세계의 부분만을 다루므로, 어떤 경우에도 전체를 볼 수 없다.

둘째, '사물에 내재된 잔혹성을 보지 못함'이란 인간을 포함한 모든 사물이나 물은 발생하는 순간, 또는 생명을 얻는 순간부터 죽음을 향해 질주하고, 그 질주의 과정은 끊임없이 고통으로 점철됨을 보지 못한다는 말이다. 이론적 인간은 사물이나 물을 진행 과정이나 지속적인 변화 과정으로 이해하지 않고, 하나의 완성 상태로 보고 또 다른 완성, 즉 목표를 향해 질주해야 한다고 가정한다.

니체는 칸트와 쇼펜하우어가 이미 인과성 이론을 극복했다고 주장했으며, 헤라클레이토스 사상에 입각하여 사물을 완성이 아닌 변화의 과정으로 이해한다. 니체는 비극이 인간에게 변화 과정에 나타난 끝없는 고통을 극복한다는 걸 알려 주는 지혜라고 지속적으로 설명했다.

7. 낙관주의는 인간을 삶 속 고통이 아닌 죽은 뒤 행복에 주력하게 만든다. 낙관주의를 지닌 이론적 인간은 오이디푸스나 프로메테우

스처럼 고통스러운 삶에 당당하게 맞서지 않는다. 그는 살아 있는 동안 욕망과 욕구를 절제로 순화시키거나 살해함으로써 사후의 고통 없는 삶과 사후의 행복한 삶을 추구한다. 이론적 인간은 현재의 가혹한 삶을 어떻게 극복할 것인가보다는 어떻게 순응할 것인가에 주력하게 되고, 이 때문에 유약해진다.

8. '비논리적으로'는 소크라테스의 죽기 전 상황에서 봤듯이, 학문이 이성과 논리 위에 세워졌음에도 이와 정반대 방향인 아름다움과 감성에 의지할 수밖에 없는 상황을 말한다. '그 결과에 깜짝 놀라자마자'는 소크라테스의 예술에의 의지가 철학의 한계를 드러내듯이, '학문 위에 세워진 문화'가 이성과 논리를 수용했음에도 불구하고 아무런 성과를 내지 못하거나 스스로 자멸하는 결과를 초래할 수밖에 없었음을 뜻한다. 이런 상황에 이르면 이론적 인간은 이성과 논리 위에 세워진 '문화가 몰락'할 것을 깨닫는다.

9. 창세기 2장 19절에 따르면 신이 모든 짐승과 새를 끌고 와서 아담이 이름을 어떻게 짓는지 보았다고 한다.

> 여호와 하나님이 흙으로 각종 들짐승과 공중의 각종 새를 지으시고 아담이 무엇이라고 부르나 보시려고 그것들을 그에게로 이끌어 가시니 아담이 각 생물을 부르는 것이 곧 그 이름이 되었더라.

아담은 세상의 모든 짐승과 새에게 이름을 부여했지만, 아담은 선악과를 먹고 에덴동산에서 쫓겨난다.

니체는 이를 근대의 이론적 인간이 다양한 예술에 이름을 짓는 것과 비유하여 설명한다. 근대인은 다양한 예술에게 형식과 내용에

아담이 동물들의 이름을 짓다
(12세기, 애버딘대학교 도서관 소장)

따라 다양한 이름(명칭)을 붙인다. 하지만 근대인은 예술의 본질인 아름다움과 고통스러운 삶의 극복이라는 내용을 몸과 맘으로 받아들이지 못한다. 아담이 에덴동산의 모든 짐승과 새에게 이름을 부여했지만 그들의 주인이 될 수 없었던 것처럼, 근대인 역시 다양한 예술을 분류하고 이름 짓지만 다양한 예술의 주인이 될 수 없었다.

　왜 니체는 이런 말을 언급하는가라는 질문을 던져 보자. 아담이 각 동물의 이름을 지었다는 것은 곧 이름이 동물의 본질을 보여 줌을 뜻한다. 신이 아담의 이름 짓기 놀이를 보았다는 것 자체는 아담이 이름을 지을 때 과연 그 동물의 본질과 속성을 잘 표현하는가를 평가한 것이다. 앞에서 살펴본 것처럼 이름이 곧 사물의 본질의 속성을 보여 준다는 것은 다름 아닌 플라톤의 주장(17장 2절 해설 4 참조.)이기도 하다. 니체는 사물의 이름과 명칭에 내재된 본질을 부정한다.

나아가 니체는 근대인이 예술을 다양하게 분류하고 각각의 명칭을 부여하는 것에도 의문을 표시한다. 다양한 이름이 붙은 예술이나 문학이 그 예술이나 문학의 본질을 보여 주지 못한다는 것을 니체는 우회적으로 암시한다. 현실주의와 초현실주의로 구분하고 미술과 문학을 구분한다고 해서, 저자나 화가 작품의 본질을 보여 줄수는 없다. 즉, 아무리 다양한 이름으로 문학과 예술을 불러도, 근원적 일자와는 아무런 관련이 없다는 것이 니체의 주장이다.

10. 근대인의 특징을 이론적 인간의 관점에서 요약한 글이다.

'영원히 굶주린 자'는 학문과 이론, 다양한 학습을 위해 죽기 직전까지 노력하는 근대인을 말한다.

'갈망과 힘이 없는 비판가'는 생산하는 예술가, 예술 작품을 만들기 위해 무언가를 표현해 내려는 끝없는 갈망, 그리고 이를 표현하는 힘이 있는 예술가와 달리 생산된 예술을 냉소적으로 헐뜯고 비판만 하는 근대인을 뜻한다.

'도서관 사서이자 교정자'는 책과 이론에 빠져 있는 근대인을 뜻하며, '책 먼지와 오탈자에 비참하게 눈이 먼 알렉산드리아적 인간'은 죽을 때까지 책과 씨름하며 살아가지만, 책의 진정한 내용을 받아들이지 못하고 겉모습에 어떤 잘못을 트집 잡아 비난하려는 인간을 말한다.

예술가의 아버지 (외젠 얀슨,
1888년, 스웨덴 틸스카 갤러
리 소장)

다시 보기

우리는 누구인가? 교양인이자, 인간의 존엄함과 노동의 가치를
금과옥조로 여기는 자이자, 인식론 자체에 근거를 둔 학문의 세계
에 모든 걸 다 거는 자이다. 우리는 이 점에서 근대인이자 현대인
이다.

우리는 누구인가? 우리는 평균적인 인간을 지향하지만 노예계
급이므로 하향 평준화된 인간이다. 우리는 고상한 문화를 누리고
싶어 하지만 품격 있는 문화를 향유할 수 없는 하향 저열화된 노예
이다.

노예계급임을 부정하지만 노예일 수밖에 없는 우리는 니체의 말

대로 커다란 위기에 처했다. 학문적 세계의 근간인 인식론도 방향을 제시하지 못하고, 인간의 존엄함과 노동의 가치도 부정당하고, 상식으로 알던 교양마저도 빈약한 게 드러났다. 고대 알렉산드리아 도서관이 무너져 폐허로 남았듯이, 우리의 모든 정신적 이론적 문화유산도 파산 직전이거나 이미 파산당했다.

우리는 난바다 한가운데에서 아주 극심한 폭풍우를 만난 배에 탄 승객들이다. 우리는 어디로 가야 하는가? 니체의 말대로라면 우리는 우리의 문화를 전복하고 새롭게 기획하고 새로운 길로 가야 한다. 우리는 난파하는 배 위에서 살려고 애쓰는 것이 아니라 배 밖으로 몸을 던지고 헤엄을 치든 작은 배에라도 올라 열심히 노를 저어서든 폭풍우를 헤쳐 나가야 한다.

그러나 우리는 이론적 인간의 한 유형인 학자적 인간과 또 다른 유형인 교양인, 교양인의 확장적 형태인 노예계급, 다시 말하면 근현대의 대다수 인간인 노예로 남아 있다. 우리는 난바다 위의 폭풍우를 헤쳐 나가기보다는 파선 직전의 배에서 마지막 잔치를 즐기려고 한다. 학자와 학자 아류들은 비극의 아류인 오페라를 만들고, 교양인이자 노예계급인 우리는 오페라를 최고의 음악이자 예술로 여기고 마지막 잔치를 벌인다(19장). 우리는 비극의 비극적 산물인 오페라를 감상하면서, 우리가 위기에 닥친 줄 모르고 살아간다. 이론적 인간의 근본적 위험에 처한 우리의 대응에 대한 니체의 평가이다. 오페라의 한계는 19장에서 상세히 다룬다.

18장 다시 보기

니체는 알렉산드리아적 문화의 다음 단계로 헬레니즘적 문화, 그 다음으로 불교적인 문화를 들고 있다. 여기서 의문이 생긴다. 구토 유발적 교양인도 존재하지 않고, 위선적인 인간의 존엄성과 노동의 가치도 없으며, 한계에 부딪친 인식론도 작동하지 않는 문화의 단계는 어떤 사회인가? 다른 말로 하면 이론과 교양 대신 지혜가 충만하고, 인간이 진정한 존엄성을 인정받을 뿐만 아니라 노동의 가치 또한 충분히 보장받으며, 궁극적으로 삶 자체가 인정받는 그런 사회는 어떤 사회인가?

니체가 말한 헬레니즘적 문화의 단계라고 해도 좋고, 불교적인 문화의 단계라고 해도 좋다. 이는 다른 측면에서 니체의 시민적 자유 옹호라고 해도 좋다. 이 질문들에 대한 답은 다시 고대 그리스 비극을 즐겼던 아테네 시민을 원형으로 생각해 보면 된다. 이 질문에 대해 아리스토텔레스는 이미 『정치학』에서 답변했다. 인간은 노예가 아니라 시민이어야 한다. 시민으로 살기 위해서는 두 가지 조건을 다 충족해야 한다. 하나는 정치에 참여하는 것이고, 다른 하나는 철학에 몰두하는 것이다. 먹고 살기 위한 필요노동에 종사하는 것은 정치에 참여할 수 없을 뿐만 아니라 철학에 몰두할 수 없다.

아리스토텔레스의 정치사상을 니체식으로 발전시켜 보자. 노예 계급으로 살아가지 않기 위해서 시민은 각자 자신의 삶을 확고히 하고 누구에게도 종속되지 않는다는 자기확신이 있어야 한다. 그는 평준화된 평균적인 인간이 아니라 자신의 흔적과 걸음을 뚜렷이 남길 만큼 자신의 삶을 개척해 나갈 수 있어야 한다.

니체식으로 말하면 올바른 시민이란 우선, 타인을 위해 노동하는 노예계급이 아니어야 한다. 둘째, 올바른 시민으로 자신의 의사를 표현하고 표출하는 정치에 참여해야 한다. 셋째, 소크라테스식 철학이 아니라 디오니소스식 철학, 근원적 일자에 합일하는 근원 철학, 즉 예술에 참여해야 한다. 디오니소스적인 예술에의 참여는 곧 철학에 몰두하는 것과 마찬가지이다.

니체식 시민은 근대 시민 사회의 한 일원으로서 자신의 정치적 의견을 정확하게 표현해야 하고, 자신의 의사에 반하는 결정이 나오면 이를 반박하고 상대를 설득할 줄 알아야 한다. 설령 그 과정이 지루하고 험난하다 할지라도, 모든 인간의 마음 속에 근원적 일자와 합일된 지혜가 있을 것이란 믿음 속에 끝까지 정치 과정 속에서 조율할 마음을 지녀야 한다.

니체식의 시민은 유희하는 인간이다. 그는 노래하고 춤출 줄 알아야 한다. 외부에서 강요되거나 주어진 박자에 맞춰 노래 부르고 춤추는 존재여서는 안 된다. 그는 인간의 두 발을 끌어당기는 도덕, 윤리, 종교 등의 중력 법칙에 맞서 한 발을 곧추세우고 다른 한 발은 중력으로부터 벗어날 줄 아는 춤을 추어야 한다. 그는 예술을 통해 대지의 기쁨을 받아들이고 대지의 힘을 느낄 줄 알아야 한다. 그는 노래와 춤을 통해 다른 인간을 포용하고 다른 인간과 한껏 흐드러지는 인간이다.

이런 인간은 철학적 측면에서는 자라투스트라이며 문학적 측면에서는 그리스인 조르바이다. 이 둘을 합치면 니체적 시민상의 전형이 나온다. 어떤 불의와도 타협하지 않고, 어떤 부정의와도 타협하지 않으며, 자신의 삶을 뚜벅뚜벅 걸어가며 실천하는 자가 바로 니체식 시민상이다. 프로메테우스와 같은 자라투스트라가 이런 존재이다. 어떤 어려움도 힘겨워하지 않고, 고통스러운 삶을 즐김의 대상으로 받아들이며, 삶 속에서 체득된 지혜를 자신뿐만이 아니라 주변에도 나눠 주는 자가 니체식 시민상이다. 그리스인 조르바가 이런 삶의 전형이다.

　니체식 정치적인 시민은 자라투스트라와 그리스인 조르바를 합친 것이다. 그는 삶의 곤란을 극복하기 위해 행동하는 존재인 동시에 삶의 고통을 극복하는 지혜를 갖춘 자이다.

또 다른 '죽은' 비극의 탄생으로서

오페라

1. 소크라테스적 문화로서 오페라

흔히 이러한 소크라테스적인 문화를 **오페라의 문화**라고 이름 붙인다면, 소크라테스적인 문화의 가장 본질적인 내용을 이보다 날카롭게 보여 줄 수는 없다.[1] 우리가 오페라의 발생과 오페라의 발전이란 사실을 아폴론적인 것과 디오니소스적인 것의 영원한 진리와 비교한다면, 놀랍게도 이러한 소크라테스적인 문화가 오페라라는 이 영역에서 그 의욕과 인식을 특히 단순하게 드러내기 때문이다.[2]

나는 맨 먼저 레프레젠타티보 양식stilo rappresentativo과 레치타티보 Rezitativs[3]를 상기시키고 싶다. 이처럼 완전히 천박하고 예배에 부적합한 오페라 음악이 이루 말할 수 없이 숭고하고 신성한 팔레스트리나의 음악[4]이 발생한 시대부터, 모든 진정한 음악의 부활로 뜨거운 호의와 더불어 받아들여지고 보호받았다는 것이 믿겨지는가?[5] 다른 한편으로 본다면 누가 플로렌스 동아리의 풍성한 오락광과 그 극장 등장인물Sänger들의 허영만이 오페라의 세차게 확장하는 환희를 책임진다고 할 것인가?[6]

동일 시대, 동일 민족 속에서 완전 기독교적인 중세 시대가 건설했던 팔레스트리나적인 화음 곁에서 반半만 음악적인 언어 양식을 위한 저 열정이 싹텄음을 나는 레치타티보의 본질 속에서 함께 작동하는 **음악 외적인 경향**에서 설명할 수 있다.[7]

1. '이러한'의 의미는 18장 전체를 받는다. 주로 이론적 인간이 지배하는 알렉산드리아적 문화이며(18장 1절), 비유적으로 말하면 파우스트와 같은 인간이 최고로 여겨지는 문화이며(18장 2절), 인간의 존엄성과 노동의 가치를 최고로 여기지만 이런 가치 때문에 우왕좌왕하다 자멸하는 문화이며(18장 3절), 낙관주의에도 불구하고 스스로 허물어지는 문화이며(18장 4절), '책 먼지와 오탈자로 눈이 먼 인간'이 지배하는 문화이다(18장 5절).

한마디로 학자와 이론가와 이에 영향을 받은 교양인이 모든 걸 지배하는 문화를 말한다. 등식으로 정리하면 소크라테스적인 문화 = 알렉산드리아적 문화 = 이론적 문화이자 교양인이 지배하는 문화 = 오페라의 문화이다.

2. 니체는 비극이 디오니소스적인 것과 아폴론적인 것을 결합시켜 시너지 효과를 냈다고 주장한다. 그리고 니체는 이 주장을 '영원한 진리'로 격상시킨다. 니체의 이런 자만에 빈정거리지 말자. 니체는 이 주장으로 우리에게 19장의 독해 방향을 제시한다. 니체는 우리에게 오페라를 읽는 여러 다른 독해법을 완전 무시하고, 오로지 아

폴론적인 것과 디오니소스적인 것의 결합을 중심으로 오페라를 판독하라고 제시한다. 그 방향은 다음과 같다.

첫째, 비극의 적자인 양 처신하는 오페라가 아폴론적인 것과 디오니소스적인 것을 어떻게 결합시켰는가를 찾는다. 둘째, 오페라가 양자를 제대로 결합시켰는지 분석한다. 셋째, 이 양자의 결합이 오페라에서 어떤 효과를 내었는지, 시너지 효과를 냈는지 마이너스 효과를 냈는지 판단한다. 넷째, 마지막으로 왜 그런 결과가 나왔는지 그 이유를 찾는다. 19장은 주로 이런 내용을 분석한다.

3. 레프레젠타티보 양식과 레치타티보는 서로 연관되어 있다. 레프레젠타티보 양식은 16세기 말 이탈리아 초기 오페라에서 발전된 노래 부르는 방법을 말한다. 이 양식은 노래처럼 멜로디를 이용하지는 않지만 일반적인 말보다는 노래하듯이 전달하는 걸 말한다. 이를 레치타티보라고 한다. 레치타티보는 무대 위 등장인물이 '반은 노래하듯 반은 말하듯이' 하는 걸 말한다. 그 당시 이탈리아의 오페라와 오라토리오 작곡가들은 이러한 새로운 레치타티보를 레프레젠타티보 양식이라고 불렀다.

페리의 〈에우리디체Euridice〉(1600년)와 같은 초기 오페라들은 거의 대부분 레치타티보 양식에 의한 아리오소[*67]로 이루어졌다고 한다. 레치타티보는 주로 등장인물들이 서로 말하듯이 대사를 전달하고 줄거리를 빠른 속도로 전개시킬 때 사용되었다. 레치타티보는 우리가 흔히 오페라 하면 떠올리는 완결된 곡인 '아리아'와는 구분된다.

니체는 왜 오페라의 많은 요소 중에 레치타티보와 이를 부르는 명칭이었던 레프레젠타티보 양식을 주로 문제 삼았는가? 예를 들면 니체는 오페라가 본격적으로 시작하기 전 왜 서곡을 연주하는가, 아리아는 도대체 무엇인가, 아리아는 아폴론적인 것과 디오니소스적인 것 중 무엇과 연관이 있는가, 오페라에서 연기하고 노래하는 것을 어떻게 볼 것인가 등의 문제를 제기하지 않았다.

니체는 왜 레치타티보에 주요한 관심을 가졌는가? 니체는 레치타티보를 아폴론적인 것과 디오니소스적인 것의 전형적인 결합의 산물로 보았기 때문이다. 레치타티보는 그리스 비극의 아폴론적인 것인 언어, 말, 대화, 표상 등이 디오니소스적인 음악에 실리거나, 아니면 반대로 디오니소스적인 음악에 아폴론적인 것이 실리는 노래 방식이다. 이 점에서 본다면 말하듯이 노래하고, 노래하듯이 말하는 레치타티보는 고대 비극의 계승처럼 보인다.

니체는 이런 레치타티보를 불만스럽게 바라본다. 과연 레치타티보가 고대 비극의 디오니소스적인 것과 아폴론적인 것의 오페라적 결합이라고 한다면, 이 결합은 고대 비극의 결합처럼 시너지 효과를 냈는가? 니체는 레치타티보가 단연코 실패했다는 것, 즉 아폴론적인 것이 너무 앞서서 디오니소스적인 것이 완전 쇠퇴했다는 것, 바로 이 때문에 오페라를 최악의 음악 양식이라고 단언한다.

레치타티보가 시너지 효과를 가져오지 못했다면 왜 그런가? 니체는 19장에서 고대 비극의 부활을 자처한 레치타티보의 실패를 음악적, 이론적, 철학적으로 고찰한다.

4. 조반니 피에를루이지 다 팔레스트리나(Giovanni Pierluigi da Palestrina, 1525~1594년)는 이탈리아 르네상스기 작곡가이다. 그는 살아서도 유명했지만 사후에는 더 명성을 떨쳤다. 그는 가톨릭음악과 세속음악에 오랜 동안 영향을 미쳤다. 특히 그는 대위법의 발전에 영향이 컸으며, 그의 작품은 르네상스 다성음악의 최정점으로

여겨지곤 한다.

우리가 흔히 미사에서 듣는 많은 음악 형태는 팔레스트리나에서 기원한다. 그는 100여 곡이 넘는 미사곡을 남겼으며, 300여 곡이 넘는 모테트(대개 목소리만으로 연주하는 짧은 교회 음악), 68곡의 성찬전례곡, 140여 곡의 마드리갈(무반주 합창곡)을 남겼다.

'팔레스트리나의 음악'이란 주로 가톨릭적인 영향이 강한 종교음악을 지칭한다.

5. 니체는 날카로운 질문을 던진다. 가장 종교적인 팔레스트리나 음악이 영향력을 떨치고 있던 바로 이 시기에 가장 비종교적인 것처럼 비춰지는 오페라가 어떻게 발생하는가? 반종교적인 음악의 전형인 오페라는 왜 종교로부터 탄압을 받지 않았는가? 아니 탄생을 넘어서 오페라가 왜 기득권 세력들로부터 보호받았고 대중들에게 받아들여졌는가? 단순한 질문 같지만 그 답변이 쉽지 않은 난감한 질문들을 니체는 던졌다.

오페라의 발생 시기와 종교음악 절정기는 대략 일치한다. 최초의

팔레스트리나 자화상 (E. 뉴르데인)

오페라는 야코포 페리Jacopo Peri와 야코포 코르시Jacopo Corsi가 1597년 경 작곡한 〈다프네Dafne〉이다. 페리는 그 후 1600년경 〈에우리디체〉를 작곡했다. 이 작품은 현존하는 오페라 중에서 가장 오래된 작품이다. 또한 현재도 정식으로 공연되는 초기 오페라의 대표 작품은 1607년 만토바 궁정에서 작곡한 클라우디오 몬테베르디Claudio Monteverdi의 〈오르페오L'Orfeo〉이다. 이 시기는 앞에서 살펴본 팔레스트리나(1525~1594년)의 영향력이 강력했던 시기와 일치한다.

지금 시대의 눈으로 보지 말고, 당시 시선으로 오페라를 바라보자. 그러면 니체의 질문이 얼마나 날카로운 비수였는가를 알 수 있다. 갈릴레오의 지동설이 아직 종교적으로 인정받지 못했으며, 천동설이 갈릴레오의 생명을 위협했던 것도 1612년이다. 수없이 많은 마녀재판이 횡행했던 것도 바로 이 무렵 전후이다. 오페라 발흥의 시대는 루터와 캘빈에 의해 종교개혁이 시작되기는 했지만, 가톨릭이 무시무시한 영향력을 행사했던 시대이기도 하다.

강력한 세속 권력마저도 종교 권력 앞에서 주눅 들 수밖에 없었던 시대, 비종교적인 것, 반종교적인 것, 유사 종교적인 것에 대한 가혹한 처벌이 힘을 발휘하던 시대에 '천박하고 예배에 부적합한' 오페라가 최고의 음악으로 받아들여진다. 도대체 무엇 때문인가? 종교 대 반종교로 설명할 수 없는 그 무엇이 있다. 그 무엇이 오페라를 최고의 음악으로 받아들여지도록 만들었다. 오페라는 태어나면서부터 최고의 음악으로 여겨졌다. 그 이유는 무엇인가?

오페라가 청각적 효과, 시각적 효과, 개념적(의미론적) 효과를 다 지닌 음악이기 때문인가? 아니면 오페라가 고대 음악의 최고봉인 비극을 모방했기 때문인가? 니체는 팔레스트리나적인 종교음악이 절정인 시대에 오페라가 창안되고, '수용', '보호'를 받았다는 사실에 놀라움을 금치 못한다. 니체의 날카로운 질문은 우리가 생각지도 못한 답을 찾도록 만든다. 그 답은 다음 절부터 나온다.

6. 강력한 종교음악인 팔레스트리나 음악 시대에 가장 세속적인 오페라의 발흥을 어떻게 바라볼 것인가? 오페라를 창작한 동아리 탓인가? 아니면 몇몇 출중한 배우나 가수 탓인가? 물론 아니다. 하지만 그들이 누구인지 아는 것은 중요하다. 내용상 무척 중요하기 때문이다. 구체적으로 알아보자.

'동아리'는 베르니오의 백작 지오반니 데 바르디(Giovanni de' Bardi, 1534~1612년)가의 모임인 플로렌스 카메라타Florentine Camerata 또는 바르디의 카메라타the Camerata de' Bardi를 말한다. 이 모임은 르네상스 말기 플로렌스의 휴머니스트, 음악가, 시인, 지식인 들의 모임으로, 바르디 백작이 후원했다. 그들은 주로 예술, 그중에서도 음악과 드라마의 경향을 토론하곤 했다. 이 모임은 갈릴레이 갈릴레오의 아버지이자 작곡가인 빈첸조 갈릴레이Vincenzo Galilei가 참여한 것으로도 유명하다.

또 다른 '동아리'는 플로렌스의 귀족 야코포 코르시 집에서 한 모임이다. 코르시는 최초의 오페라로 여겨지는 〈다프네〉의 작곡가로도 유명하며, 르네상스 말기 피렌체 예술가 모임을 후원하기도 했다. '동아리의 풍성한 오락광'은 놀이 삼아 오페라와 오페라의 주요 특징인 레치타티보를 창작함을 뜻한다.

'등장인물'은 1608년 만투아에서 리누치니스의 공연Dafne Rinuccinis zu Mantua에서 가수인 페리Jacopo Peri를 말한다. 그는 야코포 코르시와 협업했다. 이들이 말한 구체적 내용은 다음 절에서 다룬다. '등장인물들의 허영'이란 무대 위에서 멋지게 보이고 싶어서 레치타티보를 불렀음을 뜻한다.

니체는 이들 동아리나 등장인물이 종교의 엄청난 폭압을 이겨 내고 천박한 오페라를 최고의 음악으로 지위를 격상시킨다는 것은 불가능하지 않겠는가라고 되묻는다. 니체는 질문을 다시 던진다. 무엇이 오페라를 최고의 음악으로 받아들여지게 만들었는가?

7. 어떻게 해서 오페라는 최고의 음악이 되었는가? 니체의 천재적인 질문에 대한 답변은 레치타티보이다. 이 양식 덕분에 오페라는 최고의 음악으로 오를 수 있었고 보호받을 수 있다고 니체는 주장한다. 레치타티보란 2절에서부터 정확하게 설명하듯이 '절반은 음악이고 절반은 말'인 음악적 양식이다.

레치타티보에서 우리는 에우리피데스의 대화, 언어 중심적 비극과 소크라테스의 이성 학문 중심적 사유가 어떻게 해서 음악에 스며들었는지를 유추해야 한다. 다시 말하면 오페라의 창조자들은 누구이기에 언어와 학문이 음악 속에 스며들게 했는지, 오페라는 언어와 학문을 어떻게 반영했는지 유추해야 한다. 그리고 궁극적으로 언어와 대화가 끼어든 오페라가 소크라테스의 이성 중심적 학문이 그랬듯이 필연적으로 도덕에 굴복하게 되는지도 유추해야 한다.

다시 보기

우리는 여기서 질문을 던져야 한다. 왜 오페라인가? 과학, 종교, 철학, 문학 이론 등 다양한 영역에서 근대와 현대를 규명할 수 있었음에도 불구하고 왜 하필 오페라인가? 오페라가 어떤 성격을 지니고 있기에 니체는 오페라에서 알렉산드리아적 문화의 정수를 찾아내는가?

니체에게 오페라는 중요하다. 니체는 다음과 같이 단언한다.

오페라를 완전히 이해한다는 것은 근대정신을 이해하는 것이다.'[68]

오페라가 니체의 주요 관심거리인 음악의 연장선에 서 있다는 것, 오페라가 음악이라는 것, 오페라가 형식적 측면에서 그리스 비극과 유사하다는 것이 중요하다. 하지만 이런 설명만으로는 만족스럽지 않다. 내용의 연장선에서 단순하게 유추해 낸 답변에 지나지 않기 때문이다.

또 다른 이유는 없는가? 이 답을 찾는 것이 19장 전체의 진행이다. 우리도 니체처럼 왜 오페라인가라는 질문을 던져 보자. 니체가 왜 오페라를 그렇게 중요하게 생각했는가 하나씩 더듬어 가 보도록 하자. 그리고 반대로 근대정신이 무엇인지 오페라를 통해 찾아보자. 뜻하지 않은 근대정신이 우리를 기다리고 있을 것이다.

2. 가사와 대사를 요구하는 대중

오페라 등장인물은 노래하기보다는 말하고, 이러한 반半노래 상태로 격정적으로 가사를 표현함으로써,[1] 노래 속에서 가사Wort를 명료하게 듣고 싶어 하는 청중의 비위를 맞춘다.[2] 오페라 등장인물은 파토스의 이러한 강화를 통해서 가사들을 이해하기 쉽게 만들고, 그나마 남아 있는 음악의 저 절반을 압도한다.[3]

이제jetzt 그에게 임박한 고유한 위험은 좋지 않을 때 음악을 강조함으로써, 대사Rede의 파토스와 가사의 명료성을 당연히 손상시키는 것이다. 반면 다른 한편으로 등장인물은 항상 음악을 줄이고 자신의 목소리를 기교 있게 표현하고 싶은 충동을 느낀다.[4] 이때 '작가Dichter'가 그를 도와주러 온다. 작가는 서정적인 감탄사, 가사 반복과 격언 반복 등의 충분한 기회를 등장인물에게 제공하는 방법을 알고 있다. 이제jetzt 어떤 대목에서 등장인물은 가사에 의지하지 않고서도 순수하게 음악적인 요소 속에서 쉴 수 있게 된다.[5]

레프레젠타티보 양식의 본질은 이처럼 절반은 노래하는 대사와 완전히 노래하는 감탄사의 인상적인 감정적 변화이다. 이 양식은 곧장 개념과 표상에 근거하여 작동하다가 쉽게 청중의 음악적 토대에 작용하는 이와 같이 성급하게 변화하는 노력이기도 하다. 이 양식은 완전히 부자연스럽기도 하고[6] 디오니소스적인 것과 아폴론적인 것의 예술적 충동과 동일한 방식에서 내적인 자가당착[7]이라고 할 수 있다. 이 점에서 사람들은 레치타티보의 기원을 모든 예술적 본능의 바깥에 놓여 있다고 결론 내릴 수 있다.[8]

이러한 설명에 따른다면 레치타티보는 서사적인 문체와 서정적인 문체의 혼합Vermischung으로 정의되지만, 내적으로 일관된 조합Mischung은 아니다. 왜냐하면 이 조합은 완전히 별개 사물들을 획득한 것이 아니라 외적으로 모자이크 처리된 덩어리화Konglutination이기 때문이다. 이는 자연과 경험의 영역에서 전혀 선례가 없는 어떤 것과 마찬가지이기 때문이다.[9]

하지만 이것은 레치타티보의 저 고안자들의 견해가 아니었다. 그들 자신들과 동시대인들은 저 레프레젠타티보 양식을 통해서 고대 음악의 비밀을 밝혀냈으며, 오르페우스, 암피온,[10] 또한 그리스 비극의 신비스러운 효과를 설명할 수 있었다고 믿었다.

새로운 양식은 효과적인 음악, 고대 그리스적인 음악의 부활로 여겨졌다.[11] 이제jetzt 다시 사람들은 물론 호메로스적인 세계를 원세계Urwelt[12]로서 보편적으로 그리고 완전히 시민 친화적으로 파악하면서, 인류의 낙원적인 시원에 빠져드는 꿈에 젖을 수 있었다. 그 안에서 필연적으로 작가가 자신의 전원극Schäferspielen에서 그토록 감동적으로 설명했던 음악은 저 탁월한 순수함, 힘 그리고 무구함을 갖고 있게 마련이었다.[13]

여기서 우리는 이와 같이 근대만의 고유한 예술 장르인 오페라의 가장 내적인 가치를 보게 된다. 강력한 필요(욕구), 하지만 비미학적인 예술의 필요(욕구), 다시 말하면 전원에 대한 갈망과 예술적이고 선량한 인간의 원시대적urvorzeitliche 존재에 대한 믿음이 여기서 하나의 예술을 쥐어짜 낸다.[14]

레치타티보는 저 원인간Urmenschen이 쓰는 언어의 재발견으로 여겨졌다. 오페라는 저 전원적이거나 영웅적인 선량한 인간이 다시 발견되는 영역으로 여겨졌다. 이 인간은 동시에 모든 자신의 행위에서 자연스러운 예술적 본능을 따르며, 아주 사소한 감정이라도 일어나면 곧장 큰 목소리로 노래하기 위해서 말해야 할 때에도 최소한이지만 노래로 하는 자이다.[15]

그 당시 휴머니스트들이 이와 같이 새롭게 창조된 낙원적인 예술가라는 무기를 들고 부패하고 타락한 인간이라는 구기독교적인 표상과 투쟁했다는 것은 이제jetzt 우리의 입장에서 본다면 별 관심거리가 아니다. 또한 오페라가 선량한 인간gute Menschen이라고 하는 대항 도그마, 즉 저 시대의 진지한 자들이 모든 상황의 잔인한 불확실성 속에서 강력하게 관심을 가졌던 저 염세주의에 대한 대항 수단으로 발견했던 대항 도그마로 이해되곤 했다는 것 역시 우리의 관심거리가 아니다.[16]

이러한 새로운 예술 양식의 고유한 마법과 발생이 완전히 비미학적인 필요(욕구)의 만족에 있었다는 것, 인간 자체의 낙관주의적 찬양이라는 것, 원인간을 본성상 선량하고 예술적인 인간으로 파악하고 있다는 것을 우리가 인식하는 것만으로도 충분하다.[17] 마찬가지로 오페라의 어떤 원리는 우리가 현대 사회주의 운동의 관점에서 본다면 더 이상 무시할 수 없는 위협적이며 파괴적인 **요청**으로 변했음을 인식하는 것만으로도 충분하다. '선량한 인간'이 자신의 권리를 찾으려 한다는 것, 이것은 얼마나 낙원 같은 전망인가![18]

1. '격정적으로 가사를 표현'한다는 것은 '노래 반, 말 반'의 레치타티보가 가사를 말로 표현함으로써 감정 표현을 직설적으로 드러냈음을 말한다.
2. 레치타티보의 발생 이유는 청중의 요구 충족이었다고 니체는 단언한다. 레치타티보의 발생 이유는 작가와 등장인물이 아니라 청중의 요구였다는 것, 가사와 대사를 알고 싶은 관객의 요구였다고 니체는 주장한다.

대립적인 의미에서 근대의 관객은 오페라의 창조자이다. 예술적으로 무능한 관객은 자신이 비예술적인 인간이라는 바로 그 이유로 하나의 예술 방식을 억지로 짜냈다. …… 그의 피조물이 레치타티보와 아리아이다. 또한 오페라의 최고 업적에서 근대인은 요구하는 자와 생산하는 자의 관점 위에 머물러 있다.'[69]

오페라의 레치타티보를 만든 동인은 무엇인가? 관객이다. 근거가 없으면 선뜻 동의할 수 없다. 누가 어떤 이야기를 했기에, 어떤 근거로 평범한 관객, 일반 대중, 일반적인 근대인, 일반적인 관객이 오페라의 창조자라는 결론을 내리는가? 니체는 그 근거를 연구 노트의 형태로 꼼꼼히 기록해 놓았다. 니체의 오페라관을 전체적으로 이해하기 위해서, 오페라에 근거하여 발전한 사상적 발전을 이해하기 위해서 무척 중요하므로 살펴보도록 하자.

하지만 가장 분명한 자료에 따르면 오페라는 **대사를 이해하려는** 관객의 요구와 더불어 시작했다. 16세기 말 오페라가 발생한 이탈리아에서 저 운동이 시작했을 무렵, 플로렌스의 그럴듯한 동아리, 특히 베르니오의 백작 바르디의 집에서 고대 음악Tonkunst의 부활 가능성에 관한 생생한 정례 토론의 결론에서 다음처럼 일치되는 결론을 내렸다. '새로운 음악Musik은 가사를 표현하는 데 아주 부적합하므로 이러한 불편함을 해소하기 위해서 가창풍의 선율Kantilene 또는 노래 방식이 채택되어야만 한다. 이 경우 대본의 말들이 이해되지 않으면 안 되고, 시구 또한 파괴되어서는 안 된다.'

예를 들어 바르디 백작은 카치니Caccini에게 보내는 편지에서 영혼이 육체보다 훨씬 고귀한 것과 마찬가지로 가사들이 대위법보다 훨씬 고귀하다고 다음과 같이 썼다. '당신이 공공장소에서 하인이 자신의 주인을 호위하면서 이런 명령을 내리는 것을 본다면, 또는 자신의 아버지나 선생님에게 경고하려는 어린아이를 본다면 많이 웃기지 않겠는가?'(Doni. TomII, p. 233 f.)

동일하게 아마추어적인 비음악적 전제하에서 음악과 시의 결합 문제가 야코포 코르시의 집에서 취급되었고, 여기에서 후원을 받았던 시인과 가수들에 의해서 저 전제의 의미에서 실험이 이루어지곤 했다.

이와 같은 오페라 초창기의 자아도취적인 문헌 속에서 **가사가 노래를 통해 모방되어야 한다**는 점이 지속적으로 반복되었다. 왜냐하면 사람들이 등장인물을 정확하게 이해해야만 한다는 저 요구에 가장 근접한 결론이라는 것은 바로 이 때문이다. 사람들은 이러한 최초의 실험자들 중 하나인 등장인물 야코포 페리의 다음과 같은 찬사를 들었다.(1608년 만투아에서 행해진 다프네 리누치니스Dafne Rinuccinis 공연에 관한 보고서 서문에서.) '나는 저 예술적인 방식인 레치타티보 방식으로 노래하고 찬미하는 것에 지치지 않을 것이다.'……'[70]

요지는 간단하다. 어떤 경우에도 가사는 들려야 하기 때문에 가사가 음악보다 중요하다는 것이다. 이것을 누가 요구했는가? 관객이다. 관객은 음악을 듣지 못해도, 무대를 보지 못해도 등장인물이 하는 말을 모두 알고 싶어 했다. 일종의 앎에의 욕구가 관객에게 발생했다. 오페라 발생 당시 예술 동아리 구성원들과 무대 등장인물들은 관객의 듣고 싶어 하는 욕구를 무시할 수 없었다. 그들은 일반 관객의 욕구를 받아들여 레치타티보를 만들었다.

3. 반은 말하듯이 하는 레치타티보는 청중이 대사와 가사를 쉽게 이해하도록 만든다. 이는 역설적 결과를 가져왔다. 청중이 음악에 신경 쓰기보다는 말에 집중하는 결과를 가져왔고, 결론적으로 청중이 음악에 심취하지 못하게 만들었다.

4. 위의 내용이 청중이 처하는 위험이라면 이번에는 레치타티보를 하는 등장인물이 처하는 위험이다.

오페라 등장인물은 기본적으로 노래하는 가수이므로, 말하기보다는 음악으로 표현하는 걸 선호한다. 하지만 가수는 레치타티보 양식상 말을 사용할 수밖에 없으므로, 음악을 강조하지 않아야 할 때 강조하는 난센스를 범한다. 음악 강조 현상이다. 또한 반대로 등장인물은 오페라에서 말하는 부분이 많지 않으므로 말을 기교 있게 표현하고 싶은 욕심에 빠진다. 대사 강조 현상이다.

한마디로 레치타티보는 등장인물이자 가수가 음악 강조와 대사 강조의 중간에서 우왕좌왕할 수밖에 없도록 만든다. 아리아에는 유명한 것이 많지만 레치타티보는 유명한 게 없다는 사실에 주목해 보자. 레치타티보가 음악과 말 사이에서 얼마나 어정쩡한 위치에 있는지 짐작할 수 있다.

5. 등장인물은 레치타티보를 하면서 말을 멋지게 표현하고 싶지만, 그 욕구는 언제나 음악적 요소에 제한당할 수밖에 없다. 반대로 가수는 음악을 멋지게 표현하고 싶지만 말에 의해서 제한을 받을 수밖에 없다. 음악은 말에 거세를 당하고, 말은 음악을 제어하는 그 모순적인 상황이 레치타티보의 숙명이다.

이 운명, 말과 음악을 마치 떼려야 뗄 수 없는 한 쌍의 원앙처럼 어우러지게 할 수는 없는가? 레치타티보를 예술적으로 표현할 방법은 없는가? 오페라 작곡가들이 항상 처하는 난관이다.

작곡가들은 이런 문제점을 벗어나기 위해서 다양한 방법을 쓴다. 그 방법이란 '서정적인 감탄사, 가사 반복과 격언 반복 등'을 레치타티보에 많이 넣는 것이다. 그러면 등장인물은 레치타티보를 하면서 음악을 많이 쓴 듯한 착각에 빠져 예술적인 활동을 한다는 위안을 얻는다.

6. "부자연스럽기도 하고"는 당연히 자연스럽다의 반대말이다. 자연스럽다는 고대 비극이 어떻게 자연스럽게 탄생했는가를 살펴보면 알 수 있다. 고대 비극의 탄생은 앞에서 다룬 것처럼 고대 디오니소스적 축제가 예술적으로 승화한 것이다. 디오니소스 축제를 무대 위로 올린 게 고대 그리스 비극이다. 자연스러움의 가장 중요한 요소는 축제에서 모든 민중들, 시민들이 모두 하나가 되어 있음이다. 비극은 이 하나 됨을 무대 위로 올린 것이다. 비극은 비극을 통해 민중들, 시민들을 하나로 응집시키는 과정이다. 이것이 자연스러운 것이다.

오페라는 어떻게 탄생했는가? 우선 앞에서 살펴본 것처럼 이론가 등이 특정 귀족의 방에 모여 이론적으로 연구한 다음 특정한 청각적(음악), 시각적(무대 장치와 시설), 개념적(시와 언어) 예술 장르들을 모아서 만들어 낸 게 바로 오페라이다. 만드는 과정 자체가 민중들, 시민들과 동떨어져 있으니 부자연스럽고, 인위적으로 창출하니 부자연스럽다. 이 점에서 니체는 최초의 연구 노트를 작성하면서 다음과 같이 말한다.

오페라는 …… 추상적인 이론에 따라 의식적인 의도와 더불어 고대 드라마의 효과를 얻으려는 목적에서 발생했다. 따라서 오페라는 실제로 인위적인 호문쿨루스homunculus로서, 우리 음악 발전에서 악의적인 요괴이다. 여기에서 우리는 고대적인 것의 직접적인 모방이 해를 끼칠 수 있음을 경고하는 예와 마주친다. 그러한 부자연스러운 실험을 통해서 민중의 삶에서 성장한

무의식적인 예술의 뿌리가 단절되거나 최소한 심하게 훼손된다.[71]

　예술이란 작업실에서 이론적으로 인위적으로 만들어져서는 안 된다. 특히 음악과 관련된 예술은 이론적인 근거가 아니라 서정시와 민요에서 보듯이 민중, 시민의 삶을 자연스럽게 반영하여야 한다. 니체는 이런 사상을 바탕으로 고대 그리스 비극이 자연스러운 예술인 반면 오페라를 부자연스러운 예술로 간주한다.

7. 고대 비극은 형상을 뜻하는 아폴론적인 것과 본질을 드러내는 디오니소스적인 것의 자연스러운 결합이다. 형상을 보여 주는 언어가 음악에 비해 중뿔나지도 않았고, 본질을 드러내는 음악이 형상을 압도하지 않았다. 그저 피리 소리와 북소리에 언어가 자연스럽게 실리고, 언어가 피리와 북소리에 얹혀 자연스럽게 전달되었다.

　레치타티보는 아폴론적인 것으로서 가사, 언어, 말 그리고 디오니소스적인 것으로서 음악의 자연스러운 결합이 아닌 부자연스러운 결합이다. 그 결과 어떻게 되는가? 음악과 언어의 전도 현상이 발생한다. 음악이 '목적을 위한 수단'으로, '형상과 개념들을 강화하고 명백히 하는 수단'으로[72] 전락한다. 이것은 '내적인 자가당착'이다. 음악은 그저 아폴론적인 가사를 전달하기 위한 하나의 수단으로 전락한다. 그 결과 디오니소스적인 것은 서서히 죽어 가거나 사멸한다. 니체는 강변한다.

　　저 개념에 따른 예술 장르로서 오페라는 따라서 음악의 혼란일 뿐만 아니라 미학에서 하나의 잘못된 표상일 뿐이다.[73]

오페라의 특징은 레치타티보이다. 레치타티보가 아무리 고대 비극을 형식적으로 기가 막히게 모방했다 할지라도 부자연스럽다. 레치타티보는 고대 비극과 잘못된 관계를 맺었다. 형식만 모방했을 뿐 본질을 모방하지 못했다. 이로 인해서 레치타티보는 본질적인 면에서 음악을 학대하는, 디오니소스적인 것을 압살하는 음악에 지나지 않다.

8. 음악적인 면에서 실패한 오페라는 왜 르네상스 이후에도 최고의 음악이 되었는가? 종교 지배 시대에도 오페라는 왜 받아들여지고 보호받았는가라는 질문에 연이은 질문이다. 이 질문에 대해 니체는 레치타티보의 양식이 '예술적 본능의 바깥에 있는 어떤 것'에 의지하고 있다고 답한다.

9. 레치타티보에 대한 니체의 비판이다. a와 b의 결합이 더 좋은 효과를 낼 때, 우리는 시너지 효과라고 한다. 사회적으로 인간과 인간의 결합은 시너지 효과의 극대화를 목적으로 한다. 하지만 오페라의 레치타티보는 아폴론적인 것을 의미하는 '서사적인 문체'와 디오니소스적인 것을 뜻하는 '서정적인 문체'의 단순 결합에 지나지 않았다.

레치타티보는 시너지 효과를 낸 것이 아니라 a와 b의 단순 결합인 '덩어리화'에 지나지 않았다. 심지어 레치타타보는 원자 a와 원자 b의 기본 속성을 무시하는 마이너스 효과를 냈다. 디오니소스적인 것을 죽임으로써 아폴론적인 것마저 죽게 만들었다. '호문쿨루스'와 '악의적인 요괴'는 오페라의 레치타티보를 한마디로 표현한 것이다.

10. 오르페우스에 대해서는 12장 2절 해설 5를 참조하면 좋다. 암피

온은 제우스와 안티오페의 아들로, 제토스와 쌍둥이 형제이다. 제토스는 농사와 목축, 싸움에 능했고, 암피온은 리라 연주가 뛰어났다.

암피온이 얼마나 연주를 잘했는지는 테바이의 성벽을 쌓기에서 알 수 있다. 제토스와 암피온의 어머니 안티오페가 테바이의 군주 리코스에게 붙잡혀 노예와 같은 생활을 했다. 제토스와 암피온은 리코스를 살해하고 테바이의 군주가 되었다. 그 후 그들은 성벽을 쌓게 되었다. 제토스는 몸의 힘으로 성벽을 쌓았고, 암피온은 리라를 연주하여 돌들이 움직여서 저절로 성벽을 쌓게 했다. 암피온은 리라를 헤르메스신으로부터 얻었으며, 여기다 세 줄을 더 넣어 리라를 개량한 것으로 유명하다.

니체가 왜 오르페우스와 암피온을 언급했는가? 다음 그림을 보자. 아폴론, 오르페우스, 암피온 모두 리라의 연주자들이다. 리라가 아폴론의 악기라면, 피리와 북, 탬버린 등은 디오니소스의 악기이다. 니체는 아폴론적인 것의 대표자인 소크라테스를 비판했고, 소크라테스적 문화인 오페라도 비판한다. 니체는 오르페우스와 암피온을 비판함으로써, 오페라가 소크라테스적인 문화이자 비극의 아폴론적인 것을 극단화했다고 암시한다.

레치타티보 양식의 고안자들은 '오르페우스, 암피온, 또한 그리스 비극의 신비스러운 효과를 설명할 수 있었다고 믿었다'고 고백한다. 이 고백은 비극을 계승 발전시킨 것이 아니라 아폴론적인 것, 달리 말하면 소크라테스적 예술을 계승했다고 스스로 선언한 거나 다름없다. 이는 반주가 거의 없으며 대사 중간중간에 하프시코드나 첼로의 멜로디가 짧게 들어가는 레치타티보 세코에서 잘 나타난다.

왼쪽부터 아폴론, 오르페우스, 암피온 (아폴론, 17세기, 이포리토 부찌, 국립 로마 박물관 알템 프궁 소장. 오르페우스, 조반니 바라타, 18세기 초, 코펜하겐 헤라클레스 파빌리온 소재. 암피온, 비엔나 쇠부른 정원 소재.)

레치타티보 세코는 본래 가사와 텍스트에 귀속된 것이 아니다. 이러한 반 음악 양식은 오히려 음악적인 귀에 작은 휴식(이러한 예술의 가장 숭고하고 이 때문에 또한 가장 긴장되는 즐거움으로써 멜로디로부터 휴식)을 주기 위한 것이다.[74]

레치타티보는 본래 음악을 위한 것이 아니라 음악에서 오는 피곤 (?)을 일시적으로 완화시키기 위한 것이다. 이런 점에서 레치타티 보는 음악이 중심인 비극과는 거리가 멀다. 니체는 이 점을 비판하 기 위해서 비극의 창안자들이 아폴론적인 것을 극대화시켜 음악을 소멸시켰다고 비판한다. 하지만 반대로 '레치타티보 세코는 본래 가사와 텍스트에 귀속된 것이 아니다.'라고 말한 것에서 알 수 있듯이, 레치타티보는 아폴론적인 것마저 살해한다.

11. 레치타티보 고안자들은 그리스인들의 음악을 부활시켰다고 믿었다. 그러나 니체는 그들이 오판했다고 말한다. 니체는 그리스인들이 가사를 전혀 강조하지 않았다고 보았다.

> 오페라의 발명자들이 레치타티보에서 그리스인의 관례적인 용법을 모방했다고 믿었다면, 이는 소박한 착각이다.[75]

12. 'Ur'을 어떻게 번역할 것인가? Ur은 주로 '원'이나 '원시', '근원' 등으로 번역하곤 한다. '원시'는 인간 문명 이전의 시대를 연상시킨다는 점에서 문제가 있다. '근원'은 현재의 삶과 삶의 현실과 동떨어진 철학적 의미가 너무 강하다는 점에서 한계가 있다. '원'은 되돌아가야 할 근원적인 지점이자 그 당시 삶의 형태를 보여 주는 의미를 담고 있어서 적당한 번역어라고 판단된다.

예컨대 '원세계Urwelt'는 인간이 꿈꾸는 원래의 세계라는 뜻이자, 그리스 비극에서는 축제와 같은 비극에서 얻어지는 세계라는 뜻이다. '원인간Urmenschen'은 인간이 본래 자유와 기쁨을 누렸다는 뜻이자, 그리스 비극에서는 비극을 관람하면서 스스로 본래적인 인간으로 되돌아감을 뜻한다. 이때 인간은 인간과 더불어 하나가 되고 온갖 동물과 식물과도 하나가 된다. '원시대Urzeit'는 인간이 인간으로서 행복과 기쁨을 누리는 시대이자, 그리스 비극에서 비극을 관람하면서 시간이 멈춰지고 인간이 본래의 상태로 되돌아감을 의미한다.

13. 이 문장은 표면적으로 오페라 작가들이 음악의 힘, 특히 레치타티보의 힘을 믿었으며, 이 독특한 양식을 통해 낙원과도 같은 '원세계'에 빠져들 수 있었다는 것을 뜻한다. 니체가 이 말을 사용한 것은 앞에서 언급한 오르페우스와 암피온과 연관될 뿐만 아니라 호라티우스 시학과도 깊은 연관이 있다.

신들의 사제이자 해석자인 오르페우스는 야만적인 인간 종족이 살인하고 비인간적으로 먹는 것을 금지시켰고, 곧이어 호랑이와 광포한 사자도 길들였습니다. 테바이 성벽의 건설자인 암피온 또한 자신의 리라 소리에 맞춰 돌들을 옮기고 잘 설득하여 자신이 뜻하는 곳으로 옮겨 성벽을 쌓았습니다. 이것이 사적 행복과 공적 행복을 구분하고, 불경스러운 물건과 신성한 물건을 구분하고, 난교를 금지하고, 결혼한 사람들에게 법을 제공하고 도시를 설계하고, 나무판 위에 법을 새기는 저 옛날의 지혜로 여겨졌습니다. 이 덕분에 신성한 시인과 그들의 노래에 명예가 주어졌습니다. 이후 아주 뛰어났던 호메로스와 티르타이오스Tyrtaeus는 자신들의 시로 전사들의 영혼에 호전적인 업적을 성취하라고 불어넣었습니다. 시에는 신탁이 부여되었으며, 삶의 섭리가 지적되었고, 지배 군주의 총애가 피에리아 배출Pierian drain로 얻어졌으며,[76] 게임들이 만들어지고 그날의 지루한 노동 뒤에 기분 좋은 시간이 다가왔습니다. 당신은 서정시의 뮤즈와 노래의 신 아폴론을 부끄럽게 여겨서는 안 됩니다.[77]

니체가 말하는 '원세계'와 위의 시에서 말하는 '원세계'는 전혀 다른 세계이다. 1장에서 니체는 디오니소스적 축제에서 인간과 인간이 하나 되고, 인간이 서로 평등해지고, 나아가 인간과 동물이 하나가 된다고 서술했다. 호라티우스가 말하는 '원세계'는 인간 중심적 세계, 사회 중심적, 국가 중심적 세계이다.

오르페우스와 암피온이 말하는 원세계는 인간을 인간의 본연의 것이 아니라 제도와 규율 속에 몰아넣고, 동물들을 길들임의 대상으로 바라본다. 이처럼 인간의 감정이 중심인 시는 서정시적이 아니라 서사시적이다. 이들이 바라는 원세계는 '서정시'를 '구색 맞추기용으로 끼워 넣기' 했지만, 인간의 길들임, 제도와 질서의 창조, 군주와 찬양이라는 점에서 궁극적으로 아폴론을 찬양하는 세계이다.

오페라의 창시자이자 레치타티보 고안자들이 말하는 '원세계'는 니체가 말하는 디오니소스적인 '원세계'와 질적으로 완전히 다른 세계이다. 그들은 '원세계'에 도달했다고 자부했을지 모른다. 하지만 이 세계는 인간과 인간, 인간과 사회, 인간과 국가를 형식적으로 연결시키는 말과 대화와 표상에 의지한다는 점에서 아폴론적인 질서의 세계에 지나지 않는다. 이 원세계를 창조한 음악은 음악이 목적이 아니라 수단이 되는 예술세계에 빠져든다. 니체 비판의 요지는 바로 이 지점이다.

14. 여기에 우리는 '누가'라는 말을 붙여야 한다. '누가' 강력하게 필요로 했는가? '누가' 비미학적인 예술을 필요로 했는가? '누가' 전원에 대한 갈망과 예술적이고 선량한 인간의 원시대적urvorzeitliche 존재를 믿었는가? 다름 아닌 근대인, 일반 대중, 일반 시민들이고, 18장식으로 표현하면 교양인이고, 19장식으로 이야기하면 '청중'이자 '관객'이다. 오페라 창작자에 대한 주요 논의는 다음 절에서 나온다.

15. 레치타티보를 부르는 모습을 일반적으로 묘사한 것이다. 니체는 대중들이 레치타티보식으로 감정을 말과 노래로 섞어 하는 방식과 본래의 고대 비극 무대에 선 인간들의 노래하는 모습을 같은 것으로 보고 있다고 비판한다.

16. 이 단락은 르네상스 시대 휴머니스트들의 오페라에 관한 일반적이자 긍정적 평가이다. 첫 번째 긍정적 평가는 오페라는 원죄를 지은 인간이라는 구기독교적 표상과 싸웠다는 점이다. 두 번째는 오페라는 염세적 운명관을 지닌 종교적 염세주의자들과 대항했다는 점이다. 이를 간단하게 표로 정리하면 아래와 같다.

표에서처럼 내용적 측면에서 본다면 오페라에는 상당히 긍정적 요소가 있을 수 있다. 오페라는 르네상스 시대에 커다란 기여를 두 가지 했다. 첫째, 오페라는 '선량한 인간'을 전제함으로써 종교가 전제하는 '타락한 인간'에 대항해서 맞서 싸웠다. 둘째, 오페라는 '선량한 인간이라는 대항 도그마'를 가지고 고통스러운 인간의 삶을 포기하고 사후 행복을 추구하는 염세주의에 저항했다. 한마디로 오페라는 종교 권력이 지나칠 정도로 강력한 힘을 발휘하던 시대에 인간의 삶과 운명을 종교 질서에서 벗어나 노래했다는 점에서 극히

	원문	의미	원문	의미
첫 번째 문장	낙원적인 예술가	오페라 창작자	부패하고 타락한 인간	원죄를 지은 인간
두 번째 문장	선량한 인간이라고 하는 대항 도그마	이론적인 인간 학문적인 인간	저 시대의 진지한 자들	성직자와 종교인들
	모든 상황의 잔인한 불확실성	인간의 삶이나 운명	염세주의	종교 교리를 뜻하는 도그마

혁명적이다. 르네상스 시대에 오페라는 인간의 되찾기로서 상당한 공헌을 했음에 틀림없다.

니체는 이러한 일반적인 평가와 달리 '우리의 관심거리가 아니다.'라고 말하면서 이런 평가에 관심이 없다고 공개적으로 선언한다. 오히려 니체는 오페라가 과연 그런 긍정적 기능을 했는가에 대해 회의적이거나 오히려 악영향을 끼쳤다고 단언한다.

17. 2절의 내용을 간단하게 요약 정리한 것이다.

18. 오페라와 현대 사회주의 운동과의 연관성은 추론을 필요로 한다. 가사를 잘 듣고 싶어 하는 대중의 욕구가 오페라의 레치타티보를 만들어 내듯이 민중의 경제적 필요와 욕구의 해결은 사회주의를 만들어 낸다. 오페라가 목가적 이상 상태라는 낙관주의적 전망을 가지고 있었던 것처럼 사회주의 역시 이상적 사회를 그리고 있다.

오페라는 인간이 본래 선량했지만 제도, 종교, 권력 등에 의해 망가졌다는 것을 전제하고, 레치타티보가 타락한 인간을 원인간으로 되돌릴 수 있다고 가정한다. 사회주의 역시 경제적 측면에서 질곡을 받은 인간들이 사회주의적 이상을 실현하면, 인간의 본래 본성을 되찾아 순박한 인간으로 되돌아갈 수 있다고 가정한다. 니체는 이러한 생각을 낙원 같은 전망이라고 치부한다.

다시 보기 1

해설 16에 나오는 종교 교리라는 '도그마'와 이에 대항하는 '선량한 인간이라고 하는 대항 도그마'는 이해하기 쉽지 않다. 니체의 '선량한 인간'의 개념이 끊임없이 변하기 때문이다. 니체의 '선량한 인간'에 대한 개념 변천사를 살펴보자.

종교는 본래 '선량한 인간'을 전제한다. 틀렸다! 종교는 선량한 인간을 전제하지 않는다. 우리가 다 알고 있는 것처럼 종교는 원죄를 지은 인간, 업을 지은 인간을 전제한다. 종교는 인간을 선한 인간이 아니라 죄 지은 인간으로 전제한다. 종교에서 '선량한 인간'은 목적이자 과제이다. 종교에서 '선량한 인간'은 '모든 상황의 잔인한 불확실성' 속에서 실행해야 할 목표이자 과제이다. 즉, 현세에서 '선량한 인간'으로 살아야만 사후에 '선량한 인간'으로 대접받아 영생을 얻거나 좋은 곳으로 윤회한다는 것이 종교의 기본 틀이다.

앎과 '선량한 인간'의 관계를 살펴보자. 왜 학문적인 인간이 선량한가를 니체의 말을 따라가 보고, '선량한 인간'이 어떤 의미 변화를 겪는지 추적하고, 결과적으로 왜 '선량한 인간'이 종교적인 것에 귀착하는지 알아보자.

우선 니체에게 '선량한 인간'이란 이론적 인간과 연관이 있다. 이에 대한 상세한 내용은 소크라테스 부분을 참조하면 좋다. 니체는 자신의 사상을 정립하는 초기에 '선량한 인간'을 모든 사물과 공동체의 진실을 이론적으로 이해할 줄 아는 형이상학적 인간, 이론적인 인간과 일치시킨다.

> 선량한 인간은 이제 또한 진실하게 존재하고 모든 사물의 진리를 믿는다. 그는 공동체뿐만이 아니라 세계의 진리도 믿는다. 이와 더불어 규명 가능성 또한 믿는다. 무엇 때문에 세계가 그를 속일 것인가?[78]

모든 사물의 근본 진리까지 규명 가능하다고 믿는 것이 '선량한 인간'이다. 소크라테스식으로 말하면 세상의 모든 질서에 존재하는 올바름이 있다고 믿고서, 이를 인간 사회에까지 적용시키는 것이 '선량한 인간'이다. 니체는 '선량한 인간'을 '진리의 애호가'라는 단순한 의미를 넘어서 사회적으로 윤리적으로 확장시킨다. 니체는 선량한 인간을 아래와 같이 간단히 보여 준다.

1. 자신의 (법적) 의무를 다하는 하지만 동시에	자신의 마음을 따른다
2. 용감한 자	부드럽고 온화한 자
3. 스스로를 다스리는 자	성품이 좋으며, 무리하지 않는 자
4. 경건한 자	진리의 애호가
5. 믿음이 있는 자	자신에 복종하는 자
6. 뛰어나고 고고한 자	경멸하지 않는 자
7. 자비로운 자	투쟁과 승리를 갈구하는 자[79]

이 점에서 우리가 알고 있는 현대인, 교양인, 종교에 찌들어 사는 자는 모두 선량한 자의 범주에 들어간다. 니체는 극단적으로 '맹수에서 변한 저 가축 떼, 선량한 인간'[80]이라는 말을 하기도 하고, '증오, 격노, 구토하지 않는, 적의 없는—선량한 인간이란 일종의 퇴화, 아니면 자기기만'[81]이라고 말하기도 한다. 하지만 '선량한 인간'에 적어도 위의 7번에서 보듯이 '투쟁과 승리를 갈구하는 자'라는 최소한의 인간적 개념이 존재하기도 한다. 이 점은 상당히 중요하다.

니체는 사회적으로 '선량한 자'라는 개념을 사상의 말기에 가서는 더 비관적으로 확장시킨다. '투쟁과 승리' 자체를 갈망하지도 않을 뿐만 아니라 다만 살아갈 뿐인 '선량한 인간'을 등장시킨다. 기존 질서나 권력에 의해 순치되고 길들여진 자가 '선량한 인간'으로 등극한다. 달리 말하면 니체는 노예와 같은 정신을 가지고 살아가는 자를 선량한 자로 개념화시킨다.

니체는 "'선량한 인간'은 나쁜 제도들(압제자와 성직자)에 의해 망쳐지고 현혹되었다."고 말함으로써 대다수의 근대인을 '선량한 인간'을 지향하는 인간이라고 비판적으로 고찰한다. 더 나아가 니체는 궁극적으로 신이 '선량한 인간'의 근거가 되었다고 극렬하게 비판한다.

> 자연인으로서 '선량한 인간'은 공상이었다. 하지만, 신의 작업이라는 도그마에 의해서 진실한 것이자 근거 있는 어떤 것이 되었다.[82]

니체는 말년에 들어서 '선량한 인간'을 우리가 살고 있는 시대 대다수의 인간이라고 명료하게 지적한다. '선량한 인간'이란 누구인가?

> '첫째, 약한 자이자, 둘째, 편협한 자이자, 셋째, 무리 동물이다.'[83]

'선량한 인간'은 형이상학적 진리 추구에서 출발하여 결국 도덕적 개념과 종교적 개념에 경과하여 현재를 살고 있는 인간에 대한 총평가의 성격을 지닌다. 니체의 입장에서 '선량한 인간'은 가장 약한 자이자 어리석은 자이자 나라나 종교가 말한 것을 아무 반항도 하지 않고 따르는 길들여진 가축과 같은 자이다. '선량한 인간'이라는 말을 듣는다면 가장 치욕스러운 '욕'을 듣는 것과 마찬가지이다.

이상에 본다면, 해설 16번에서 보듯이 니체적인 의미에서 '선량한 인간이라는 대항 도그마'가 왜 종교적 관점의 도그마에 대립하는지, 왜 혁명적인 의미를 지니는지가 드러난다. 하지만 형이상학과 종교적 개념의 관점에서 보듯이 오페라가 말하는 대항 도그마라는 것은 결국 인간을 해방시킨 것이 아니라 인간을 노예화시킨다는 니체의 부정적 평가가 충분히 드러난다.

다시 보기 2

오페라 관객의 잘 알고 싶은 욕구는 마치 요즘 외국영화를 보는 우리들의 일반적 태도와 비슷하다. 현재 많은 사람들은 외국영화를 보면서 주인공의 연기나 화면, 배경 음악보다 자막에 집중하곤 한다. 관객의 자막 집중 현상 이면에는 등장인물의 말을 통해 스토리의 흐름과 내용을 알고 싶은 욕구가 놓여 있다.

심지어 이 현상은 국내 드라마나 영화에서도 나타난다. 집에서 국내 드라마나 영화를 볼 때도 자막을 켜 놓는 일이 자주 있다. 자막 집중 현상은 이 점에서 오페라 발생 당시의 관객의 알고 싶은 욕구와 동일하다.

오페라 관객의 잘 알고 싶은 욕구는 반드시 문제를 가져온다. 레치타티보를 통한 스토리의 빠른 전개, 극의 내용 이해, 주인공 심리의 이해는 오페라 감상의 몰입도를 높이기도 한다. 반면 레치타티보에의 집중은 오페라 내내 흐르는 아름다운 음악을 놓치게 만드는 결과를 초래한다.

레치타티보에 의한 내용을 얻고 감상을 잃는 현상은 요즘 드라마와 영화 보기에도 적용된다. 자막에 집중하다 보면 주인공의 연기, 화면과 화면의 그 배경, 음악을 놓치기 일쑤다. 마침내 스토리만 남고 감상은 사라져 버린다. 급기야 자막에 집중했던 드라마나 영화를 다시 보면 처음 보는 생소한 장면이 너무 많다는 느낌을 받기도 한다.

드라마와 영화를 제대로 감상하고 싶다면 자막을 포기해야 한다. 극단적으로 말하면 등장인물이 하는 말들을 무시해야 한다. 음악과 주인공의 표정, 배경에 집중해 보자. 언어로 얻어질 수 없는 다른 어떤 것을 풍부하게 얻을 수 있을 것이다.

3. 이론적 인간과 비판적 비전문가의 산물로서 오페라

나는 이에 덧붙여 또한 오페라가 우리의 알렉산드리아적 문화와 동일한 원리들 위에 세워져 있다는 나의 관점에 명확한 증거를 제시하겠다. 오페라는 예술가들이 아니라 이론적 인간, 비판적인 비전문가의 산물이다. 이는 모든 예술의 역사에서 아주 낯선 사실이다.[1]

사람들이 무엇보다도 가사를 이해해야만 한다는 것은 아주 비음악적인 청중의 요청이었다. 주인이 노예를 지배하듯이 사람들이 본문의 가사Textwort가 대위법Kontrapunkt을 지배하는 어떤 노래 방식을 발견하는 고대 음악Tonkunst의 재탄생을 기대했다면, 이런 것을 기대한 것 역시 청중들이었다. 왜냐하면 영혼이 육체보다 고귀한 것과 꼭 마찬가지로 가사가 수반되는 화음 조직harmonische System보다 중요하기 때문이다.[2] 오페라의 초창기에 이러한 관점의 전문 지식이 부재한 비음악적 야만과 더불어 음악, 형상, 가사의 결합이 이뤄졌다. 이러한 미학의 의미에서 플로렌스의 고상한 문외한들 속에서, 여기에서 후원을 받는 작가와 등장인물에 의해서

최초의 실험이 행해졌다.[3]

예술에 무능한 인간이 비예술적인 인간이라는 사실에 의해서 하나의 예술 양식을 낳았다. 예술에 무능한 인간은 디오니소스적 음악의 깊이를 알지 못했기 때문에, **레프레젠타티보 양식**을 이용하여 음악의 향유를 이해 가능한 가사의 수사학Wortrhetorik과 열정의 음조 수사학Tonrhetorik으로 그리고 성악 기법Gesangeskünste의 환희로 변형시켰다.[4] 예술에 무능한 인간은 어떤 환영도 볼 수 없었기 때문에, 기술자와 무대 예술가를 고용할 수밖에 없었다.[5] 예술에 무능한 인간은 예술가의 진정한 본질을 파악하는 법을 몰랐기 때문에, 자신의 취향Geschmack에 따라 '예술가적 원인간', 즉 열정으로 노래하고 시를 읊는 인간을 눈앞에 불러낸다. 그는 노래와 시를 짓기 위해서 열정만으로 충분한 시대에 도달했다고 꿈꾼다. 마치 예술적인 어떤 것을 창조하는 데에 정념(흥분, 격정, Affekt)만 있으면 된다는 식이다.[6]

오페라의 전제는 예술적인 과정에 대한 잘못된 믿음, 모든 감성적인 인간이 예술가라는 저 목가적 낙원에 대한 믿음이다. 이러한 믿음의 의미에서 오페라는 예술에 있어서 아마추어 정신Laienthums의 표현이다. 이 근성은 이론적 인간의 명랑한 낙관주의와 더불어 자신의 법칙을 강요한다.[7]

1. 2절이 대중의 관점에서 본 오페라의 창조라고 한다면, 3절은 예술가, 예술 이론가의 관점에서 본 오페라의 창조이다.

예술가가 새롭게 창조하지 않는 예술은 있는가? 세상의 모든 새로운 예술은 다 예술가에 의해서 시작되었다. 음악과 미술의 새로운 양식도 기존의 음악과 미술에 대한 반성과 창의적 해석을 통해 예술가가 새롭게 시작한다. 어떤 예술도 예술가가 창조하지 않은 예술이 없다.

그러나 예술가가 창조하지 않는 단 하나의 예술이 있다. 오페라다. 오페라는 예술가가 시작한 것이 아니라 이론가에 의해 처음 창조되었다. 순전히 이론적 힘에 의해서 만들어진 예술이 바로 오페라이다.

오페라를 제외한 모든 예술에서 이론가나 평론가는 예술이 만들어진 후 개입할 뿐이었다. 앞에서 살펴본 것처럼 오페라는 이론과 이론가에 의해 만들어진 유일무이한 예술이다. 정말 신기하지 않은가! 니체는 바로 이 신기한 현상이 왜 발생했는가를 소크라테스적 예술론에 근거하여 추적한다.

2. 주인 = 본문의 가사 = 영혼 = 가사의 등식이 성립되는 반면, 노예 = 대위법 = 육체 = 화음조직의 등식이 성립된다. 음악의 주인이 가사이고 음악의 영혼 역시 가사가 되는 반면 음악은 가사의 노예가 된다. 니체의 입장에서 주인과 노예가 뒤바뀐 현상, 언어가 음악의 주인이 되는 전도 현상이 발생한다.

주인이 노예가 되고 노예가 주인이 된다면, 그렇다면 음악이라고 할 수 있는가? 니체는 앞에서 청중이 예술 창조자로 등장하면서 이런 현상이 발생했다고 지적한다. 청중들이 예술의 창조자에게 가사를 잘 듣게 해 달라고 요청한 것이 결국 음악을 파괴했다고 니체는 주장한다.

이러한 현상은 이미 11장 3절 "**관객**der Zuschauer이 에우리피데스에 의해 무대 위로 도입되었다고 말하는 것으로 충분하다."와 "관객은 이제 에우리피데스의 무대 위에서 자신의 분신을 보고 그들이 말하는 걸 들을 수 있게 되었"다에서 이미 그 조짐이 나타난다. 하지만 이때에도 예술의 창조자는 예술가였다. 오페라가 창조되는 시기에 오페라의 창조자는 예술가가 아니라 예술 이론가들이었다.

우리는 이 외에도 '대위법에 실린 가사에 왜 만족하는가?'를 알아볼 필요가 있다. 대위법은 하나의 기본 주제에 대비되는 또 다른 주제음이다. 서로 다른 음 속에 테너, 소프라노, 엘토가 각자 같거나 다른 가사를 노래로 부르면 귀에 쉽게 들린다. 특히 대위법은 음악의 수학화 또는 수학의 음악화라고 해도 좋을 만큼 규칙적으로 움직이기 때문에 가사 이해에 무척 용이하다. 가사는 대위법을 이용하여 자신의 내용을 효과적으로 전달했다. 음악의 주인인 대위법이 가사의 시녀가 되었다.

3. 오페라의 오랜 역사를 대중과 예술에 관심을 가진 지식인의 관계에서 일반적으로 정리하면 다음과 같다. 학자나 이론가가 대중들을 이론적 인간, 교양인으로 만들기 위해 아주 오랜 시간 동안 대중들에게 지식을 주입했다. 그러자 대중은 많이 똑똑해졌다. 마침내 대중은 한발 더 나가 스스로 알고자 노력했으며, 잘 알아듣기 위한 예술이 필요하다고 주장한다.

대중은 알려고 하는 욕구로 인해 예술에 관심을 가진 이론가들에게 잘 알아들을 수 있는 예술을 만들라는 전대미문의 새로운 기획을 요구한다. 대중은 선율이 아니라 가사를 알아듣기 쉬운 음악을 만들라고 예술에 관심이 있는 지식인들과 이론가들에게 요구한다. 이론가들은 고심 끝에 새로운 음악 양식을 만들어 낸다. 그 산물이 곧 오페라의 레치타티보 양식이다.

4. 레치타티보로 대표되는 레프레젠타티보 양식이 정립된 후, 오페라는 어떻게 되었는가? 음악이 아니라 가사로 논리를 표현하는 '가사의 수사학', 음의 높낮이로 내용을 표현하는 '음조의 수사학'이 된다. 음악은 궁극적으로 '노래 반, 말 반'의 독특한 성악 기법이 되고, 이를 통해 기쁨을 전달하는 수단이 된다.

5. 그리스 비극은 환영적인 것을 보여 주는 아폴론적인 것과 본질적인 것을 드러내는 디오니소스적인 것의 결합이다. 형상을 드러내는 환영과 음악으로 나타나는 본질은 그리스 비극 속에서 서로 어우러져 하나의 예술로 나타난다. 이 중 하나가 없다면 그리스 비극은 성립할 수 없다. 오페라는 어떤가? 오페라의 레치타티보는 '노래 반, 말 반'의 형태로 나타나면서 본질을 보여 줄 수 없었으며, 형상마저도 제대로 드러내지 못하는 결과를 가져온다.

그 결과는 무엇인가? 형상과 환영마저도 사라져 버린다. 그리스 비극에서 디오니소스적인 것이 사라지자 아폴론적인 것마저 사라지듯 말이다. 이때 예술 창작자들은 어떤 대안을 세우는가? 대중들을 설득하기 위해서는 눈에 보이는 '그 무엇'이 필요했다. '그 무엇'을 말로도 음악으로도 보여 줄 수 없으므로, 오페라 창작자들은 화려한 무대를 꾸미기 위해 기술자와 무대 예술가가 필요했다.

이러한 전조 현상은 12장 7절에서 나타나는 '그 악명 높은 기계장치의 신'에서 이미 나타났다. 아이스킬로스와 소포클레스의 무대 위에서 드러나지 않았던 '기계장치의 신'이 에우리피데스에게서 결론을 장식하는 화려한 도구로 나타났다. 이유는 대중에게 신적 진실성을 보여 주기 위한 것, 즉 보여 주기이다. 이 보여 주기는 오페라에서 레치타티보에 의한 '환영 상실'과 '형상 상실'의 필연적 결과로 거대하고 화려한 무대 장치로 나타난다.

6. 창작을 위해 필요한 것은 무엇인가? 무엇보다도 예술적인 재능, 천재적인 능력이 필요하다. 남들과 다른 눈으로 세상을 보고 아름답거나 기괴하게 또는 끔찍하거나 고상하게 표현할 능력이 없다면 창작은 불가능하다.

하지만 오페라를 보라. 기술자가 무대를 만들어 주고, 무대 예술가가 보완을 해 주고, 작가가 감탄사 등을 넣어 가사도 써 준다. 그렇다면 오페라 창작자가 창작하기 위해 꼭 필요한 능력은 무엇인가? 없다. 아니 있다고 한다면, 오페라를 꼭 창조하고 싶다면 욕심, 정념만 있으면 된다. 세상에 이렇게 편한 방법으로 예술가가 될 수 있는 또 다른 예술이 있는가? 니체의 한탄이다.

7. 모든 감성적인 인간이 예술가일 수는 없다. 감성적 인간은 예술가의 필요조건이기는 하지만 충분조건은 아니다. 예술가의 충분조건은 타고난 재능, 천재적 능력이다. 대다수의 감성적인 인간은 예술 향유자로서 지위에 만족한다.

하지만 오페라 창작자의 생각에 따르면 모든 감성적인 인간이 예술가이다. 창작하고자 하는 정념만 있으면 오페라를 창작할 수 있기 때문이다. 말 그대로 아마추어라도 감성과 열정만 있으면 위대한 예술 창조자가 될 수 있다. 니체의 주장대로 오페라 창조 시대에는 이 말이 맞다.

이 말이 일반적으로 맞는가? 니체는 천재적인 예술가만이 진정한 창조자라고 누누이 말한다. 무엇이 맞는가? 고민해 볼 필요가 있다.

Laientum을 속물근성으로 번역하기도 하지만 잘못된 오역이다.

아마추어 정신이 올바른 번역어이다. 내용상으로 본다면 전문 예술가가 아니라 예술 문외한, 예술에 관심이 있지만 예술로 밥을 먹고 살지 않는 사람, 예술을 취미 삼아 재미 삼아 즐기는 사람, 예술에 발을 조금 담가 본 사람이 예술을 창조한다면 그를 무엇이라고 부를 것인가? 딜레탕티슴Dilettantismus이다. 우리는 이를 아마추어라고 부른다.

다시 보기

예술은 협업의 산물인가, 천재적 창조자의 산물인가? 케케묵은 논쟁이다. 특별한 경우가 아니라면 협업의 산물도 예술로 존중받아야 한다. 우리가 가장 대중적으로 접하는 영화는 처음부터 끝까지 협업의 산물임을 부정할 수 없다.

문제를 바꿔 보자. 니체가 말한 대로, 열정만 가지고 있는 사람이 예술을 창조한다면 어떨까? 자본이 만약 열정도 살 수 있고, 그 열정을 바탕으로 예술을 만든다면 어떨까? 국가나 어느 특정 집단 역시 열정을 구입할 수 있고, 협업을 통해 예술을 창작한다면 어떤 결과가 나올까? 자본에 종속된 예술, 권력에 예속된 예술이 '진정한' 예술의 옷을 입고 우리 앞에 뽐낼 것이다.

우리가 접하는 대규모 예술과 대부분의 대중예술은 모두 협업의 산물이다. 우리는 니체가 말하는 천재적 예술가의 영감에 의한 예술을 접하기 힘든 시대에 살고 있다. 천재가 죽은 것이 아니라 천재가 자본과 집단과 국가에 포섭되었다. 천재의 영감은 이윤의 종복이자 이념의 도구가 된 지 이미 오래다. 천재는 이미 포로가 되었다. 천재라 할지라도 자신이 원하는 대로 영감을 발휘하지 못하는

시대다. 돈벌이 수단이 된 천재, 이념의 도구가 된 천재는 슬픔과
연민의 대상일 뿐이라고 니체는 한탄할 것이다.

4. 오페라의 한계

우리가 오페라의 발생시 동등하게 묘사했던 두 가지 효과적인
표상을 하나의 개념으로 통합시키고자 한다면, 우리에게는 **오페
라의 목가적인 경향**이 떠오를 것이다.[1] 이 경우 우리는 실러의 표
현과 설명만을 이용해도 된다. 실러는 자연Natur을 상실한 것으로,
이상에 도달하지 못하는 것으로 묘사한다면 슬픔Trauer의 대상이
라고 언급했다. 또한 자연과 이상이 실현 가능한 것으로 표상된
다면, 양자는 기쁨Freude의 대상이라고 실러는 말했다. 전자는 좁
은 의미에서 비가Elegie를, 후자는 넓은 의미에서 목가Idylle를 제공
한다.[2]

여기서 이제 곧장 오페라의 발생에서 저 두 가지 공통적인 특
징에 주목해야 한다. 오페라의 발생에서 이상은 도달하지 못하지
않았다는 것, 자연은 상실되지 않았다는 것으로 느껴진다는 점이
다.[3] 이러한 느낌에 따르면, 인간의 원시대Urzeit가 존재한다. 이 시
기에 인간은 자연의 품속에 있으며, 이러한 자연성 속에서 동시
에 인간의 이상 낙원적인 선량함과 예술성에 도달해 있었다. 즉,
우리 모두는 어떤 완전한 원인간의 후예이며, 우리는 원인간의
신뢰할 만한 동일 형상이다.[4] 우리는 이러한 원인간을 인식하기
위해서 자유의지로 우리의 몇 가지, 즉 피상적인 지식과 넘쳐 흐
르는 문화를 버리기만 하면 된다.[5]

르네상스 시대의 교양인은 그리스 비극의 오페라적인 모방을

함으로써 자연과 이상의 그와 같은 함께 울림, 즉 목가적 현실로 되돌아갈 수 있었다. 그는 낙원의 문까지 인도되기 위해서 단테가 베르길리우스를 이용했던 것처럼 그리스 비극을 이용했다.[6] 반면 르네상스 시대의 교양인은 여기에서 독자적으로 한층 더 비약했고, 가장 수준 높은 그리스 예술의 모방에서 '모든 사물의 회복',[7] 인간의 근원적 예술세계의 모방으로 넘어갔다.[8]

이론적 문화의 품 안에서 이와 같은 뻔뻔한 노력의 확신에 찬 선량함이라니! 이 선량함은 '인간 자체'가 영원한 미덕을 지닌 오페라 주인공, 즉 영원히 피리를 불거나 노래하는 목자라는 것, 인간이 한때 실제로 자신을 상실한다 할지라도 곧 다시 자신을 당연히 재발견한다는 것에 대한 신뢰할 만한 믿음에서만 설명 가능하다. 또 하나 가능하다면, 이 선량함은 달콤한 유혹적인 향기처럼 여기에서 소크라테스의 세계관에서 솟아 나오는 낙관주의의 결실에서만 설명될 수 있다.

1. 이 문장을 간단하게 말하면 다음과 같다. 오페라는 목가적인 경향이 있는데, 이는 레프레젠타티보 양식과 레치타티보에서 비롯한다.

'두 가지 효과적 표상'이란 레프레젠타티보 양식이 적용된 레치타티보에 나타난다. 하나는 2절에서 주로 다룬 것으로 청중의 예술 관람적 관점이다. 즉, 대중들이 알아들을 수 있는 음악을 요구했다는 것, 대중들이 예술가들에게 자신들이 알아들을 수 있는 음악을 만들라고 요구했다는 것, 예술가는 대중의 필요와 욕구를 반영해 레치타티보를 만들었다는 점이다. 다른 하나는 3절에서 다룬 것으로 예술가의 창조적 관점이다. 즉, 이론적 인간, 비판적인 비전문가가 가사와 음악을 결합하여 레치타티보를 만들었다는 점이다.

4절은 이상의 사실에서 2절과 3절을 결합하여, 오페라가 목가적 예술이라는 그 목적을 달성했는가를 다룬다.

2. 이 문장을 이해하기 위해서 가장 먼저 필요한 것은 실러적인 의미에서 'Natur'의 의미를 알아보는 것이다. 이 글에서는 Natur를 '자연'으로 번역하기는 하지만, 의미는 '본질' 또는 '이데아' 등의 의미에 가깝다. 실러는 자연을 다음과 같이 정의한다.

> 자연 그 자체는 의미상으로는 파악되지 않는 정신의 이데아Idee이다. 자연은 현상의 은폐 속에 놓여 있기는 하지만 현상 그 자체로 나타나는 법이 결코 없다.[84]

이 점에서 본다면 Natur는 현상과 대비되는 개념으로 디오니소스적인 것이다. 하지만 Natur를 본질이나 이데아로 번역하기도 쉽지 않다. 위에서 보듯이 Natur는 현상 속에 그대로 존재하기 때문이다. 따라서 번역어는 '자연'으로 하되, '본질', '이데아'이지만 예술적인 형상으로 만들어진 것, 환상적인 것, 아폴론적인 것으로 해석해야 한다. 반면 '이데아'는 본질을 간직한다는 점에서 이상이지만 형상으로 만들어지는 것, 형상으로 드러나지 않으면 의미 없는 것이다. 예술에서 자연과 이상은 상호 보완적인 형태로 형상으로 드러나야만 한다.

이를 바탕으로 전체 문맥은 간단하게 정리할 수 있다. 니체는 '자연'과 '이상'을 다 달성한 예술가가 작품을 제시한다면 관객이나 청중들에게 기쁨을 주고 둘 다 이루지 못하면 슬픔을 준다는 것, 기쁨을 주면 '목가'이고, 슬픔을 주면 '비가'라고 정리한다.

3. 레치타티보를 아주 익숙하게 받아들이는 우리 시대의 입장에서 이 문장을 살펴서는 안 된다. 레치타티보가 발생했던 당시 레치타티보를 처음 듣거나 생소한 것으로 받아들였던 관객이나 청중의 입장에서 이 문장을 다음과 같이 읽어야 한다. 그들은 오페라의 레치타티보를 통해 아폴론적인 환상을 의미하는 이상에도 도달했고 디오니소스적인 본질을 뜻하는 자연을 잃지도 않았다고 어렴풋하게나마 확신했다.

4. 오페라의 레치타티보를 들었던 사람들은 어떤 느낌에 빠졌는가? 그들은 다음을 가정한다. 원시대가 존재하고, 그 안에서는 원인간들이 살고 있으며, 그들은 선량한 존재들로서 예술에 흠뻑 취해 살았다. 그들은 원인간의 후예들로서 오페라의 레치타티보를 들으면서 이 가정이 현실에서 실현되었다고 느낀다.

5. '원시대', '원인간'을 인식하기 위해서 무엇이 필요한가? 오페라의 레치타티보를 감상하면서 내 자유의지를 사용하여 기존에 가지고 있었던 지식과 문화를 멀리하면 된다. 아뿔싸! 문제가 발생한다. 니체는 『우상의 황혼』, "네 가지 중대한 오류들"에서 '자유의지'마저도 오류라고 지적한다.

> 각자의 행동은 의지된 것으로 여겨져야만 했으며, '각자의 행동'의 기원은 의식 속에 놓여 있다고 여겨져야만 했다.[85]

니체에 따르면 자유의지마저도 이미 만들어지고 주입된 것이다.

우리가 자유의지를 버려야만 '원시대', '원인간'을 느낄 수 있다는 것은 위조된 느낌이거나 강요된 감상일 뿐이다. 교양인으로 교육받았기 때문에 그렇게 느낄 뿐이다. 오페라의 레치타티보는 아폴론적인 것의 강화일 뿐이다. 우리는 레치타티보를 통해 자연을 느낄 수 없으므로 원시대, 원인간으로 되돌아갈 수 없다.

6. 르네상스 교양인 = 단테이고, 베르길리우스 = 고대 그리스 비극이다. 단테가 지옥, 연옥, 천국을 여행할 수 있었던 것은 고대 로마 시인 베르길리우스의 안내 덕분이었다. 이와 비유하여 르네상스 교양인이 오페라를 만들고 감상할 수 있었던 것은 고대 그리스 비극을 모방한 덕분이라고 니체는 설명한다.

7. '모든 사물의 회복Wiederbringung aller Dinge'은 두 영역에서 살펴볼 수 있다. 하나는 종교적인 것으로, 만물이 궁극에 가서 본성의 상태로 회복한다는 뜻이다. 즉, 인간이 신에 의해 구원받아 원죄를 짓기 이전의 상태로 되돌아가는 것, 구원을 받음을 뜻한다. 다른 하나는 르네상스적인 의미로, 인간이 본성을 회복한다는 것, 인간성의 회복을 뜻한다. 둘 다 본래의 상태로 되돌아간다는 점에서 공통적이다.

니체의 사상에서 '모든 사물의 회복'은 그리스적 비극의 인간 상태로 되돌아간다는 뜻이다. 니체는 놀라운 시대에 도달하면, 알렉산드리아적 문화의 단계를 벗어나 비극의 시대에 이르면, '예술의 형식에서 인식 못지않게 살아가는 가능성을 인식한다.'라고 말한다. 니체는 이것을 '비극적 인간의 형식'이라고 말한다. 이 '인간'은 '소크라테스적인 인간에서 …… 다시 비극적 인간'이 됨을 뜻한다.

이 비극적 인간이 살아가는 세계는 '유일하고 가장 심오한 삶의 가능성'이 실현되었던 '그리스 세계'를 뜻한다. 이런 시대는 곧 르

단테의 조각배 (외젠 들라크루아, 1822년, 루브르 박물관 소장)

네상스 시대이다. 르네상스 시대는 '모든 사물의 회복'의 시대이다. 근대의 교양인들은 오페라의 레치타티보 형식을 통해 '모든 사물의 회복'을 가능케 했다고 주장할 뿐만 아니라 '인간의 근원적 예술세계'를 모방할 정도가 되었다고 주장한다.

니체는 근대 교양인들의 이런 '비약'에 비판적일 뿐만 아니라 조소한다. 니체는 '모든 사물의 회복'을 위해서는 '음악정신에 대한 격렬한 투쟁'을 극복하고서 '바흐, 베토벤, 바그너를 통해' 인식의 인간(소크라테스적인 인간)으로부터 음악적인 인간(비극적인 인간)으로 전환되어야 한

다고 주장한다.[86]

8. 이론적 문화는 '모든 사물의 회복'과 '인간의 근원적 예술세계의 재발견'을 신화처럼 믿는다. 소크라테스적인 낙관주의 관점은 이 두 가지를 체계적으로 설명한다. 니체는 이론적 문화의 품 안에서 '모든 사물의 회복'과 '인간의 근원적 예술세계의 재발견'이 불가능하다고 주장한다.

오페라적 문화는 이론적 문화이고, 이론적 문화에서는 '모든 사물의 회복'이 불가능하다고 니체는 주장한다. 소크라테스적인 이론적 문화는 극복의 대상이지 개조의 대상이 아니다. 똥을 아무리 거르고 거른다 할지라도 똥이라는 사실은 변하지 않는 것처럼, 이론적 문화가 아무리 비극적 문화를 모방한다고 해도 비극적 문화가될 수 없다.

다시 보기

진정한 예술이란 무엇인가? 니체는 이 질문을 형상(객관성)과 본질(자연)을 어떻게 결합시켜야 할 것인가로 바꾸고 실러의 입을 빌려 답한다. 실러의 설명에 따라 이 질문을 추적해 보자. 실러는 진정한 예술이란 무엇인가라는 질문을 던지고 답한다.

진정한 예술이란 실제적이고 객관적인 어떤 것을 바라기 때문에 단순히 진실의 가상에 만족하지 못한다. 예술은 진실 그 자체 위에, 자연이라고 하는 확고하고 뿌리 깊은 토대 위에 자신의 이상적 토대를 세운다.

하지만 어떻게 예술이 전적으로 이상적인 동시에 깊은 의미에서 실제적일 것인가—어떻게 예술이 현실적인 것을 완전히 떠나서 자연과 완전

히 일치해야 할 것이고 일치할 수 있을 것인가, 이것을 파악한 사람은 거의 없다.[87]

실러의 설명에 따르면 진정한 예술이란 눈에 객관적으로 보이는 것인 동시에 본질(자연, 이데아)을 다루어야 한다. 객관성과 본질을 동시에 완벽하게 드러내는 예술가는 많지 않다. 아니 극히 드물다. 대다수의 예술가는 '창조적 능력 결핍, 본질 투시'의 예술가이거나 반대로 '창조력 보유, 본질 무시'의 예술가일 뿐이다.[88]

환상적인 형상을 서로 나열한다고 해서 이상적인 것으로 들어간다고 일컫지 못하고, 현실적인 것을 모방한다고 해서 자연을 묘사한 것이라고 말하지 못한다.[89]

전자는 일종의 철학적 예술가로서 예술을 통해 본질을 드러내는 데 성공할지는 모르지만 형상을 제대로 표현하는 데 실패한다. 후자는 표현적 예술가로 예술을 통해 본질을 드러내지는 못하지만 형상을 제대로 표현하는 데 성공한다. 철학적 예술가나 표현적 예술가는 본질과 형상 중 하나만 제대로 표현한다는 점에서 얼치기 예술가일 뿐이다.

예술이란 무엇인가? 본질을 형상으로 드러내는 동시에 형상 속에서 본질을 보여 주는 것이 예술이다. 니체식으로 말하면 디오니소스적인 것과 아폴론적인 것의 결합이다. 아폴론적인 것만 강조하면 말초적이거나 도덕적 결론으로 귀결되고, 디오니소스적인 것만 강조하면 본질을 드러내지만 이해할 수 없다. 우리가 수없이 접하는 대중영화는 말초적이거나 도덕을 강조하고 우리가 드물게 접하는 예술영화는 심오하지만 이해할 수 없다.

이 형상과 본질의 경계선 위에 적당하게 서 있는 예술이 존재할 것인가? 실러나 니체의 바람대로 양자의 균형이 잘 갖춰진 예술이 진정 존재하는가?

니체는 진정한 예술이란 무엇인가라는 질문을 던진 후, 다음 절에서 예술의 임무란 무엇인가를 묻는다.

5. 말의 음악 지배

따라서 오페라의 속성에는 영원한 상실이라는 저 비가적인 고통이 전혀 없다. 오히려 영원한 재발견의 기쁨이 서려 있는데, 이 기쁨이란 목가적인 현실에 대한 조용한 쾌감으로서, 사람들이 최소한 모든 순간 실제하는 것으로 표상한다.[1] 사람들은 아마도 한 번쯤 이와 같이 잘못 오인한 현실이 환영적인 어리석은 희롱에 지나지 않는다는 걸 알아차릴 것이다. 그러면 진정한 자연의 무서운 진지함을 알아차리고 인류의 시원적인 고유한 원장면과 비교한 사람이라면, 이 희롱을 '환영아 저리 가라!'라고 구토하며 소리쳐야만 했다.[2]

그럼에도 불구하고 사람들이 오페라처럼 그와 같이 희롱한 존재가 유령처럼 힘 있는 외침으로 간단히 추방할 수 있다고 믿는다면, 자기기만일 것이다. 오페라를 절멸시키려는 자는 저 알렉산드리아적 명랑성과 전투를 개시해야만 한다. 왜냐하면 이 명랑성은 오페라로 자신의 총애하는 표상을 소박하게 표현했으며, 오페라가 곧 알렉산드리아적 명랑성의 예술 형태이기 때문이다.[3]

하지만 오페라의 경우 예술 형태의 작용으로부터 무엇을 기대할 것인가? 그 예술 형태의 기원이 미학적 영역에 일반적으로 있던 게 아니라 오히려 반⁴도덕적 영역으로부터 예술적인 영역으로 넘어 들어가고 이 잡종적 발생을 여기저기에 숨겨서 알지 못하게 만들지 않았는가! 이처럼 기생적인 오페라라는 존재가 진정한 예술의 수액을 먹고 자라지 않았다면 어떤 수액을 먹고 자라났겠는가?⁴

오페라의 목가적인 인도하에서 그리고 오페라의 알렉산드리아적인 비위 맞추기 기술 속에서 가장 최상이자 가장 진정한 것으로 일컬어진 예술의 임무—암흑의 공포를 바라보는 눈을 구원해 주고 주체를 가상의 치유적 향유를 통해서 의지 반응의 경련으로부터 구제해 주는 것—가 아무런 내용도 없는leeren 희열 경향과 기분 풀이적인zerstreuend 여흥 경향으로 변종되었다는 추측이 가능하지 않겠는가?⁵

내가 그러한 양식 혼합을 **레프레젠타티보 양식**의 본질이라고 설명했던 것처럼, 그 혼합 속에서 디오니스적인 것과 아폴론적인 것의 영원한 진리는 어떻게 될 것인가? 음악이 하인으로 그리고 본문의 가사가 주인으로 간주되는 곳에서, 음악이 육체로 그리고 본문의 가사가 영혼으로 비유되는 곳에서, 음악의 최상 목적이 일찍이 신 아티카 디티람보스와 유사하게 고작 개작된 음화Tonmalerei⁶를 지향하는 곳에서, 음악이 디오니소스적 세계의 반영이라는 진정한 가치로부터 완전히 소외되고, 따라서 음악이 현상의 노예로서 현상의 형식적 본질을 모방만 하고 그리고 보선Linien과 비례Proportionen⁷의 역할 속에서 외적인 희열만 자극하는 것 외에는 아무런 역할도 하지 못하는 곳에서, 그러한 양식 혼합 속에서 디오니스적인 것과 아폴론적인 것의 영원한 진리는 어떻게 될 것인가?[8] 엄격하게 고찰한다면, 음악에 대한 오페라의 이와 같은 숙명적인 영향은 근현대 음악 전체의 발전과 일치한다.[9] 오페라의 발생과 오페라에 의해서 대표되는 문화의 본질 속에 숨어 있는 낙관주의는 음악이 자신의 디오니소스적인 세계적 운명을 박탈당하고, 자신에게 그 형식적 역할과 만족적 성격을 각인당하는 것을 불안할 정도의 빠른 속도로 달성한다. 아이스킬로스적 인간의 알렉산드리아적 명랑성 인간으로의 변형이 이와 비교될 만하다.[10]

1. 5절의 전체적인 내용은 오페라의 실패를 다룬 장이다. 그 실패는 디오니소스적인 것에의 접근 불가능성이다. '영원한 상실'은 실질적인 '자연(본질, 이데아)'에의 접근 불가능을 뜻한다. 그럼에도 불구하고 오페라는 '모든 사물의 회복'을 달성했다고 주장하고 '인간의 근원적 예술세계'를 표현했다고 말한다. 오페라가 이런 목적을 달성했다고 볼 수 없다는 것이 니체의 주장이다.

2. '진정한 자연의 무서운 진지함'이란 자연과 본질세계의 본래 모습을 말하는 것이자 디오니소스적인 세계를 뜻한다. '인류의 시원적인 고유한 원장면'이란 시간적 의미가 아니라 상황적 의미이다. 이 장면은 디오니소스적 세계가 예술로 드러난 상태인 그리스 비극, 인간이 직면하는 원초적 상황, 즉 고통과 죽음이라는 절박한 상황에 직면함을 뜻한다.

디오니소스적 세계를 느끼고 인간의 원초적 고통을 잘 아는 자가 오페라를 보면 어떤 느낌이 들까? 오페라에서 나타난 비극적 상황, 그 뒤에 오는 해피엔딩과 도덕적 결말을 보면 어떤 느낌이 들 것인가? 이른바 비극 뒤에 결말로 따라오는 명랑성, 해피엔딩, 착한 자는 결국 복을 받고 구원을 받는다는 도덕적 결론에 역겨움이 느껴지지 않겠는가? 위선적인 허위와 가식적인 결말에 구토를 느끼는 것은 너무나 당연한 일이 아니겠는가?

구토는 언제 나는가? 체했을 때 나타나는 생리적 현상이 아니라면, 현실을 미화시키고 고통에도 불구하고 현재를 살아갈 만하다고 너스레 떠는 문학, 철학, 사상을 본다면 구토가 나올 수밖에 없다. 구토는 생리적 현상이 아니라면 사회적 현상에 기인한 심리적 현상이다. 인간에게 주어진 엄혹하고 가혹한 상황은 어떤 상황에서도 해소될 운명이 아니다.

3. 오페라를 인위적으로 없앨 수 있는가? 불가능하다. 이미 오페라는 하나의 고유한 예술 장르로 존재하고, 오페라를 창작하는 창조자가 존재하고, 오페라에서 노래하고 연기하는 배우들이 존재하고, 오페라를 소비하는 청중과 관객이 존재하기 때문이다.

그렇다면 어떻게 제거할 수 있을 것인가? 오페라의 정신적 기초와 전투를 벌여야 하고 이론적 기초를 폭파시켜야 한다. 소크라테스의 사상과 철학과 전쟁을 벌인 것처럼, 소크라테스에 기반을 둔 알렉산드리아적 이론적 문화와 전투를 벌였던 것처럼, 이론적 문화에 기반을 둔 오페라와 투쟁해야만 한다. 니체가 내린 결론이다.

4. 오페라는 알렉산드리아적 문화에 기초한 예술과 도덕의 결합 산물이다. 오페라는 결국 도덕적 결론을 내기 위한 예술의 이용이자 사용이다. 예술이 도덕의 시녀로 전락한 전형적인 사례가 오페라이

다. 우리가 흔히 보는 영화, 드라마 역시 오페라처럼 예술과 도덕의 결합이다. 현대의 대중예술이 대부분 도덕과 윤리를 감춘다는 것은 불편한 진실이지만 부정할 수 없는 사실이다.

잡종과 시너지는 차이가 있다. 시너지는 합해지면 더 많은 힘을 발휘하고 효과를 내지만, 잡종은 색과 색이 결합되는 무늬 효과만을 발휘할 뿐이다. 그리스 비극이 디오니소스적인 것과 아폴론적인 것의 혼합으로 시너지 효과를 냈다고 한다면, 오페라는 도덕적인 것과 예술적인 것(시각적 예술 + 청각적 예술)의 인위적 잡종에 의해 무늬만 요란해졌을 뿐이다.

5. 이 문장은 다음처럼 정리할 수 있다. 암흑(죽음)—눈(시각이나 관점)—죽음 이후 세계—음악과 춤의 향유에 의한 구원—디오니소스적인 것이라고 한다면, 의지 반응의 경련(고통스러운 삶)—주체—고통 느낌—가상의 치유적 향유(무대 장치, 아름다운 모습 등에 의한 구원)—아폴론적인 것이다.

니체적인 의미에서 예술의 고유한 임무란 무엇인가? 이 질문은 위의 정리와 연관되며, 이 책이 가진 문제의식의 출발점과 일치한다. 인간에게는 삶의 고통과 사후세계 희망이라는 질병이 따라다닌다. 종교는 인간은 태어나면서부터 고통이란 질병을 타고난다는 운명팔이 장사치이고, 선한 행동을 하면 사후 행복을 보장한다고 약속하는 희망팔이 거간꾼이다. 종교는 고통의 거간꾼이자 희망의 전도사이다. 하지만 종교는 현실의 고통을 직접 줄여 주지도 못하고 사후 행복을 약속하지만 실제로 보장하지도 못한다.

니체는 예술을 고통의 완화제와 희망의 보장제라고 말한다. 그는 예술의 임무란 고통스러운 삶의 완화와 사후 희망 기대를 알려 주는 것이라고 말한다.

니체가 말하는 예술의 임무는 명확하다. 현재 현실의 고통을 치료하고, 사후의 암흑 세계에 대한 불안을 제거하는 것이다. 비극의 두 주인공, 수동적 영웅의 삶을 보여 주는 오이디푸스와 능동적 영웅의 삶을 드러내는 프로메테우스를 보라. 이들을 그린 그리스 비극을 보라. 그들은 누구보다 심한 고통을 당했지만 사후 행복을 보장받았다. 예술이란 이런 것이다. 그 작품을 보고 듣고 느낌으로써 현재의 고통을 잊게 해 줄 뿐만 아니라 사후 불안도 제거하는 것, 이것이 예술의 주요 임무이다.

오페라를 보라. 오페라는 고통과 희망을 어떻게 다루는가? 오페라는 자연(이데아)에 다가가지 못하고 겉보기식 본질만을 보여 줄 뿐이다. 오페라는 '아무런 내용 없는 희열'일 뿐이다.(에우리피데스의 비극이 파토스만을 추구했던 것을 상기해 보자.) 오페라의 화려한 무대 장치, 재미난 레치타티보와 아름다운 아리아가 현재 삶의 고통을 줄여 주지는 못한다. 오페라는 '기분 풀이적인 여흥'일 뿐이다.

오페라는 예술의 본질적 임무인 삶의 고통 망각과 사후의 행복 보장을 제공하지 못한다. 오페라는 단지 화려한 밤나들이를 위한 오락거리, 비싼 돈을 지불해야 하는 유희 행위일 뿐이다. 오페라에는 삶에 대한 직접적 고찰도 없으며, 사후에 대한 직관적 성찰도 없다. 니체에 따르면 오페라는 비극의 진정한 계승자가 아니다.

6. 음화Tonmalerei에 대해서는 17장 5절 해설 6을 참고하면 된다.

7. 보선Linien은 악보의 선을 말하고 비례Proportionen는 정량기보법에서 비례에 입각한 것을 뜻한다. 니체는 보선과 비례를 비유적인 말로 사용하여, 오페라적인 음악이 형식화, 계량화되어 본질에 다가갈

	고전적 비극	오페라
주인	음악	가사
하인	가사	음악
영혼	음악	본문의 가사
육체	본문의 가사	음악
유사 사례	바그너의 악극(19장 6절 언급)	신 아티카 디티람보스(17장 5절 상술)
음악의 역할 1	디오니소스적 세계의 진정한 반영	디오니소스적 세계의 진정한 가치 무시
음악의 역할 2	자연(본질, 이데아) 표현	현상의 노예로서 현상의 형식적 본질만 모방
음악 효과의 결과	보선과 비례와 무관하게 내적 희열 충만	보선과 비례에 따른 외적 희열 자극

수 없음을 말한다.

8. 비극에서 아폴론적인 것과 디오니소스적인 것의 시너지 효과가 오페라에서 어떻게 변태하는가를 보여 준 내용이다. 오페라는 단지 레프레젠타티보 양식의 레치타티보만 도입했을 뿐이다. 형식의 사소한 변화가 내용의 급진적 변화를 초래한다. 이 내용을 표로 정리하면 위와 같다.

오페라는 궁극적으로 디오니소스적인 것과 아폴론적인 것의 시너지적인 결합을 파괴하고, 결국 아폴론적인 것만의 강화를 가져온다. 그 결과 디오니소스적인 것이 소멸할 뿐만 아니라 궁극적으로 아폴론적인 것마저 사멸할 운명에 처한다.

9. 오페라는 르네상스 당시 음악, 연극, 무대 예술 등의 종합예술이자 가장 수준 높은 예술로 여겨졌다. 오페라는 그 당시 가장 영향력

있는 예술이기도 했다. 하지만 이 오페라가 근본적인 결함을 가진다면? 오페라가 태생적인 한계를 지닌다면? 오페라의 발전 과정 자체가 말, 언어, 표상, 도덕적 교훈에 치우친다면? 오페라의 가장 커다란 특징인 레치타티보가 근본적으로 불구라고 한다면? 니체의 이런 가정에 우리는 놀랄 수밖에 없다.

　다양한 예술 장르가 태생적 불구의 오페라에서 영향받아 성장했다면 어떤 결과를 초래할까? 이미 니체는 그 결과를 '아무런 내용도 없는 희열 경향과 기분 풀이적인 여흥 경향'을 초래하는 동시에 '자연의 소멸'을 가져온다고 말했다. 다시 말하면 오페라의 영향을 받은 대다수 예술은 '희열'과 '여흥', 한마디로 '오락'과 '기분 풀이'만 추구할 뿐 죽음에 대한 응시와 삶의 고통을 응시하지 않는다.

10. 아테네 비극의 오페라로의 전환은 아이스킬로스적인 '비극적' 인간의 알렉산드리아적 명랑한 인간으로의 변형과 비교된다. 형식적인 변화가 근본적으로 인간 유형의 변화를 초래한다. 능동적 영웅으로서 제우스에 맞섰으며, 고통을 스스로 자처하고 그 운명에 맞섰으며, 마침내 고통과 운명을 이겨 내고 새로운 삶을 얻었던 아이스킬로스의 프로메테우스적 인간상은 사라진다. 그 자리에 오페라를 보면서 눈물 흘리고 감동하며, 도덕적이고 종교적인 삶을 살아야겠다고 다짐하며, 사후에 행복할 것이라는 약속을 믿는 명랑한 인간, 알렉산드리아적 인간이 서 있을 뿐이다. 프로메테우스적인 영웅적 인간은 사라지고 약삭빠르고 이기심에 충만한 그래쿨루스적인 인간, 제5계급, 노예 같은 인간이 세상의 주인공이 된다.

예술의 임무란 무엇인가? 예술은 삶의 고통으로부터 인간을 구원하고 인간이 죽음의 공포를 이겨 내도록 해야 한다. 니체의 핵심 주장이다.

음악을 왜 듣는가? 들을 때 어떤 상태에 빠지는가? 몸과 맘이 편안해진다. 한 편의 소설을 읽으면 어떤 느낌이 드는가? 인간에게 주어진 삶의 고통을 관조하게 된다. 영화를 보면 어떤 생각이 드는가? 정의의 승리에 내심 환호하며 현실의 부조리와 불공정, 불평등을 잊는다. 우리가 주변에서 흔히 접하는 예술은 아름다움이라는 기본적인 속성 이외에 몸과 마음을 편안하게 하는 기능을 한다. 잠시 잠깐이지만 삶의 고통을 잊게 해 준다.

하지만 니체의 말대로 예술을 통해서 죽음의 공포를 이겨 낸 적이 있는가? 거의 없을 것이다. 아니, 전혀 없을 것이다. 소설 한 편을 읽으면서 죽음의 본질과 그 본질세계를 넘어 어떻게 살아야 할 것인가 고민한 적이 있는가? 있다면, 정말 감응성이 풍부한 독자이다. 영화를 관람하면서 죽음의 공포를 이겨 낸다는 생각을 한 적 역시 거의 없을 것이다. 있다면 아주 감수성이 풍부한 관객이다.

죽음의 공포 극복은 지금까지 전적으로 종교의 몫이었다. 하지만 이 역할을 예술이 담당해야 한다고 니체는 선언한다. 니체에 따르면 고대 그리스 비극 이외에 어느 예술도 죽음의 공포를 극복하게 해 준 사례가 거의 없다. 현재의 예술도, 미래의 예술도 이 역할을 하기는 쉽지 않을 것이다.

그렇다고 종교에 의지할 것인가? 잘 되면 기도를 열심히 한 덕분이고, 잘 안 되면 부족한 기도 탓으로 돌리는 종교를 믿을 것인가?

종교를 믿으면 보이지 않는 도덕과 윤리에의 굴복이고 믿지 않으면 비로소 새로운 길이 열린다. 하지만 기존의 모든 예술은 죽음의 공포 극복이라는 막중한 임무를 다하지 못했다. 죽음의 공포를 극복하기 위해 남는 것은 단 하나다. 스스로 죽음의 공포에 맞서는 것이다.

누구나 태어나면 죽기 마련이고, 인간은 끊임없이 생성과 소멸의 와중에 있을 뿐이다. 소멸의 공포를 잊고, 그 공포에 맞서 생성의 즐거움을 찾아내는 것이다. 모든 생명에는 질주하는 죽음 본능이 있는 반면, 어떻게든지 살아남으려는 생명 본능도 있다. 생명 본능은 삶의 고통에도 불구하고 삶을 찬양하고 죽음의 공포도 두려워하지 않는다. 바로 이 때문에 모든 생명은 죽음 본능에도 불구하고 삶을 영위한다.

죽음은 단지 죽음일 뿐이지 공포의 대상이 아니다. 죽음의 경험을 일반화할 수는 없다. 누구도 죽음을 피할 수 없다. 피할 수 없다면 이겨 내는 수밖에 없다. 모진 고통을 겪었던 오이디푸스처럼 죽음을 담담하게 받아들이자. 극심한 고통을 이겨 내었던 프로메테우스처럼 의지로 죽음을 넘어서자. 혼자 이겨 내기 힘들 때, 불완전하고 미약한 힘을 지닌 예술에서 죽음의 공포를 이겨 낼 수 있는 샘물을 퍼내야 한다. 종교가 아니라 내가 죽음의 공포를 이겨 낼 마중물이 되어야 한다. 그래야만 예술에서 생명 본능, 생명의 무한한 물을 무한정 길어 낼 수 있다.

6. 오페라의 한계를 넘어선 독일 음악의 발생

하지만 우리가 정당하게 여기서 약술한 예시와 더불어 디오니소스적 정신의 소멸을 상당히 의심스럽기는 하지만 지금까지 잘 설명하지 않았던 그리스적 인간의 변화와 쇠퇴와 연관시켰다면, 이제 가장 확실한 조짐Auspizien이 전도된 과정, 즉 디오니소스적 정신의 점진적인 자각을 우리의 현대 세계에서 보증한다면, 우리 안에서 어떤 희망이 당연히 솟아나지 않겠는가!

헤라클레스의 신적인 힘이 옴팔레의 엄청난 강제 노동하에서 영원히 소진된다는 것은 가능하지 않다.[1]

독일 정신의 디오니소스적 토대로부터 하나의 힘이 솟아 나온다. 이 힘인 독일 음악은 소크라테스적인 문화의 원조건과 아무런 공통점도 없으며, 이 조건으로부터 설명되지도 않을 뿐만 아니라 이해되지도 않는다. 오히려 소크라테스적인 문화는 독일 음악을 무서운 것이자 설명할 수 없는 것, 강력한 것이자 적대적인 것으로 발견할 뿐이다.[2] 우리는 바흐에서 베토벤, 베토벤에서 바그너에 이르는 독일 음악의 강력한 태양의 질주에서 이 힘을 이해해야만 한다.

우리 시대의 인식 갈망적 소크라테스주의는 깊숙한 곳에서 끊임없이 솟아오르는 이와 같은 마신Dämon에 어떻게 대처할 수 있겠는가? 오페라의 멜로디라는 톱니바퀴와 아라베스크에 의해서 그리고 푸가의 수학적 주판과 대위법적 대화의 도움을 받는다 할지라도, 세 배나 강력한 빛으로 저 마신을 비굴한 노예로 만들고 말하도록 강제할 공식을 발견하지 못할 것이다.[3] 오늘날jetzt 우리의 미학자들이 자신들에게나 적합한 '미美'라는 어망을 들고서 자신들이 개념적으로 파악하지 못하는 생명을 지니고 뛰어 돌아다니는 음악의 천재Genius[4]를 몰아대고 잡으려 든다면, 얼마나 구경

거리이겠는가. 더구나 이 소동은 영원한 미도 숭고함으로도조차 여겨지지 않는다.

이러한 음악의 후원자들을 한번쯤 가까이 다가가서 생생하게 살펴보라. 그들이 그토록 지치지 않고 '미여!', '미여!'라고 소리쳐 외친다면, 그들이 아름다움의 품 안에서 만들어지고 응석받이로 자라난 상태Natur의 총아인지 아닌지, 또는 그들이 오히려 자신들의 거칠음에 대해 거짓되고 은폐된 형태를, 느낌 부재의 무미건조함 대신에 미학적 핑곗거리를 추구하는 것인지 아닌지 살펴보라.[5] 나는 대표적으로 오토 얀Otto Jahn[6]이 생각난다.

하지만 독일 음악 앞에서는 거짓말쟁이이자 위선자도 조심해야 할지도 모른다. 왜냐하면 우리의 모든 문화 중에서 독일 음악은 유일하게 맑고 순수하며 정화된 불의 정령이기 때문이며, 모든 사물은 불의 정령으로부터 출발하여 불의 정령에 도달하며, 에페소스의 위대한 헤라클레이토스의 가르침처럼 이중 궤도doppelter Kreisbahn[7]를 따라 움직이기 때문이다. 우리가 오늘날jetzt 문화, 교양, 문명이라 부르는 모든 것은 속일 수 없는 재판관 디오니소스[8] 앞에 한번쯤 출두해야 할 것이다.

1. 이는 헤라클레스와 옴팔레의 관계를 알렉산드리아적 문화이자 소크라테스적 문화인 오페라와 고전 그리스 비극의 부활에 비유하여 설명한 문장이다.

헤라클레스는 알크메네와 제우스의 아들로 헤라의 질투를 받았다. 헤라는 헤라클레스에게 정신착란을 벌로 주었다. 헤라클레스는 정신착란 상태에서 친구인 오이칼리아의 왕자 이피토스를 살해했

헤라클레스와 옴팔레
(프랑수아 르무아느,
1724년, 루브르 박물
관 소장)

다. 그러자 신들은 헤라클레스에게 리디아 여왕 옴팔레의 노예로 3
년간 살아야 하는 벌을 내렸다. 헤라클레스는 이때 옴팔레의 옷을
입었고, 반대로 옴팔레는 헤라클레스의 사자 옷을 입고 헤라클레스
의 곤봉을 들고 있었다. 헤라클레스는 옴팔레의 명령에 따라 여러
가지 업적을 달성한다. 3년이 지난 후 옴팔레는 헤라클레스가 신의
자식임을 알고 풀어 준다.

이를 비유적으로 설명하면 다음과 같다. 헤라클레스는 그리스 비
극이자 디오니소스적 정신이고 그리스적 인간인 반면, 옴팔레는 소
크라테스적 이론이자 알렉산드리아적 문화이고 오페라이다. 비록

전자가 후자에 의해 압도당하는 듯 보이고, 오페라가 문화의 주류를 차지하는 듯 보인다. 하지만 헤라클레스가 옴팔레의 속박에서 풀려났듯이 그리스 비극과 그 정신이 새롭게 솟아날 '조짐'이 보이고 마침내 오페라를 극복할 것이다. 그 조짐의 대표자가 바로 한편으로는 독일 음악이고 다른 한편으로는 독일 철학이다.

2. 이 문장은 13장 5절의 다음 문장을 연상시킨다. "사람들이 소크라테스를 완전히 수수께끼 같은 어떤 자, 이름 붙일 수 없는 어떤 자, 설명할 수 없는 어떤 자로 국경 너머로 쫓아낼 수 있었다면……" 아테네인들이 소크라테스를 낯설게 보았듯이, 알렉산드리아적 문화와 오페라는 '독일 음악'을 낯선 것이자 적대적인 것으로 받아들인다. 니체에 따르면 독일 음악이 고대 아테네의 비극 정신을 계승하고 있기 때문이다.

3. 이 문장은 12장 3절의 다음 문장의 반대이다. "에우리피데스 입에서 나온 신이란 디오니소스도 아니고, 마찬가지로 아폴론도 아니었으며, 전적으로 새롭게 태어난, 즉 **소크라테스**라고 불리는 마신 Dämon이다." 반면 여기에서 마신은 '독일 음악'이다.

'세 배나 강력한 빛'이란 괴테의 『파우스트』 1권 1317 이하에 나오는 내용으로, 파우스트를 유혹하기 위해 메피스토펠레스가 나오기 직전 장면이다. 여기서 파우스트가 다음과 같이 말하자 메피스토펠레스가 대학생으로 변신하고 나온다.

> 성스러운 불꽃으로 네 놈을 그을리리라!
> 삼중으로 타오르는 불꽃을
> 기대하지 마라!

내 기교 중에서 가장 강력한 것은 기대도 하지 마라!

　이상에서 본다면 메피스토펠레스 같은 마신이 '독일 음악'이고 오페라와 푸가는 '삼중의 불꽃'이다. 이를 풀어 설명하면 아래와 같다. 니체는 오페라의 멜로디와 푸가의 기법을 알렉산드리아적 음악의 전형으로서 이성적이고 수학적인 원리에 의해서 움직인다고 파악한다. 음과 음, 화음과 화음이 수학적으로 정확하게 맞아떨어지지 않으면 푸가는 일반적으로 성립하지 않기 때문이다.

음과 음, 화음과 화음이 꽉 짜여져 돌아가는 캐논 악보 (요한 파헬벨의 캐논 악보, 1680년)

니체에 의하면 '오페라의 멜로디'는 하나하나 이가 맞물리는 톱니바퀴처럼, 꽉 짜여진 아라베스크 무늬처럼 진행된다고 파악한다. 니체는 푸가가 일반적으로 수학 공식처럼 꽉 짜맞춰 돌아가고 있어서 '수학적 주판'이란 말을 썼고, 푸가가 대위법을 주로 사용하므로 '대위법적 대화'라는 말을 사용했다.

니체는 오페라와 푸가의 음악적 기법과 '마신'인 독일 음악을 비교한다. '마신' 독일 음악은 기존의 오페라와 푸가적인 방식에서 완전히 벗어나 있을 뿐만 아니라 전혀 새로운 방향에서 쑥쑥 성장했다고 니체는 말한다. 니체는 오페라와 푸가 같은 음악으로 마치 마신과 같은 힘을 지니고 성장하고 있는 독일 음악, 바흐, 베토벤, 바그너의 길을 막을 수 없다고 단언한다.

4. Genius를 정령으로 번역하기도 한다. 하지만 '천재'로 번역하는 것이 좋다. 여기서 Genius는 앞에서 나오는 독일 음악의 바흐, 베토벤, 바그너이다.

5. 니체에 따르면 오페라와 푸가를 평가할 때는 오페라와 푸가에 맞게 해야 한다. 오페라를 평가할 때는 아귀가 잘 맞는 톱니바퀴처럼 멜로디가 맞아 들어가는가, 아라베스크 무늬처럼 바늘 하나 꽂을 데 없이 꽉 짜여져 돌아가는가가 중요하다. 푸가를 평가할 때는 수학 공식이 증명되듯 절과 절이 잘 맞아 들어가고 대위법이 충실하게 짜여져 있는가가 중요하다. 이것은 옛 음악의 평가 기준이다.

새로운 조건에서 새로운 음악이 나타났다면 어떻게 평가할 것인가? 오페라와 푸가를 기준으로 불협화음 음악을 평가할 수 있는가? 물론 평가한다면 최초의 불협화음 음악에 대해서 낙제점을 내릴 것이다. 이 점수는 맞는가? 맞지 않다. 새로운 술은 새로운 부대에 담아야 하듯이, 새로운 음악 역시 새로운 평가 기준에 맞게 점수를 매겨야 한다.

기존의 음악과 완전히 다른 새로운 음악, 그리스적 정신에 입각한 새로운 독일 음악이 나타났다면, 역시 디오니소스적 정신에 입각한 새로운 평가가 필요하다. 새로운 음악을 기준으로 과거의 음악은 무엇이 잘못이었는지 평가하는 것이 음악의 발전을 위해 더 올바른 길이다.

6. 오토 얀(Otto Jahn, 1813~1869년)은 본래 문헌학자이지만 모차르트 전기로 유명하다. 오토 얀은 니체가 젊은 시절 그토록 존경하고 찬양하던 바그너를 혐오했으며, 니체의 스승 프리드리히 리츨과 갈등했다. 또한 오토 얀은 니체의 『비극의 탄생』을 교만과 불경으로 가득 찼다고 비판했다. 문헌학자였던 니체는 오토 얀의 문헌학에 대해 '잡담'일 뿐이라고 평가 절하한다.

오토 얀 초상 (아우구스트 베거, 1850년)

문헌학에 관한 말들이 문헌학자들로부터 나온다면, 우리는 아무것도 경험하지 못한다. 그것은 가장 순수한 잡담Schwätzerei일 뿐이다. 가령 얀('독일에서의 고대 연구 의미와 지위')이 그 경우이다.[90]

또한 니체는 오토 얀이 베토벤을 이해하지 못할 것이라 단언하기도 한다.

오토 얀, 그에게 베토벤의 〈환희의 송가〉는 그리 밝지 않았던 것으로 보인다.[91]

7. '불의 정령'과 '이중 궤도'는 헤라클레이토스의 사상에서 중요한 내용을 차지한다. 니체는 이를 초기 사상에서 다음과 같이 서술한다.

불은 이제 헤아릴 수 없이 많은 변화 속에서 생성의 궤도Bahn를 거치는데, 무엇보다도 세 가지 주요 상태, 즉 따뜻한 것, 습한 것, 딱딱한 것의 상태를 거친다. 왜냐하면 물은 하강하여 흙으로, 상승하여 불로 변형되기 때문이다. 또는 더 정확하게 헤라클레이토스의 표현에 따른다면, 바다에서 순수한 증기만이 상승하여 천체의 하늘의 불의 자양분이 되고, 흙에서 어둡고 안개 같은 것이 나와 습한 것의 자양분이 된다. 순수한 증기들은 물의 불로 이행이며, 불순한 증기들은 흙의 물로 이행이다. 따라서 불의 이중 변화 궤도die beiden Verwandlungs-Bahnen des Feuers, 즉 상승과 하강, 전진과 후퇴가 나란히 진행되며, 불에서 물로, 물에서 불로, 다시 흙에서 물로, 물에서 불로 변신한다.[92]

헤라클레이토스에게서 불은 모든 것의 시작이자 종결 지점이다. 불에서 물로, 물에서 흙으로 변화되었다가 흙에서 물로, 물에서 불로 전환된다. 니체는 이를 응용하여 '불'을 '독일'에, '정령'을 '철학'과 '음악'에 적용한다. 니체는 이중 궤도를 '독일 철학'과 '독일 음악'으로 보고서, 이 양자가 힘을 합쳐 새로운 세계를 만들어 내고 있다고 생각했다.

8. 재판관 디오니소스의 신화적 의미와 문맥적 의미를 알아볼 필요가 있다. 우선 디오니소스는 제우스의 몸(허벅지)에서 직접 태어난 적자이며, 자신이 신임을 스스로 증명해야 했다. 디오니소스는 자신의 신앙과 축제를 가로막는 자를 단호히 심판하고 벌주곤 했다. 예컨대 디오니소스는 자신을 따르던 무리를 잡아들인 리쿠르고스를 사지 거열형에 처했으며, 자신의 사촌 펜테우스 역시 자신을 믿지 않는다는 이유로 그의 어머니와 이모들에게 벌을 주도록 했다.

문맥적 의미에서 재판관으로서 디오니소스를 살펴보자. 지금까지 대부분 문화는 소크라테스적인 학문적 문화이자 알렉산드리아적 이론적 문화이며 교양인의 문화였다. 따라서 이에 반대되는 것, 예컨대 디오니소스적인 문화는 알렉산드리아적 이론과 소크라테스적 학문의 법에 의해 재판을 받았다.

이제 반대로 독일 철학과 독일 음악이 디오니소스적 문화를 새롭게 했고 새로운 주류가 되었다고 가정해 보자. 이제 역재판이 벌어진다. 디오니소스, 디오니소스적 문화와 예술이 기존의 모든 소크라테스적 문화와 알렉산드리아적 예술을 자신의 심판대 위에 올려놓는다. 다시 말하면 기존의 모든 문화, 문명, 교양은 자연(본질)과 본능이라는 디오니소스적 재판정 앞에 선다. 그러면 어떤 결과가 나올 것인가?

이를 상징적으로 보여 주는 두 사건을 이미 2장 3절과 12장 8절에서 설명했다. 우선 소크라테스적인 것에 의한 디오니소스적 음악의 심판이다. 소크라테스적인 문화의 상징인 아폴론과 마르시우스의 음악 내기는 문화 전쟁에서 상징적 사건이다. 마르시우스는 이 결투에서 뮤즈의 신들에 의해 패배한다. 하지만 반대로 디오니소스의 스승 실레노스를 사로잡았던 미다스왕은 동일한 음악 내기에서 마르시우스의 손을 들어 준다. 미다스의 이 심판은 디오니소스적인 가치의 승리를 보여 주는 상징적 재판이다.

정반대로 12장 8절에 디오니소스적인 것에 의한 소크라테스적 음악의 심판이다. 디오니소스의 신도들인 마이나데스들이 아폴론적 음악의 아들이자 소크라테스적인 음악의 구현자인 오르페우스를 찢어 죽인다. 마이나데스들의 심판은 마르시우스의 패배에 대한 복수이다.

아폴론적인 음악과 디오니소스적인 음악 중 어느 것이 진정한 음악인가? 둘 다 진정한 음악이다. 하지만 지금까지 소크라테스적인 이론에 의해 아폴론의 음악은 음악이 아닌 학문과 이론의 시녀로서 속류 아폴론적인 음악이 되었다. 오페라가 가장 대표적이고, 그중 레치타티보는 이론적 음악의 그 전형이다. 아폴론이 아니라 아류 아폴론적인 것이 음악의 주류를 차지했다.

니체는 말한다. 심판대의 기준을 바꿔 보자. 바흐, 베토벤, 바그너로 이어지는 음악이 주류 음악이 된다면, 오페라의 멜로디와 푸가와 대위법이 음악의 주인이 아니라 악극과 불협화음이 음악의 주류가 된다면, 그 아폴론의 아류 음악을 모두 디오니소스적인 심판대

위에 놓고 본다면, 학문의 시녀로서 음악이 얼마나 거짓 음악인가
가 드러나지 않겠는가!

이 절에서 우리는 우리의 눈과 귀와 느낌 모두를 의심해야 한다.
독일어 음악의 대표자에서 모차르트가 빠져 있다. 우리의 상식이라
면 '바흐에서 모차르트로, 모차르트에서 베토벤으로, 베토벤에서
바그너로' 나가야 하는 것이 아닌가? 하지만 눈을 씻고 찾아봐도
모차르트는 보이지 않는다.

니체는 독일 음악이 알렉산드리아적 문화에 정면 도전하고 있다
고 말하면서, 독일어권의 대표적인 음악가 중 하나인 모차르트를
완전 배제시켜 버린다. 가장 먼저 떠오르는 것은 모차르트가 독일
이 아닌 오스트리아 출신이란 점이다. 이런 설명은 조금 석연찮다.
니체가 이 책을 쓸 당시 독일은 완전 통일 국가가 아니라 수없이 많
은 국가로 나뉘어져 있었다. 프로이센은 그 당시 독일을 대표하는
국가의 하나였을 뿐이다. 보불 전쟁 이전 프로이센과 오스트리아가
전쟁을 하기는 했지만, 오스트리아는 독일어 사용권 안에 포함되어
있었다. 대독일의 관점에서 본다면 오스트리아는 독일의 범주 안에
포함된다.

그 당시 국가나 국경의 관점이 지금처럼 확고했을지도 의심이다.
니체는 독일의 작센주 출신이지만 스위스의 바젤대학의 교수가 되
었다. 스위스 지역의 일부가 독일어를 사용했기 때문에 가능한 일
이다. 또한 스위스 바젤대학의 교수 니체가 보불 전쟁에 참전한 것
도 국가나 국경과 무관하다. 결론적으로 언어가, 독일어가 국경과

국가보다 더 강력했다고 볼 수 있다.

그렇다면 왜 니체는 독일어를 사용한 모차르트를 배제했는가? 니체의 글들을 살펴보면 모차르트에 대한 니체의 평가는 다소 모호하다. 이것은 우리의 관심사가 아니다. 우리의 관심사는 왜 니체가 독일어 음악사에서 독일어로 오페라를 작곡한 모차르트를 제외했는가이다. 음악사의 측면과 지금까지 설명한 니체의 사상을 연결해서 일반적으로 추론해 본다면 다음과 같다.

첫째, 모차르트는 니체가 비판하는 오페라를 창작했다는 점이다. 더 나아가 모차르트가 비극을 주제로 다룬 게 아니라 희극적 요소를 다룬 오페라 부파Opera buffa를 주로 작곡했다는 점이다. 모차르트 오페라의 대부분은 비극적 주제라기보다는 희극적 요소가 강하다. 이 점 때문에 모차르트의 오페라는 에우리피데스의 정신과 내용을 계승한 신 아티카 희극에 해당한다고 볼 수 있다.

둘째, 모차르트의 〈마술피리〉에서 보듯이, 모차르트가 징슈필Singspiel을 완성시켰다는 점이다. 징슈필은 레치타티보의 '노래 반, 말 반'을 넘어 중간에 말만하는 대사를 넣은 독일어 노래극이다. 특히 모차르트는 오페라를 이해하지 못하는 일반 대중들이 이해하기 쉽도록 레치타티보를 넘어 대사를 끌어들였다.

니체가 레치타티보에 극단적인 비판을 가했음을 고려한다면 징슈필의 이러한 대사는 니체의 분노를 야기했다고 추론할 수 있다. 이 점에서 니체는 모차르트를 제외했는지도 모른다.

셋째, 모차르트는 〈돈 조반니Don Giovanni〉의 마지막 부분에서 돌로 된 석상을 통해 돈 조반니에게 회개를 강요하며 도덕적 결말을 시도하려고 했다는 점이다. 물론 돈 조반니는 석상의 강요에 굴복하

돈 조반니와 기사상. 기사장이 돈 조반니에게 악행에 대한 회개를 요구하나, 돈 조반니는 거부한다. 결국 돈 조반니는 기사장에 의해 육체는 형벌을 받고 영혼은 괴로움에 시달리다가 죽는다. (알렉상드르 에바리스트 프라고나르, 1830~1835년)

지 않고 죽음을 택하지만, 니체가 그토록 혐오스러워하는 도덕적 결말을 직접 시도한 것 역시 니체의 분노를 자아낼 만하다. 니체가 바그너와 좋은 관계를 유지하다가 등을 돌린 것도 바그너의 악극 〈파르지팔〉의 도덕적 결말 때문이었다. 니체는 모차르트의 도덕적 결말 시도에 불편을 느꼈을 가능성이 크다.

7. 그리스인에게서 배우기

그 다음 우리는 다음을 상기해 보자. 동일한 원천에서 흘러나온 **독일 철학**의 경우, 칸트와 쇼펜하우어가 학문적 소크라테스주의의 만족적인 존재 욕구의 한계를 증명함으로써 이 학문적 소크라테스주의를 절멸시킬 수 있었음을, 또한 이들의 증명에 의해서 윤리적인 문제와 문화에 대한 끊임없이 심화되고 진지한 고찰이 유도되었음을 말이다.[1] 우리는 이를 개념적으로 파악된 디오니소스적 지혜라고 자세하게 설명할 수 있다.[2]

우리는 독일 음악과 독일 철학의 이와 같은 통일적인 신비에 관한 내용을 그리스적인 유사성을 통해 어렴풋하게 설명할 수 있다. 그렇다면 독일 음악과 독일 철학의 이와 같은 통일적인 신비가 새로운 방향이 아니라면 어디로 나아갈 것인가?

두 가지 서로 다른 존재 형식의 국경선 위에 서 있는 우리들 앞에 그리스적 모범은 아래와 같이 헤아릴 수 없는 가치를 지니고 있다. 그리스적 모범 안에는 또한 저 모든 이행과 고전적-교훈적 형태와 투쟁이 아로새겨져 있다. 우리는 동시에 **전도된** 질서 속에서 그리스적 존재의 위대한 주요 시대를 유사하게 경험하고 있으며, 예를 들어 오늘날jetzt 알렉산드리아적 시대로부터 거슬러

올라가 비극의 시대로 걸어가고 있는 듯이 보인다.[3]

동시에 마치 비극 시대의 탄생이 독일 정신에게는 자신에게로 귀환, 축복할 만한 자기 재발견의 의미를 갖는다는 느낌이 솟아 오른다. 이는 오랜 시간 동안 외부에서 무서울 정도로 쇄도하던 힘이 기댈 곳 없는 야만적 형식 속에서 살아가던 독일den in hilfloser Barbarei der Form Dahinlebend을 형식에 얽매인 노예 상태로 강요했던 뒤에 나타났다.

이제jetzt 결론적으로 말하면 독일Dahinlebend은 자기 존재의 원천으로 되돌아왔으므로 모든 민족 앞에 대담하면서도 자유롭게, 로마적인 문명의 족쇄[4] 없이 감히 성큼성큼 걸어도 좋다. 다만 독일이 하나의 민족으로부터만 배워야 한다면, 그리스로부터 배워야한다. 그리스로부터 배운다는 것은 엄청난 명예이자 지극히 드문희귀한 기회이다.[5] 그리고 우리가 비극의 재탄생을 배우고 체험하며 위험에 처해 있는 지금보다, 재탄생한 비극이 어디로 갈지알 수 없으며 또한 우리가 이 비극을 어디로 이끌어 가야 할지 아무것도 알 수 없는 지금보다 이러한 최고의 스승을 모셔 와야 할더 좋은 때는 없다.

1. 쇼펜하우어와 칸트의 소크라테스와 소크라테스주의 공격은 18장 4절과 5절에서 주로 다루었다.

2. 니체는 디오니소스적 지혜란 개념적 측면에서 본다면 쇼펜하우어와 칸트의 철학임을 명시적으로 밝힌다.

3. 알렉산드리아적 문화에서 비극적 문화로의 전환은 18장 1절 문제의식의 결론이라고 할 수 있다. 니체는 현재 알렉산드리아적 문

화가 지배적이지만 과거 비극의 시대로 되돌아가고 있음을 상징적으로 선언한다. 이 점에서 19장은 18장의 연속선상에 있다.

4. 독일 역사의 흐름을 표현한 것이다. '야만적 형식 속에서 살아가던 독일'이란 게르만족이 남하하기 전 먼 과거에 문명과 단절된 채 야만적인 시대에 살았음을 뜻한다. '로마적인 문명'이란 현상적으로 게르만족이 남하한 뒤 로마 문명의 영향을 받았을 뿐만 아니라 로마 문명의 적자로서, 즉 신성로마제국을 건설하고 지내왔음을 의미한다. '족쇄'란 게르만족이 로마 문명을 받아들여 발전했지만, 로마의 문명 자체가 독일의 발전을 저해하는 요소로 작동했음을 의미한다.

5. 가장 독일적인 음악과 철학을 건설하기 위해 가장 필요한 것은 '족쇄'로 작용하던 로마 문명으로부터 탈출하여 고대 그리스인에게 의지하는 것, 그리스 문명에 의지하는 것이라고 니체는 진단한다.

다시 보기

니체의 『비극의 탄생』에는 독일 음악과 철학에 대한 강한 자부심과 독일적인 것의 자긍심이 강력하게 나타난다. 이 때문에 사람들은 니체가 청년기부터 민족주의적 요소를 강하게 간직하고 있다고 판단한다. 니체의 비판가들은 니체와 독일 민족을 연결시키고, 니체를 독일 민족주의의 근원으로 바라보거나 심지어 파시즘적 사유의 기원으로 여기기도 한다. 아주 잘못된 주장이다. 전체를 보지 않고 단면만 보는 편파적 사고이다.

니체에게 독일 민족주의적 요소를 찾는 것은 니체 사상의 악용에서 기인하지 니체 사상에서 비롯한 것은 아니다. 니체에게 민족주의적인 단편적 요소는 있을지 몰라도, 독일 민족의 우수성을 강조하는 사상은 없다.

19장을 중심으로 니체가 왜 게르만족의 우수성을 주장하는 민족주의자가 아닌지 살펴보자. 가장 독일적인 것, 가장 독일적인 음악은 무엇인가라고 니체는 질문을 던진다. 니체는 가장 음악적인 것이 곧 가장 비극적인 것이고, 그 비극적인 음악, 음악다운 음악이 독일에서 현재 발생할 조짐을 보인다고 말한다. 바흐, 베토벤, 바그너의 음악은 기존의 소크라테스적-알렉산드리아적 예술과 전혀 다른 음악이며, 가장 비극적인 음악에 가까운 음악으로서 음악다운 음악일 뿐이라는 것이 니체의 견해이다. 가장 독일적인 음악이 가장 비극적인 음악이라는 것을 독일 민족주의라고 이해해야 하는가?

독일 정신과 연관해서도 마찬가지이다. 가장 비극적인 것의 기원은 어디에 있는가? 독일 민족이 아니라 독일 민족의 외부, 그리스 민족에게 있다는 것이 니체 주장의 핵심이다. 가장 독일적인 것, 가장 독일적인 정신을 찾는 것은 비극에 내재되어 있는 정신과 사상을 찾는 것이다. 이 사상을 찾는 것은 그리스 민족에게서 배워야 하고 그리스의 정신을 계승해야 한다는 것이 니체의 사상일 뿐이다. 가장 비극적인 정신을 계승한 독일 정신을 찾는 것을 독일 민족주의라고 이해해야 하는가?

그리스 비극의 정신은 무엇인가? 디오니소스적인 것과 아폴론적인 것의 시너지적인 결합을 추구하는 것이다. 여기에는 단일민족적인 환상이 존재하지 않는다. 오히려 앞에서 살펴보았던 것처럼 인간과 인간이 하나 되는 인류 보편애가 있고, 인간과 자연이 하나 되는 공존 사상이 있을 뿐이다. 니체의 비극 사상에는 어느 민족이 다른 민족보다 우월하다는 민족 편견적 시각도 없고, 동물이 인간의 친구가 되고 인간이 동물의 동반자가 되는 생태 사상이 있을 뿐이다. 만인 평등을 넘어 모든 뭇 생명의 공존을 논의하는 것에서 독일 민족주의를 찾는 것은 어리석은 짓이다.

일반적으로 전쟁 중에 국가주의적 요소나 민족주의적 요소가 가장 강력하게 발생한다. 하지만 보불 전쟁의 한가운데에서 집필된 『비극의 탄생』 안에는 독일 민족주의적 요소가 없다. 니체의 사상에서 민족주의적 사상을 찾는 것은 억지를 부려 자기에게 유리하게 사용하고자 하는 이데올로기적 학자의 견강부회이다. 니체에게서 민족주의적 사상을 길어 올리는 것은 정치적 야심 달성을 위한 정치인의 아전인수일 뿐이다.

19장 다시 보기

19장을 읽고 '니체는 오페라를 혐오했다.'라고 결론을 내렸는가? 잘못된 결론이자 19장을 오독한 결론이다. 니체는 당시 융성하던 오페라를 반대한 게 아니라 오페라의 레치타티보 양식을 반대했을 뿐이다. 오히려 우리의 관심사는 니체가 어떤 오페라를 좋아했는가, 아니면 어떤 음악을 좋아했는가이다. 이렇게 질문하는 것이 생산적이고 역동적이다.

19장을 바탕으로 니체가 좋아하는 오페라, 니체가 사랑한 오페라와 음악을 정리해 보면 다음과 같다. 레치타티보를 사용하지 않은 오페라, 자연스러운 오페라, 언어와 사상의 수단으로 전락하지 않은 음악, 아폴론적인 것과 디오니소스적인 것의 적절한 시너지적 결합을 내는 음악, 전문가 또는 천재적인 창조물인 음악 등등이 바로 그것이다.

우리는 니체가 말한 올바른 오페라, 음악다운 오페라의 기준을 찾아야 한다. 그 기준은 어렵지 않다. 1장에서 10장까지 비극의 정신과 내용을 구현한 오페라라면, 음악다운 음악이고 오페라다운 오페라가 된다. 니체가 생각했음직한 올바른 오페라를 정초하도록 해보자. 니체는 디오니소스적인 음악과 아폴론적인 시(언어와 표상)를 비교하면서 음악이 절대 우수하다고 강조한다. 음악은 어떤 경우에도 텍스트를 넘어선다는 것이 니체의 생각이다.

> 사람들이 음악을 찌르고, 고정시키고, 비틀지라도 음악은 결코 수단이 될 수 없다. 음악은 음으로서, 빠르게 연이어 울리는 북소리로서 가장 날것이자 가장 단순한 단계에서도 시를 넘어서고 시가 자신을 되돌아보도록 낮춘다.[93]

니체는 6장에서 보았던 것처럼 음악 중에서도 민요가 오페라의 기초가 되어야 한다고 보았다. 가사가 중심이 되는 것이 아니라 가사가 음악에 실려야 한다는 것이다. 니체는 역설적으로 표현한다.

> 우리에게 역사적으로 알려진 오페라가 그 탄생 이후 민요와 완전히 다른 방식으로 발생하는 한, 우리는 이러한 '오페라'를 거부한다.[94]

오페라가 6장에서 다룬 민요적인 양식 위에 세워진다면 그 오페라는 오페라다운 오페라이다. 아폴론적인 것과 디오니소스적인 것의 결합과 서정시를 포함한 민요적 음악이 오페라의 주선율을 이룬다면, 그 오페라는 음악적인 오페라이자 디오니소스적인 오페라로서 가치가 있다. 한발 더 나가 니체는 오페라에서 드라마적인 극적 요소보다 음악이 더 중시되어야 한다고 강조한다.

> 오페라의 가치는 음악이 더 자유롭고 무조건적이며 디오니소스적으로 전개될수록, 소위 말하는 극적 요소가 경시될수록 더 고귀해진다.'[95]

니체는 시나 극적 요소가 지배하는 오페라가 아니라 음악, 그중에서도 민요와 음악이 중심이 되는 오페라가 '최고의 전형'으로서 오페라라고 생각한다. 오페라에서 레치타티보가 어떤 역할을 했는가 고려해 보자. 레치타티보가 극적 전개를 빠르게 하는 역할을 했고, 결국 음악 그 자체가 아니라 음악을 내용과 말의 시녀로 전락시켰다. 이 점에서 니체는 레치타티보가 없는 오페라를 최고의 오페라로 간주한다.

니체는 레치타티보가 없는 오페라를 바란다. 이 책 헌정사에서 밝히고 있듯이 니체는 젊은 시절 이 점에서 바그너의 음악극, 악극을 당대의 가장 이상적인 비극이라고 생각했다. 바그너의 음악극은 모든 것이 음악으로 이루어져 있으며, 레치타티보를 거의 사용하지 않는다.

니체는 말년에 들어 오페라에 관한 관점이 다소 바뀐다. 니체의 오페라관은 형식적인 레치타티보 비판이 아니라 내용적 측면에 대한 비판으로 바뀐다. 레치타티보가 들어간 오페라 역시 좋은 오페라일 수 있다고 니체는 말한다. 그 대신 니체는 오페라의 내용, 도덕적 측면에 대해서 한층 더 엄격한 태도를 취한다. 우리가 다 아는 것처럼 니체는 나이가 들면서 바그너와 사이가 틀어진다. 바그너의 악극에 도덕적 내용이 스멀스멀 스며들자, 니체는 바그너를 아마추어라고 비난한다.

니체는 말년에 들어 자신이 좋아하는 오페라를 구체적으로 언급한다. 이 언급은 니체의 오페라관이 얼마나 많이 변화하였는가를 구체적으로 보여 준다.

> 현대 오페라 중 최고는 나의 친구 하인리히 쾨젤리츠Heinrich Köselitz의 것으로, 독일에서 바그너적인 것으로부터 자유로운 유일무이한 것이다. 〈비밀 결혼matrimonio segreto〉의 새로운 작곡. 두 번째 최고 오페라는 비제의 〈카르멘Carmen〉으로, 바그너적인 것과 독일에서 어느 정도 자유롭다. 세 번째는 바그너의 〈마이스터징거〉로, 음악에서 딜레탕티슴의 거작으로, 가치 전도의 시도이다.[96]

니체가 말년에 들어 좋아하는 오페라를 예로 든 것은 많은 것을 시사한다. 우선 비제의 〈카르멘〉과 쾨젤리츠의 〈비밀 결혼〉에도 레치타티보가 사용되고 있다는 점에서, 우리는 니체가 말년에 레치타티보에 대해 그리 적대적으로 대하지 않았다는 점도 알 수 있다. 여기에서 우리는 니체가 말년에 들어 레치타티보를 사용하지 않는 바그너가 아니라 도덕과 종교에 경도된 바그너를 혐오했음을 알 수 있다.

둘째, 니체가 바그너의 〈마이스터징거〉를 아마추어치고는 대단한 걸작으로 칭찬한 것도 눈여겨볼 만하다. 니체는 순수 음악극에 대한 매료 때문에 젊은 시절 그토록 숭상하고 따랐던 바그너를 아

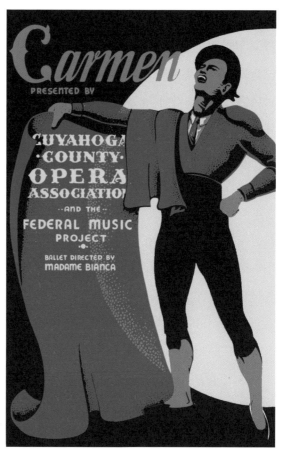

오페라 <카르멘> 포스터
(1939년, 미국 의회 도서관
소장)

마추어 정도로 취급한다. 니체는 음악을 평가하는 데 레치타티보가
그리 중요한 평가 기준이 될 수 없다고 본 듯하다. 또한 니체가 바
그너로부터 완전히 독립했다는 것도 알 수 있다.

마지막으로 부수적이기는 하지만 중요한 것이 있다. 첫 번째와
두 번째의 기준이 바그너적인 것과 독일적인 것에서 자유로움을 추
구했다는 점에서, 니체는 민족주의자도 바그너주의자도 아니다. 특
히 니체는 「바그너의 경우」에서 비제의 걸작 <카르멘>을 스무 번이

나 들었다고 말하면서, 비제의 음악을 들을 때마다 더 철학자가 된다고 말하기도 한다.[97]

결론적으로 말하면, 니체는 오페라라는 음악 자체를 싫어한 것이 아니다. 그는 초기에 사상을 전개할 때 오페라의 레치타티보가 고대 비극의 정신과 형식에서 벗어나 있음을 철학적으로 논증하고 분노했을 뿐이다.

고전적 비극의 재탄생

1. 암울한 독일의 교양과 교양인

독일 정신이 어떤 시대에 그리고 어떤 사람들의 경우에 그리스인들로부터 가장 열렬하게 배우려고 노력했는지 청렴한 재판관의 관점에서 한번 신중하게 평가해 보도록 하자. 그리고 우리는 확실히 괴테, 실러, 빙켈만[1]의 가장 고상한 교양상의 투쟁에 이와 같은 단 하나의 칭찬을 부여할 수 있다. 하지만 아무튼 저 시대와 저 투쟁의 가장 최근 영향 이후 동일한 궤도 위에서 교양과 그리스인에게 도달하려는 노력은 이해할 수 없을 정도로 나날이 쇠약해졌다는 사실이 추가되어야 한다.[2]

독일 정신에 단 한 점의 의혹도 남겨 놓지 않기 위해서, 어떤 주요한 점에서 저 투사들도 그리스적인 본질의 핵심에 도달하지 못했으며, 독일 문화와 그리스 문화 사이에 지속적인 사랑의 유대를 세우는 데 실패했다[3]는 사실로부터 결론을 끌어내야 하지 않을까? 따라서 저 실패를 무의식적으로 인식한 진지한 자들은 실망을 한 채 자신들이 그러한 투사들을 따라 동일한 교양의 길 위에서 이전보다 한층 더 그리고 보편적으로 목적에 도달할 것인가에 대해 의심하곤 했다.

우리는 저 시대 이래로 교양에 있어서 그리스적인 것의 가치 판단이 위험스러운 방식으로 퇴화함을 목도했다. 그 때문에 동정에 찬 우월감의 표현이 정신과 비정신의 다양한 영역에서 들려오곤 했다. 이와 반대로 '그리스적 조화', '그리스적 아름다움', '그리스적 명랑성' 같은 아무런 효과 없는 아첨 같은 말들이 아양을 떨었다.[4]

그리고 고등 교양 기관 선생들 패거리는 독일 교양을 구원하기 위해서 그리스라는 강바닥에서 지칠 줄 모르고 퍼 올리는 데에만 가치를 두었을 뿐이다. 그 결과 사람들은 여기에서 기껏해야 그리스적인 이상에 회의하고 포기하기 전에, 고대 연구의 진정한 의도의 완전한 전도에 이르기 전 적절한 때에 편안한 방법으로 그리스적인 것과 타협을 종종 배웠을 뿐이다.[5] 일반적으로 저 패거리들 속에서 옛 텍스트들의 확실한 교정자이거나 발생학적 언어의 미시 연구자가 되려고 노력하면서 완전히 소진되지 않은 자라면, 그는 아마도 고대 그리스를 다른 고대와 마찬가지로 '역사학적'[6]으로 습득할 것이다. 하지만 그 역시 저 패거리와 마찬가지로 그 방법을 따르면서 우쭐한 표정을 짓고서 우리 시대의 교양적 역사 기술을 자랑할 것이다.

이에 따라 고등 교양 기관의 고유한 교양의 힘이 현재처럼 낮아진 적도 약해진 적도 없다면, 그 결과 하루도 거르지 않는 종이의 노예인 '저널리스트'가 교양의 모든 측면에서 고등 선생들에게 승리를 거두었다면, 이제 고등 선생들에게 마지막으로 남아 있는 것, 즉 이미 종종 경험했던 변신은 저널리스트의 언어 방식으로, 이러한 영역의 '가벼운 우아함'으로 무장하고 명랑한 교양을 갖춘 경박한 자로 처신하는 것이다.[7] 지금 같은 저러한 종류의 교양인들은 저 현상, 즉 지금까지 파악할 수 없었던 그리스적 정신의 심오한 토대로부터 비유적으로 파악했던 현상, 다시 말하면 디오니소스적 정신의 재각성과 비극의 재탄생을 어떤 비참한 혼동 속에서 바라보아야만 했던가?[8]

우리가 현재 눈으로 바라보는 시대보다 소위 교양과 고유한 예술이 그토록 소외되고 대립한 채 혐오하는 다른 어떤 시대도 없었다. 우리는 그토록 허약한 교양이 진정한 예술을 왜 증오하는지 알고 있다. 교양이 예술에 의해 몰락하지 않을까 두려워하기 때문이다.[9]

그러나 한 종류의 문화, 특히 저 소크라테스적-알렉산드리아적 문화는 현재 교양과 마찬가지로 엄숙하고도 여윈 정점에 이르기까지 질주한 후에 소진하는 것은 아닌가! 실러와 괴테와 같은 그러한 영웅들도 그리스다운 마법의 산으로 인도하는 저 마법의 문을 파괴하는 데 성공하지 못했다면, 그들의 아주 용감한 투쟁에도 불구하고 괴테의 이피게네이아가 야만의 땅 타우리스에서 바다 건너 고향에 보냈던 저 사무친 시선[10]보다 더 많은 것에 도달하지 못했다면, 지금까지 문화의 모든 노력에 의해서 전혀 언급되지 않았던 아주 다른 측면에서 다시 깨어난 비극 음악의 신비한 울림이 들리면서 그 문이 그러한 영웅들의 아류들에게 저

절로 열리지 않았다면, 그 아류들에게 희망할 것이 남아 있는가.[11]

1. 너무 단순화시키는 위험이 있지만, 니체가 괴테를 그리스 문화의 용감한 투사로 기술한 이유는 직접적인 『예술론』에서 찾을 수 있다. 괴테는 이 책에서 그리스 문화, 특히 조각, 부조를 분석하면서 그리스 예술의 특징과 본질을 숙고했다. 그는 그리스 예술 작품들이 자연을 분석하여 질서, 비례, 대칭, 조화와 같은 예술적 규칙을 보여 준다고 보았다. 그는 그리스 예술 작품들에서 '자연적 진실' 너머의 '예술적 진실'을 찾았다. 물론 괴테 작품의 여러 부분이 그리스 사상과 신화에 근거함은 주지의 사실이다.

  마찬가지로 너무 단순화시키는 위험이 있지만, 니체가 실러를 그리스 문화의 용감한 투사로 기술한 직접적인 이유는 『메시나의 신부』에 나온 "비극에서 코로스와 활용에 관해"에서 찾을 수 있다. 여기에서 실러는 고대 그리스 비극에서 나오는 코로스에 다음과 같은 적극적 의미를 부여한다. 첫째, 코로스[98]는 음과 율동, 리듬과 음악이란 감각적 힘과 환상이란 막강한 힘을 결합하여 대담한 서정적 자유를 행사한다. 둘째, 코로스는 사건의 흐름을 단절하고 결합시키는 역할을 한다. 셋째, 코로스는 언어에 생동감을 부여하고 사건의 줄거리에 안정감을 준다.[99]

  지나치게 단순화시키는 위험이 있지만, 니체가 빙켈만(Johann Joachim Winckelmann, 1717~1768년)을 그리스 문화의 용감한 투사로 기술한 직접적인 이유는 『고대 미술사』에서 찾을 수 있다. 빙켈만은 『고대 미술사』에서 그리스 조각의 아름다움을 상당히 높게 평가했다. 그는 고대 그리스를 '유럽의 소년기'라고 보았으며, 여기에서

요한 요아힘 빙켈만 (안톤 폰 마론, 1767년경, 바이마르 궁성 소장)

성숙한 유럽이 발전했다고 믿었다. 이 주장 이후 많은 유럽 지식인과 교양인들은 로마-기독교적 문화에서 벗어나 그리스적 문화에서 유럽 문화의 기원을 찾게 된다.

2. 니체는 괴테, 실러, 빙켈만을 독일과 유럽에 그리스 문화를 도입한 투사들로 설명한다. 이들이 유럽의 문화와 역사에 그리스와 그리스 문화를 도입한 것은 아주 중요한 의미를 지닌다. 우리는 지금 당연히 그리스를 유럽의 문화와 유럽 역사의 일부로 여긴다. 하지만 18세기까지 유럽에서는 이런 생각이 아주 생소했다. 18세기 전까지 유럽은 로마의 문화와 기독교적 유산의 상속자였다.

유럽에서 그리스가 배척당한 역사는 사뭇 길다. 서로마제국과 동로마제국이 대립하고, 서로마제국이 멸망했다(476년). 동로마제국은 유럽적인 것이 아니라 역사와 문화에서 로마적인 요소를 잊고 그리스적 요소를 간직했다. 서로마제국의 상속자인 유럽은 서로마

제국 멸망부터 르네상스에 도달하기 전 천여 년 동안 그리스 문화와 단절되어 있었다. 15세기 전까지 그리스의 문화, 예술, 역사, 철학, 사상은 비잔틴제국과 이슬람 문화권에서 전승되었으며, 유럽에는 거의 소개조차 되지 않았다.

심지어 그리스 철학자 아리스토텔레스마저도 유럽 이외 지역의 철학자로 이해되고 있었으며, 그의 저서들은 라틴어로 번역조차 되지 않았다. 아리스토텔레스는 13세기에 이르러서야 비로소 유럽에 번역되어 소개되었다. 그리스 문화는 이슬람의 것이나 마찬가지였다. 니체식으로 말하면 유럽에는 로마적 '형식'과 기독교적 '관념'이 지배하고 있었다.

유럽에서 계몽주의와 인간 중심적 사유가 나타났을 때, 새로운 문화적, 사상적 지주가 필요했다. 유럽의 지식인, 교양인, 학자들은 새로운 것을 갈구했다. 하지만 그리스는 비잔틴 제국과 이슬람의 문화에서 성장했을 뿐이다. 새로운 것을 받아들이고자 하는 욕구를 가장 먼저 채워 준 것은 빙켈만(1717~1768년)이다. 그 후 괴테(1749~1832년)는 예술론과 다양한 문학을 통해서, 실러(1759~1805년)는 극예술을 통해서 그리스와 그리스적인 것으로 소개했고, 유럽인들의 새로운 욕구를 풍요롭게 해결하였다.

3. 괴테, 실러, 빙켈만은 그리스 문화를 올바로 받아들이고 제대로 이해했는가에 대한 니체의 평가이다. 니체는 실패했다고 단언한다. 니체는 특히 괴테를 예를 들며 그리스적인 것에서 중요한 디오니소스적인 것을 이해하지 못했다고 비판한다. '그리스적인 본질의 핵심에 도달하지 못했으며'는 이를 뜻한다. 니체는 이를 다음과 같이 지적한다.

빙켈만과 괴테가 형성한 '그리스적인 것'의 개념을 검토해 본다면, 그 개념과 디오니소스적 예술에서 성장한 저 요소, 즉 광란의 축제Orgiasmus와 일치하지 않음을 발견한다면, 이는 우리와 전혀 다른 걸 언급한 것이다. 실제로 나는 괴테가 이와 같은 근본적인 어떤 것을 그리스적인 영혼의 가능성에서 배제해 버렸다고 확신한다. 결론적으로 말하면 괴테는 그리스적인 것을 이해하지 못했다. 헬레니즘적 본능의 기본적 사실—헬레니즘의 '삶에의 의지'—은 디오니소스적 신비제의에서, 디오니소스적 상태의 심리학에서 드러나기 때문이다.'[100]

니체는 빙켈만, 괴테 등이 발견한 그리스적인 것이 아폴론, 아폴론적인 것이라고 보았다. 그들은 그리스적인 것의 또 다른 한 축인 디오니소스, 디오니소스적인 것, 광란의 축제가 갖는 의미를 찾아보지도 않았고 이해하지도 못했다. 디오니소스가 없는 그리스적인 것은 그리스적인 것이 아니다.

앞의 인용에서 니체가 실러를 포함시키지 않은 것도 유심히 살펴보아야 한다. 해설 1과 5장에서 설명한 것처럼 실러의 코로스론과 음악론은 디오니소스적 요소를 어느 정도 포함하고 있기 때문이다.

4. 하나의 다른 문화가 들어올 때, 특히 발전된 문화가 들어오기 시작할 때, 지식인, 교양인들은 일반적으로 어떤 태도를 취하는가를 설명한 글이다. 우월주의 아니면 패배주의이다. 전자는 '동정에 찬 우월성'에서 보듯이 자국의 문화가 다른 문화보다 더 발전했다고 자부하는 것이다. 후자는 '효과 없는 아첨 같은 말'에서 보듯이 자국의 문화를 보잘 것 없는 것으로 보고 무조건 타국의 문화를 수입하고 배워야 한다는 것이다. 우월주의에 빠지면, 위대한 다른 문화

를 폄하, 폄훼하고 자문화의 우수성을 강조하기에 바쁘다. 패배주의에 빠지면, 이와 정반대 현상이 발생한다.

5. '고등 교양 기관 선생들 패거리'는 주로 교수나 연구자들, 서지학적으로 연구하는 자, 문자 하나, 글자 하나, 문장 하나를 판독하고 그것에 의미를 부여하는 자들을 말한다. 그들은 위대한 그리스 문화를 해부하고 현미경으로 고찰하기에 바빠서, 그리스 문화가 현재 어떤 의미를 지니고 독일에 어떻게 적용되어야 하는가를 고찰하지 않는다. 그들은 일종의 그리스 문화를 학문적으로 수입하여 퍼나르기 바쁜 학문 수입상들이다.

'그리스적인 이상에 회의하고 포기'는 그리스 문화에 문제가 있으므로 이를 비판하고 대안을 모색해야 함을 뜻한다. '고대 연구의 진정한 의도'는 고대 연구가 현재 어떤 의미가 있으며 어떤 도움이 될 것인가 알아봄을 뜻한다. 이는 고대 그리스 연구자들 대부분이 현재적 교훈을 얻기도 전에 그리스 문화를 무조건 배워야 하는 그 무엇으로 이상화시켜 버렸음을 말한다.

6. 니체는 '역사학적'인 것과 '교양적 역사 기술'을 부정적으로 바라보았다. 이에 대한 자세한 내용은 "반시대적 고찰 Ⅱ-삶과 역사에 대한 공과"에서 논쟁적으로 상술했다.

> 또한 이 고찰은 반시대적이다. 왜냐하면 나는 시대가 정당하게 자랑스러워하는 어떤 것, 즉 역사적 교양을 여기에서는 시대의 질환, 질병과 궁핍으로 이해하기 때문이다. 또한 나는 우리 모두가 소모적인 역사적 열병을 겪고 있으며, 최소한 우리 모두가 이로 인해 고통을 겪는다는 것을 인식해야 한다고 믿기 때문이다.'[101]

니체는 이 글에서 역사의 과잉, 역사를 철학적으로 사유하는 것의 과잉, 역사가 교양이 되었을 때의 문제점을 지적한다. 니체에 따르면 역사학은 인간의 구체적인 삶에서 멀어지게 마련이고, 역사학속에서 인간의 삶은 사라진다. 니체는 역사학이란 구체적인 삶의 기록인 역사에서 도덕적 윤리적 교훈만을 탐구한다고 보았다.

'역사학적으로 습득'은 서지학적인 연구자 패거리들이 고대 그리스인들의 구체적인 삶과 유리된 채 역사학적으로 고대사를 연구하는 것의 병폐를 말한다.

7. 그리스 문화와 예술이 이미 만연한 상태의 모습이다. 이때는 저널리스트들이 잡지나 신문 등을 통해 그리스 문화를 가십거리나 눈요깃거리로 상당히 많이 알린 다음이다. 그리스 문화와 예술에 관심을 가진 자나 일정한 교양을 가진 자 대부분이 그리스 문화와 예술에 대해 한마디씩 거들고 아는 척하는 시기이다. 대중도 이런 소개를 통해 이미 그리스 문화와 예술을 알 만큼 안 시기이기도 하다.

이때 연구자나 교수와 학자들은 그리스 문화와 예술을 '몰라도 아는 척' 했다. 그들은 그리스 문화와 예술을 모르면 마치 현 학술 상황에서 도태된 듯이 여겼다. 학자나 연구자들은 그리스 문화와 예술과 관련된 간단한 논문이나 에세이를 쓰거나 논문이나 에세이의 한 장이나 절에 그리스 문화와 예술을 억지로 연결했다. 그들은 이런 방식을 통해 현재 논쟁의 진행 사항이나 내용을 마치 잘 알고 있는 듯이 처신했다.

학자나 연구자들은 학술용, 연구용 글에 만족하지 못했다. 저널은 그리스 문화와 예술과 관련된 글을 학자들에게 요구했다. 연구자들은 마치 전문가나 되는 듯이 그리스 문화와 예술에 관한 쥐꼬

리만한 지식을 푼돈과 바꿔치기했다. 유행에 따라 바람 부는 대로 따라가는 연구자와 학자의 처신은 경박스럽기 짝이 없다.

8. 시대 상황을 간접적으로 그려 보자. 영웅적인 빙켈만, 괴테, 실러의 그리스 문화와 예술 연구가 있고 난 후, 그리스 문화와 예술이 교양의 주류가 된다. 수많은 연구자와 학자가 그리스 문화를 찬양하거나 그리스 문화보다 자민족 문화가 우수하다고 너스레를 떨었다. 하지만 그리스 문화와 예술이 독일에서 폭풍과 같은 파도를 일으키며 교양의 주류를 차지하자, 이제는 각다귀 같은 저널리스트들이 그리스 문화와 예술에서 피를 빨아 장사를 시작했다.

저널들은 그리스 문화와 예술을 좀 더 심화하여 설명하고 싶어 했다. 이제 흡혈 학자들이 등장해, 너도나도 그리스 문화와 예술의 전문가로 자처하며 그리스 여행담을 현학적인 무용담으로 자랑했다.

이런 와중에 니체가 나타난다. 니체는 그리스 문화와 예술을 오독하는 시대에 그리스 사상의 진정한 계승자 쇼펜하우어를 내세우고, 그리스 음악의 계승자 바흐, 베토벤, 바그너를 앞세운다. 니체는 가장 그리스적이자 독일적인 쇼펜하우어의 사상과 가장 비극적이고 독일적인 음악을 결합시켜 그리스 비극을 완전히 재해석한다.

그리스 문화와 예술을 연구한다고 자처한 학자와 연구자, 저널리스트 나부랭이들은 그리스의 가장 본질적인 것을 과감하게 재해석한 니체의 비극 사상,『비극의 탄생』을 어떻게 바라볼 것인가? 그들은 쇼펜하우어와 바그너, 그리고 니체의 사상과 음악관을 보고 화들짝 놀란다. 그들은 머리를 망치로 두들겨 맞은 듯 충격을 받아 멍해진다. 그들은 갑자기 너무 밝은 빛을 보아 눈앞이 깜깜해진다. 그들은 너무 무서워 두 다리가 후들거리며 곧 쓰러질 듯 위태로워 보인다. 그들은 너무 놀라서 엉덩방아를 찧고 털썩 주저앉으려 하고, 너무 황망하여 가슴이 두근거려 주체하지 못하고 어쩔 줄 모르고 우왕좌왕한다. 니체는 이런 상황을 앞의 문장으로 표현한 것이다.

9. 교양의 몰락 시대에 접어들었다는 니체의 선언이다. 이유는 칸 트와 쇼펜하우어의 철학 그리고 바흐, 베토벤, 바그너에 이르는 독일 음악이다. 더 궁극적으로는 니체 자신에 의해서 완전히 규명된 그리스 비극 때문이다.

10. 『타우리스의 이피게네이아』는 괴테의 극작이다. 이피게네이아는 아가멤논과 클리타임네스트라의 딸로, 그에 관한 이야기는 여러 버전이 있다.

하나는 아가멤논이 그리스 연합군 총사령관이 되었으나, 아르테미스 여신의 방해로 배를 띄우지 못하자, 그는 자신의 딸 이피게네이아를 여신에게 바친다는 설화이다. 이 때문에 아가멤논의 부인 클리타임네스트라의 노여움을 샀고, 부인에 의해 죽음을 당한다. 아이스킬로스의 비극 3부작은 이 내용을 뒷배경으로 한다.

다른 하나는 아가멤논이 이피게네이아를 제물로 바쳤지만, 이를 불쌍히 여긴 아르테미스가 이피게네이아를 타우리스로 데려가 자신의 사제로 삼았다고 한다. 이피게네이아는 타우리스에서 오랜 동안 여사제로서 아르테미스 여신을 섬겼다고 한다. 에우리피데스의 『타우리케의 이피게네이아』는 이 설화를 바탕으로 한다.

괴테의 『타우리스의 이피게네이아』는 후자의 설화를 바탕으로 한다. 타우리스에서 살던 이피게네이아는 자신이 살던 고향을 무척 그리워한다고 괴테는 상상한다.

니체는 괴테, 실러, 빙켈만을 이피게네이아와 비교하고, 그리스

고향을 그리워하는 이피게네이아 (안젤름 포이어바흐, 1862년, 헤센 주립 박물관 다름슈타트 소장)

를 이피게네이아의 고향에 비유한다. 괴테, 실러, 빙켈만은 이피게네이아가 고향을 그리워하듯이 그리스를 그리워한다. 괴테, 실러, 빙켈만은 마음의 고향 그리스를 그리워하지만, 고향에서 자신의 의지와 무관하게 쫓겨난 이피게네이아가 고향을 그리워하는 마음만큼 간절하지 못하다. 간절하게 그리워하는 이피게네이아의 마음에 비한다면, 그들이 고향을 그리워하는 마음은 새 발의 피일 뿐이다.

11. 이 단락은 긴 문장의 이해를 돕기 위해 문장을 끊어 번역하다가 내용을 혼동하게 하는 예이다. 조금 길지만 한 문장으로 번역하는 게 좋다. 이 문장은 세 번의 가정문으로 쓰여 있다. 요약해 보자.

첫 문장: 괴테, 실러, 빙켈만은 그리스적인 것의 본질에 접근하지 못했다.

둘째 문장: 괴테, 실러, 빙켈만은 그리스와 그리스적인 것을 무척 갈망했지만, 갈망으로 끝났을 뿐이다.

셋째 문장: 쇼펜하우어의 사상과 바그너의 음악이 그리스적인 것의 본질을 일깨워 주었다. 그후 그리스 문화의 열광자들에게 저절로 그리스의 문이 스르륵 열렸다.

그 결과 그리스와 그리스적인 것에 대한 본질이 드디어 알려졌으므로, 그리스와 그리스적인 것을 새롭게 볼 수 있는 새로운 희망이 싹트기 시작한다.

다시 보기

이 절은 독일의 교양인들이 그리스의 정신과 음악을 어떻게 학문적으로 수용했는가를 보여 준다. 일반화하면 다른 나라 문화의 수용과 변화 과정에 관한 기록이기도 하다. 도식화하면 다음과 같다.

도입기 　 논쟁기 　 안정기 　 확산기 　 쇠퇴기 　 응전기
(의심 또는 추앙)

　도입기는 괴테, 실러, 빙켈만에 의한 그리스 연구를 말한다. 그들은 그리스 예술, 문화와 정신을 적극적으로 도입했을 뿐만 아니라 독일이나 유럽에 맞게 완전히 새롭게 해석할 방향을 열었다.

　논쟁기는 독일 문화와 그리스 문화의 지속적인 사랑의 실패를 무의식적으로 인식한 자와 아양 떠는 자들 사이의 대립이다. 전자는 그리스 문화를 독일에 수입한 대가들이 과연 그리스적인 것을 제대로 수입했는가, 창조적으로 독일에 적용되었는가에 회의한다. 반면 후자는 그리스 문화의 독일화에 성공한 괴테, 실러, 빙켈만과 그리스와 그리스적인 것이라면 무조건 숭상하고 찬양하는 자들을 말한다. 의심과 찬양 사이의 끝없는 대립과 논쟁이 펼쳐진다.

　안정기는 고등 교양 기관 선생 패거리들이 그리스 문화를 무한히 퍼 올리는 시기이다. 학자를 중심으로 새로운 문화와 이론을 지속적으로 받아들이는 시기이다.

　확산기는 저널리스트가 그리스 문화를 널리 유포하는 시기이다. 그리스 문화의 맹목적 추종자들은 그리스 문화를 창조적으로 수용하는 괴테 등을 따라하는 게 아니라 그리스적인 것이라면 무조건 수입하고 추종한다. 그들은 문화의 무한한 원천인 고대 그리스를 지치지도 않고 파고 또 파고 들어간다. 하지만 그들은 그리스 문화가 공간적으로 독일과 유럽 그리고 시간적으로 현재 어떤 의미를 지니고 있는지 연구하지 않는다.

　쇠퇴기는 연구자나 학자들이 그리스를 연구하지도 않은 채 저널

들의 입맛에 맞게 글을 마구 써 대는 시기이다. 그리스의 문화와 예술에 관한 연구가 많아지면, 저널들이 배턴을 이어받아 대중적으로 소개한다. 저널들은 그리스 문화를 연구하는 것이 아니라 선정적으로 소개하는 데 그친다. 저널들은 이 선정적 소개에 그리스 문화를 연구한 학자들을 동원하고, 학자들은 저널들이 원하는 대로 글을 써 준다. 겉으로 융성하는 듯 하지만 내용적으로 빈약한 시기이다.

응전기는 그리스적인 것을 완전히 소화하여 독일적인 것으로 만들어 낸 쇼펜하우어와 바그너, 이 양자를 창조적으로 조합한 니체와 같은 사상가가 새로운 사상을 만들어 내는 시기이다. 쇼펜하우어는 그리스적인 것을 언급하지 않으면서 그리스의 철학적 정신을 이었고, 바그너는 독일적인 소재와 사상을 새로운 음악 양식에 맞춰 그리스 비극을 완전히 새롭게 창조적으로 재해석한다. 니체는 한 손에 쇼펜하우어의 사상을 들고 다른 한 손에 바그너의 음악을 들고서 그리스 비극을 현재의 관점에서 완전히 재해석하고 문화와 예술과 관련하여 새로운 이정표를 제시한다.

2. 용감한 기사 쇼펜하우어의 등장

어느 누구도 그리스적 고대의 임박한 재탄생에 대한 우리의 믿음을 방해하려고 시도하지 말라. 우리는 그 안에서 음악이라는 불의 마법을 통해서 다만 독일 정신의 재생과 정화에 대한 우리의 희망을 발견하기 때문이다.[1] 황량하고 쇠약해진 오늘날의 문화 속에서 미래에 대한 그 밖의 위로를 주는 희망을 깨어날 수 있게 만드는 것을 우리는 무엇이라고 명명할 수 있는가?

보람 없기는 하지만 우리는 유일하게 힘차게 가지를 뻗은 뿌리, 결실을 맺을 수 있는 건강한 대지 속의 땅 한 줌을 엿보고 있다. 그럼에도 우리는 먼지, 모래, 마비와 갈망만을 볼 뿐이다. 위로를 발견하지 못한 우수에 찬 자는 뒤러가 우리에게 보여준 <죽음과 악마를 거느린 기사>, 청동 갑옷을 입고 준엄한 눈을 가진 기사보다 더 나은 상징을 선택할 수 없다. 그 기사는 자신에게 닥친 무서운 위험에 혼란을 느끼지 않으며 아무런 희망도 없이 단지 말을 타고 개를 데리고 가는 것만을 알고 있을 뿐이다.[2]

　이러한 뒤러의 기사가 바로 우리의 쇼펜하우어이다. 그에게 아무런 희망이 없었지만, 그는 진리를 추구했다. 그와 어깨를 나란히 할 자는 아무도 없다.[3]

1. 그리스 비극의 정신을 계승한 독일 철학과 독일 음악의 탄생을 말한다. 칸트와 쇼펜하우어의 독일 철학 정신과 바흐, 베토벤, 바그너의 독일 음악을 융합하고, 더 거슬러 올라가 그리스 정신에 의존하는 것, 철학적 측면에서는 헤라클레이토스, 음악적 측면에서는 그리스 비극에 의존하는 것을 말한다.

2. 니체는 쇼펜하우어를 뒤러의 〈죽음과 악마를 거느린 기사den Ritter mit Tod und Teufel〉 그림에 나오는 기사에 비유했다. 죽음과 악마는 앞에서 지적한 독일 교양의 상태, 철학적으로는 염세주의, 염세주의를 설교하는 종교와 철학 등을 말한다. 늠름한 말을 타고 개 한 마리를 거느리고 가는 기사가 곧 쇼펜하우어이다.

　기사가 눈길을 던지고 있는 죽음과 뒤따라오는 악마를 두려워하지 않는다는 것은 쇼펜하우어가 당시 자신을 음해하는 학문 풍토나 독일의 교양 상태나 염세주의 등을 무서워하지 않음을 의미한다.

기사의 눈을 보라. 바로 옆에 따라붙은 죽음에 눈길을 돌리지 않을 뿐만 아니라 뒤따라오는 악마도 뒤돌아보지 않는다. 기사는 아예 죽음과 악마를 무시하고 오로지 앞만을 바라본다.

긴 칼을 차고 아주 긴 창을 든 기사의 모습을 보라. 그는 칼과 창으로 어떤 적이든 쉽게 물리칠 것이다. 설사 죽음과 악마가 기사(쇼펜하우어)에게 달려든다 해도 단 한 번의 창으로 꿰어 내던지거나 단칼로 두 동강 내 버릴 기세다.

기사는 오직 산꼭대기에 위치한 성을 향해 말을 타고 뚜벅뚜벅 걸어갈 뿐이다. 바로 그 기사가 삶의 의지를 미약하게 만들고 죽음을 설교하는 종교와 이를 추종하는 학문 세력을 단박에 박살내 버릴 쇼펜하우어이다.

3. '아무런 희망이 없다'는 쇼펜하우어의 강의가 아예 인기 없었을 뿐 아니라 그의 철학에 관심을 기울인 교양인 역시 없었음을 의미한다. 쇼펜하우어는 유일하게 학문적 진리를 추구한 자이며, 바로 이 때문에 쇼펜하우어를 이겨 낼 자가 없다고 니체는 생각했다.

다시 보기

뒤러의 기사가 죽음과 악마를 거느렸다면, 철학자 쇼펜하우어는 '철학을 하는 소크라테스'의 사생아인 '오페라'와 '음악을 하는 소크라테스'의 적자인 종교와 학문을 거느렸다. 엄밀하게 말하면 쇼펜하우어가 '거느렸다'라기보다는 오페라와 종교와 학문이 쇼펜하우어를 '따라붙었다' 또는 쇼펜하우어에게 '출몰했다'가 맞다.

죽음과 악마가 기사에게 따라붙었고 기사를 괴롭히고자 했다. 오페라 그리고 종교와 학문이 쇼펜하우어에게 따라붙었거나 출몰해

죽음과 악마를 거느린 기사 (알브레히트 뒤러, 1513년)

서 그를 괴롭히려고 했다. 그러나 기사가 죽음과 악마를 무시했듯이, 쇼펜하우어 역시 '음악을 하는 소크라테스'적 오페라와 그 적자인 종교와 학문을 단숨에 박살내 버렸다.

니체는 쇼펜하우어의 철학과 음악관을 극찬했다. 하지만 후일 니체는 바그너를 헌신짝 취급했던 것처럼 쇼펜하우어도 버려 버린다. 니체는 후일 자기 철학의 여러 방향에서 쇼펜하우어를 비판한다. 니체는 자신의 사상을 가다듬을수록 자신의 철학 스승이었던 쇼펜하우어를 점점 더 심도 있게 비판해 나간다.

첫째, 니체는 쇼펜하우어의 형이상학 덕분에 중세의 기독교적 세계관이 다시 부활할 수 있었다고 비판한다.[102]

둘째, 니체는 또한 그토록 따르고 믿었던 쇼펜하우어의 '의지'도 악용되거나 오용되었다고 말한다.

쇼펜하우어의 '의지'는 그의 창조자의 손 아래에서, 철학자들의 보편화로 인한 분노에 의해서 학문에 재앙을 가져왔다. 자연의 모든 사물이 의지를 가지고 있다고 주장한다면, 이러한 의지는 하나의 시적인 은유로 되어 버리기 때문이다. 마침내 의지는 모든 종류의 신비한 헛소리에 이용하기 위해서 허구적으로 구체화로 악용되었다.[103]

심지어 니체는 쇼펜하우어의 '나는 의지한다.'를 미신으로 간주하기도 했다.[104]

셋째, '도덕'을 집중적으로 공격했던 니체는 쇼펜하우어가 도덕적 실재론자였다고 비판한다.[105] 나아가 니체는 바그너의 금욕주의적 이상이 쇼펜하우어의 권위에 의거한다고 비판하기도 했다.

니체의 쇼펜하우어 찬양과 비판을 짧은 글로 다 담을 수는 없다. 니체가 초기에는 쇼펜하우어를 정열적으로 찬양하지만 말년으로 갈수록, 도덕에 대한 비판의 칼을 벼릴수록 쇼펜하우어에게 적대적으로 변한다.

3. 비극의 재탄생

하지만 그렇게 어둡게 묘사했던 피로에 지친 저 황무지와 같은 우리 문화가 디오니소스적 마법에 맞닥뜨린다면, 갑자기 어떻게 변화할 것인가! 폭풍이 진부하고 썩고 파괴되고 쇠약해진 모든 것을 감싸고서 붉은 모래먼지 속으로 소용돌이치며 끌고 들어가고, 마치 콘도르Geier[1]처럼 하늘 속으로 끌고 간다. 당황한 우리의 시선은 사라진 것을 좇는다. 그 다음denn[2] 우리의 눈길이 보는 것은 하나의 몰락 뒤에 황금빛이 떠오르는 것처럼 그토록 충만하고 날것이며, 넘쳐흐를 정도로 엄청 생동감 있으며, 무척 갈망하던 무한이다.

비극이란 이와 같이 넘칠 듯한 삶, 고통과 쾌락의 한가운데에, 숭고한 황홀 상태에 앉아 있는 것이며, 비극이란 멀리서 들리는 마음이 무거운schwermütig 노래에 귀 기울이는 것이다.[3] 이 노래는 그 이름이 광기,[4] 의지, 출산의 고통Wehe이라고 불리는 존재의 어머니들에 대해서 말한다.[5]

자, 나의 친구들Freund이여, 나와 함께 디오니소스적 삶과 비극의 재탄생을 믿자. 소크라테스적 인간의 시대는 지났다. 담쟁이 덩굴로 장식하고 손에 티르소스 지팡이를 들어라, 그리고 호랑이, 표범이 당신의 무릎에 몸을 비벼 대고 누워도 놀라지 마라.[6]

이제 과감하게 비극적 인간이 되어라, 그러면 구원받을 것이다. 인도에서 그리스로 진격했던 디오니소스 축제에 가담하라! 강고한 전투를 준비하라, 하지만 당신 신의 기적[7]을 믿어라!

1. Geier를 '독수리'보다는 '콘도르'로 번역하는 것이 좋다. 『자라투스트라는 이렇게 말했다』에서 자라투스트라의 상징 동물 중 하나가 독수리인데, Adler란 단어를 사용하고 있기 때문이다. 콘도르나 독수리나 문맥상 커다란 차이는 없지만, 자라투스트라의 상징 동물로 오해하기 쉬우므로, 콘도르로 하는 것이 낫다.

2. denn을 '왜냐하면'의 이유나 '그 순간'이란 시각의 의미로 번역하곤 한다. 그보다는 시간의 흐름에 따른 '그 후'나 '그 다음'이 옳다. '소크라테스적-알렉산드리아적 문화'를 콘도르가 하늘로 높이 채 가고 난 '그 다음'이나 '그 후'에, '소크라테스적-알렉산드리아적 문화'가 소멸되고, '그 다음'이나 '그 후'에 '비극적 문화'가 찾아오기 때문이다. 18장 1절에서 열거한 문화 중에서 알렉산드리아적 문화가 드디어 종결하고 난 '그 다음'이나 '그 후'에 헬레니즘적 문화, 비극적 문화가 이제 시작된다.

　문장 그대로 설명한다면 '진부하고 썩고 파괴되고 쇠약해진' 알렉산드리아적 문화의 '그 다음'이나 '그 후'에 '그토록 충만하고 날 것이며, 넘쳐흐를 정도로 엄청 생동감 있으며, 무척 갈망하던 무한'의 헬레니즘 문화가 시작되기 때문이다.

3. 디오니소스적 비극이 재탄생한다면, 쇼펜하우어 철학이 주류가 된다면, 바흐, 베토벤, 바그너의 음악이 세상에 찬란하게 울려 퍼진다면, 니체의 『비극의 탄생』을 이해하는 독자가 많아진다면 세상은

어떻게 변할 것인가? 기존의 구태는 모두 사라진다. 이 때문에 당황한다. 하지만 생동감이 넘치는 새로운 세상이 다가온다.

4. 광기에 대한 설명은 「자기비판의 시도」 3절의 해설을 참조한다.

5. 비극이란 무엇인가에 대한 간단명료한 사전적 정의이다. 이 단락은 짧지만 비극의 내용, 관객, 형식, 창조 과정, 목적 등을 다뤘다.

"비극이란 이와 같이 넘칠 듯한 삶, 고통과 쾌락의 한가운데에"는 비극의 내용적 측면을 말한다. "숭고한 황홀 상태에 앉아 있는 것이며"는 비극을 보는 자의 태도이자 보는 자가 받는 감동을 말한다.

"비극이란 멀리서 들리는 마음이 무거운 노래에 귀 기울이는 것이다"는 비극의 형식이 음악임을 밝힌다. 관객은 비극을 보는 동시에 음악을 듣는다. 비극이란 가볍고 경쾌하고 발랄한 것이 아니라, 인간의 고통스러운 삶을 되돌아보게 하는 무거운 음악이다.

"이 노래는 그 이름이 광기, 의지, 출산의 고통이라고 불리는"은 비극을 창조한 자가 어떻게 비극을 만드는가를 보여 준다. 광기는 「자기비판의 시도」 3절에서 설명했듯이 창작하는 자가 갖고 있는 기본 속성을 말한다. 창작자는 일종의 광기 상태에서 의지를 가져야만 창작할 수 있으며, 그 창작의 과정은 출산의 고통에 버금간다.

"존재의 어머니들에 대해서 말한다"는 비극의 궁극적 목적을 말한다. 비극은 궁극적으로 '존재의 어머니'인 형이상학적 존재를 다룬다. 이는 니체가 「자기비판의 시도」에서 밝힌 자신이 형이상학자인 이유이기도 하다.

6. 1장 5절의 내용을 다시 보여 준 문장이다. 다음 그림을 보면 디오니소스 축제의 상황이 잘 묘사되어 있다.

7. 신의 기적은 디오니소스신의 기적을 말한다.

바쿠스의 승리 (고대 로마 모자이크, 3세기, 튀니지 수스의 고고학 박물관 소장)

다시 보기

이 절은 15장 마지막 절과 비교하며 읽어야 제맛을 느낄 수 있다. 15장에서 전투 참가를 권유했다면 이 장에서는 디오니소스신의 기적을 믿고 목숨을 건 전쟁에 참여해야 한다고 니체는 강권한다.

니체는 15장에서 '음악하는 소크라테스'는 세 갈래 길로 나갈 수 있다고 분석한다. 하나는 오페라라고 하는 음악의 형태로 발전하는 것이다. 다른 하나는 종교와 학문으로 더 강고하게 발전하는 것이다. 마지막은 산산조각 나는 것이다. 니체는 독자들에게 '음악하는 소크라테스'의 변화 발전을 목격한 자가 되고, 어느 길 위에 설지를 결정하고, 소크라테스적 음악과 동맹을 맺은 종교와 학문과 다른 하나의 새로운 사상의 격렬한 전투에 참가하라고 권유했다.

20장 마지막 절에서 니체는 한발 더 나간다. 니체는 우리들에게 좌고우면하지 말라, 관조자나 목격자와 같은 회색지대에 서 있지 말라고 강력히 권한다. 니체는 소크라테스적인 음악과 동맹을 맺은 종교 학문과 목숨을 건 전투를 벌여야 한다고 우리를 추동한다. 우리들에게 사생결단의 전투에서 두려워 말라고 니체는 말한다. 디오니소스신이 우리를 지켜줄 것이라고 니체는 호언장담한다.

20장 다시 보기

니체는 20장을 왜 집필했을까? 아무리 꼼꼼히 살펴보아도 '비극'의 탄생과 관련하여 그리 중요한 내용이 거의 없다. 내용적으로 본다면, 20장은 독일 교양인들의 그리스 문화 수입 상황을 소개하는 장이다. 흐름상으로 본다면, 15장이 3권을 정리하는 장이듯이, 20장은 4권을 정리하는 결론 장의 지위를 차지한다.

다른 측면에서 본다면, 20장은 니체 자신의 철학에 대한 자화자찬이다. 니체는 자신이 그리스 문화와 정신의 독일 수용사를 체계적으로 연구한 후, 완전히 재해석하여 그리스 정신과 예술의 새로운 이정표를 제시했다고 호언장담한다.

달리 생각해 봐야 할 것도 있다. 외국의 학문과 사상이 우리나라에 어떻게 수용되는가에 적용하여 살펴봐도 의미가 있다. 예컨대 용기 있거나 유학을 다녀온 연구자가 새로운 흐름을 도입하면, 이를 둘러싼 갑론을박이 벌어진다. 새로운 이론이 최소한의 실효성이 있거나, 도입한 자가 사회적 영향력이 있다면 국내 학계에 안착한다. 그러면 늘 새로운 것을 갈구하는 각다귀 같은 연구자들이 이 새로운 조류에 빨대를 꽂고 피를 빨기 시작한다. 여러 현상에 대한 이론적 검토와 현실적 적용이 이루어지면, 언론이 이를 잡지나 신문에 소개한다. 그러면 연구를 막 시작한 초심자들이나 나대기 좋아하는 연구자들이 이 이론에 달려들어 책을 읽고 연구하고 마치 새로운 치료제가 생긴 양 사회의 모든 현상에 처방한다.

다만 그뿐이다. 우리나라 경우에는 응전기가 이루어진 적은 거의 없다. 유학을 다녀온 자들이나 학맥이나 인맥이 좋은 자들은 새로운 학문 수입상을 자처한다. 그 밑에 대다수 연구자들은 약간의 이문이 남는다면, 금전적 보상이 따른다면 수입한 학문을 사들여 소매에 나서곤 할 뿐이다. 그나마도 요즘은 이런 학문 수입상도 존재하지 않고 열띤 논쟁도 벌어지지 않는다. 보고 들은 게 적은지 모르겠지만, 자생적인 학문의 완성도 눈에 띄지 않는다.

대다수 연구자들이 현실 문제를 해결하기 위한 새로운 이론적 노력을 거의 기울이지 않고 있다. 현실 안주와 현실 타협이 인문학과 사회과학을 지배한다. 현실의 문제는 늘 넘쳐 났고, 이 문제를 해결하려는 활동가들도 넘쳐 난다. 하지만 현실의 문제를 이론적으로 진지하게 연구하는 학자는 거의 없어졌다. 아니 사라져 버렸다. 이론 없는 활동만 남았다고 말하면 너무 지나친 것일까? 반대로 활동 없는 무의미한 이론만 남았다고 말하면 너무 냉소적인가?

마음속으로나마 국내의 많은 연구자들이 응전기를 위해, 이 보전진을 위한 일 보 후퇴를 하고 있기를 바랄 뿐이다. 현재의 문제를 해결하기 위한 이론을 둘러싼 격렬한 논쟁과 적용, 적용 결과의 재검토와 이론의 한국적 현실에 맞는 재정립이 절실하다.

『비극의 탄생』에 대하여

1. 어떤 책인가?

겉으로 보면 『비극의 탄생』은 총 네 번의 '비극'의 탄생을 다룬다. 『비극의 탄생』은, 첫째, 고전적인 고대 아테네 비극의 탄생, 둘째, 에우리피데스와 소크라테스에 의한 '죽은' 비극의 탄생, 셋째, 오페라적인 '죽은' 비극의 탄생, 넷째, 바그너에 의해 다시 새롭게 태어난 고전적 비극의 탄생을 시대 순으로 다룬다. 아테네 비극은 비극의 모범적인 전형이며, 바그너적인 비극의 탄생은 아테네 비극의 정신과 음악을 재탄생시킨 것이다. 반면 에우리피데스와 소크라테스에 의해 탄생한 비극과 오페라적인 비극은 고전적인 비극의 정신과 음악을 훼손한 '죽은' 비극의 탄생이다.

속으로 보면 『비극의 탄생』은 아폴론과 아폴론적인 것 그리고 디오니소스와 디오니소스적인 것을 기본 축으로 음악과 예술, 철학, 형이상학, 심리학, 문명 비판, 반도덕과 반윤리, 반기독교 등의 내용을 다룬다.

니체에게 『비극의 탄생』은 자기 사상의 출발점이자 귀결점이다. 니체는 이 책을 집필하면서 모든 기존 사상을 재평가할 단초를 마련했으며, 이 책을 자신의 모든 사상의 발전 토대로 삼았다.

> 『비극의 탄생』은 모든 가치에 대한 나의 첫 번째 재평가였다. 이 책 덕분에 나는 나의 의지와 능력이 성장한 토대로 되돌아간다.[106]

니체의 모든 사상은 『비극의 탄생』의 변주이거나 발전이다. 니체 사상을 몸과 맘으로 실천하는 자인 자라투스트라는 비극의 탄생의 한 축인 디오니소스의 또 다른 분신이다. 영원회귀, 교양과 학문에 대한 부정적 관점, 선과 악, 도덕, 우상 등 니체의 복잡하거나 어려운 사상이 이해되지 않으면, 이 책을 다시 읽어 보면 큰 도움이 될 것이다.

인류 정신사의 측면에서 본다면 『비극의 탄생』은 모든 비판사상과 해방사상의 선구자적 위치와 유일 독점적 지위를 차지한다. 유럽의 지성사와 철학사가 플라톤에 대한 재해석이라고 한다면, 『비극의 탄생』은 플라톤과 정반대에 위치해 있다. 한마디로 말하면 『비극의 탄생』은 플라톤과 맞짱을 뜬 책이자, 기존의 모든 사상의 전복을 최초로 시도한 책이다. 『비극의 탄생』은 기존의 모든 사유 체계와 정반대되는 방향을 제시한 혁명적인 책이다. 이 책 안에는 우리가 물과 공기처럼 당연히 여기고 있는 기존의 모든 사상과 사유 체계를 전복하는 맹아가 있다. 28살 청년이 혼신을 담아 달뜬 열정으로 집필한 『비극의 탄생』은 인류 정신사의 새로운 길을 알려 주는 혁명적인 책이다.

2. 어떻게 읽을 것인가?

『비극의 탄생』은 일종의 서문이 세 번이나 쓰였다는 점에서 상당히 독특하다. 니체는 1872년 『음악정신으로부터 비극의 탄생』이라는 제목으로 책을 출판한다. 1886년 니체는 동일한 내용에다 「자기비판의 시도」라는 글을 달면서 『비극의 탄생 또는 그리스 문명과 염세주의』라는 제목으로 책을 다시 출판한다. 그리고 또다시 1889년에 니체는 자신의 삶을 자전적으로 고찰한 『이 사람을 보라』라는 책을 출판하면서 이 책 안에 "비극의 탄생"에 대해서 집필한다. 세 번째 글 역시 『비극의 탄생』의 읽는 방향을 제시한다는 점에서 서문으로 봐도 무리가 없다.

위에서 열거한 세 개의 글은 강조점이 각각 다르다. 니체는 1872

왼쪽부터 『음악정신으로부터 비극의 탄생』 표지, 『비극의 탄생 또는 그리스 문명과 염세주의』 표지, 『이 사람을 보라』 표지(1889년)

년『비극의 탄생』에서 '음악정신으로부터'에 강조점을 찍고, 1886년『비극의 탄생』에서 '그리스 문명과 염세주의'에 방점을 찍고, 1889년『이 사람을 보라』의 "비극의 탄생"에서 '삶에의 의지'를 부각한다. 니체는 저술 기준으로 초창기, 전성기, 말년『비극의 탄생』을 읽는 세 가지 독해법을 제시한 셈이다. 이 책을 읽는 독자라면, 당연히 세 가지 서문마다 각기 다른 니체의 의도에 따라 책을 읽어보는 게 좋다.

첫 번째 독해 방식은 '음악정신으로부터'『비극의 탄생』을 읽는 것이다. 이 방식은 일종의 발생론적 관점에서 출발하여 음악과 비극의 관계를 집중적으로 조명한다. 이 방식대로 읽는 독자라면 비극이 음악을 토대로 언제, 어디에서 발생하고 발전했는가를 추적하고 언제, 어디에서, 무엇 때문에 몰락하는가를 찾아야 한다.

이 방식에 따른다면, 음악정신이 무엇인가를 찾아내는 게 가장 중요하다. 이 음악정신을 바탕으로 어떻게 비극이 발생했는가를 찾고, 음악정신에 토대를 둔 비극이 시민들에게 어떤 긍정적 기여를 하는가를 살펴봐야 한다. 반대로 비극에서 음악정신이 몰락하면 어떤 일이 발생하는가, 즉 비극에서 음악정신이 몰락하면 비극은 비극인가 아닌가라는 문제를 사색해 봐야만 한다. 나아가 음악의 몰락에 따른 비극의 몰락 시대는 어떤 시대인지를 살펴보는 게 역시 중요하다.

두 번째 독해 방식은 '그리스 문명과 염세주의'와 연관하여『비극의 탄생』을 읽는 것이다. 이 방식은 현실과의 대화에서 출발하여, 비극을 문명 진단적 방법으로 살펴보는 것이다. 이 방식에 따른다면, 염세주의가 무엇인가를 찾고 이를 문명의 흥망성쇠와 연결시켜 살펴보는 게 중요하다. 또한 염세주의와 비극의 관계를 살펴보고, 어떤 문명에서 비극이 탄생하고 몰락하는가를 찾는 게 중요하다.

이 독해 방식은 기존 우리의 상식을 완전히 버리고 나서 읽어야 함을 강조한다. 우리 눈에 염세적인 것처럼 보이는 비극을 건강한 아테네 시민들은 청량음료처럼 필요로 했다는 것, 건강한 시민으로 구성된 국가 아테네, 페르시아 대제국을 몰락시킨 소규모 도시국가 아테네가 비극을 필요로 했다는 것, 염세적인 것처럼 보이는 비극이 시민들에게 건강한 정신을 제공했다는 것 등의 이유를 찾아봐야만 한다. 반대로 우리의 상식과 이론에 너무 익숙하고 건강한 것처럼 보이는 소크라테스와 그의 철학이 건강한 시민을 염세주의적으로 만드는 이유 역시 살펴봐야 한다. 니체의 가치 전복, 사유 전복의 시도는 우리가 상식적으로 알고 있는 염세주의의 전복과 비극에 대한 재평가에서 시작한다.

제목에 있는 '그리스 문명'은 모든 문명에 적용되고 비교될 수 있다. 건강한 그리스 문명은 니체 당대의 보불 전쟁에서 승리한 독일 문명과 비교될 수 있다. 더 확장하면 염세주의와 문명은 모든 시대의 문명과 사조에 적용될 수 있는 이론 틀이자, 현재 현실과 대화할 수 있는 기본 도구이다.

마지막 독해 방식은 '삶에의 의지'의 관점에서 『비극의 탄생』을 읽는 것이다. 이 방식은 기본적으로 염세주의적 독해 방식과 반대되는 것으로서 인간의 삶에의 의지를 강조한다. 이 방식은 인간에게 숙명처럼 주어진 고통과 그 고통을 이겨 내는 한 방법으로 비극을 고찰하는 것이다. 이 방식에 따른다면, 삶에 필연적으로 내재된 고통이 무엇인가 알아보고, 비극 속에서 '삶에 대한 긍정'을 찾아내는 게 가장 중요하다.

　이 독해 방식은 우리의 삶이 고통으로 가득 차 있음을 전제로 한다. 인간의 삶을 고통의 바다로 바라보는 불교나 원죄에 따른 고통으로 이해하는 기독교의 견해를 따르지 않더라도, 인간의 삶이 고통 그 자체라는 것은 사실이다. 니체는 고통으로서 인간의 삶을 실레노스의 지혜로 표현한다. 대다수의 종교나 철학은 인간에게 주어진 필수적인 고통을 극복하기 위해서 금욕적이고 윤리적인 삶을 주장하고, 착하게 살아서 사후의 행복을 추구해야 한다는 만병통치약을 판다. 니체는 이런 종교적이고 철학적인 태도를 비판하고 삶이 고통스러움에도 불구하고 살 만하다고 강조한다. 니체는 비극 속에서 '삶에의 의지'라는 소중한 가치를 끌어낸다. '삶에의 의지'는 한겨울을 이겨 내고 봄에 잎을 피우는 포도나무 넝쿨과 같다. 포도 넝쿨은 디오니소스의 또 다른 표현이고, 디오니소스는 삶에의 의지를 보여 준다.

　　가장 낯설고 가장 가혹한 삶의 문제에 있어서 삶 자체에 대한 긍정; 삶에의 의지 …… 나는 이것을 디오니소스적이라고 명명한다.'[107]

　염세주의적 관점이 가장 짙게 녹아들어 간 것은 현재 우리가 너무나 당연하게 받아들이고 하루도 빠지지 않고 학습하는 도덕, 윤리, 종교이다. 염세주의적 관점은 고통스러운 현재 삶의 대가로 사후의 행복을 추구한다. '삶에의 의지'는 고통스럽기 때문에 삶을 포기하는 것이 아니라 삶이 고통스러움에도 불구하고 살 만한 것으로 받아들인다. '삶에의 의지'를 보여 주는 디오니소스적 가치가 꽃을 피운 것은 바로 비극이다. 비극은 염세주의적인 것이 아니라 '삶에의 의지'의 찬양이다.

'음악정신'은 니체 사상의 뿌리이자 토대이며, '염세주의'는 니체 사상의 전방위적인 비판적 태도를 구성하고, '삶에의 의지'는 니체 사상의 미래지향점이다. 이 세 가지 독해 방식은 서로 낱낱이 분리된 게 아니라 상호 연결되어 있다. 디오니소스적 가치인 '음악정신'은 염세주의적 세계관과 대립하고 삶에의 의지를 강조한다. 염세주의적 세계관을 이겨 내기 위해서는 '삶에의 의지'가 필요하고, 현재의 고통을 이겨 내기 위해서는 '음악'과 '음악정신'을 필요로 한다. '삶에의 의지'는 염세주의적 세계관과 대립되고 고통스러운 삶을 살 만한 것으로 바꾸기 위해서 '음악'과 '음악정신'의 도움을 받는다.

세 개의 서문은 출발점과 강조점이 다르지만 종착점은 같다. 니체는 세 가지 독해 방식을 시간에 따라 다르게 제시했지만, 궁극적으로 '지독하게도 고통스럽지만 그래도 살 만한 삶'을 강조한다.

이 세 가지 독해 방식이 상호 연결되어 있다고 하더라고 각각의 강조점을 달리해서 읽는 게 중요하다. 출발점이 다르면 종착점에 도달하는 과정과 길이 각각 다르다. 길이 다르면 길에서 만나는 풍경도 다르듯이, 서로 다른 출발점은 서로 다른 사상, 사유, 논리, 강조점을 만나기 마련이다. 이 책을 읽을 때는 이 세 가지 서로 다른 관점을 유지하면서도 상호 연결하며 읽는 연습이 필요하다.

3. 어떻게 구성되어 있는가?

1) 읽기의 어려움

이 세 가지 독해 방식에 익숙해졌다면, 나만의 글 읽기가 필요하다. 문명사에는 두 개의 탑이 있다. 하나는 강력한 구심력을 발휘하는 소크라테스-플라톤적인 원탑이고, 다른 하나는 원심력을 발휘하는 니체적인 첨탑이다.

소크라테스-플라톤적인 원탑은 주변의 모든 것을 자기화시키는 강력한 '중력'을 발휘한다. 소크라테스-플라톤적인 원탑은 모든 것을 끌어들여 파멸시켜 버리는 블랙홀마냥 주변의 모든 것을 게걸스럽게 먹어 치우고 도덕, 윤리, 학문과 이론, 종교 등으로 무한정 게워 낸다.

니체적인 첨탑은 뾰쪽한 끝으로 원탑에 구멍을 내고 중력의 자장권에 있는 모든 것을 달아나도록 만든다. 소크라테스-플라톤적인 원탑은 복종을 요구하는 반면, 니체적인 첨탑은 탈주를 강조한다.

니체를 읽는다는 것은 '중력'을 벗어나 탈주를 시작한다는 뜻이다. 작지만 커져 나갈 탈주를 위해서 가장 먼저 해야 할 일은 『비극의 탄생』을 나만의 방식으로 읽는 것이다. 하지만 나만의 방식으로 읽기는 쉽지 않다.

이 책은 너무 어렵다. 처음부터 끝까지 인내심을 갖고 읽었다고 해도 남는 건 아폴론과 디오니소스뿐이다. 이 책은 너무 혼란스럽다. 읽다 보면 같은 이야기가 계속 반복되는 것 같다. 아폴론과 디오니소스에서 시작하여 이 두 이름으로 끝이 나는 것처럼 보인다. 이 책은 생경하다. 이전에 우리가 알고 있는 용어와 어휘, 인물을 아주 정반대의 내용과 모습으로 바꿔 버린다. 이 책은 너무 겁난다. 우리가 보편타당하고 올바른 것으로 받아들이던 모든 것을 전면 부정한다. 이 책은 너무 흔들어 댄다. 기존의 사유 체계를 다 뒤집어 엎고 완전히 새로운 사유 방식을 들이민다.

이런 곤란을 극복하기 위한 한 가지 방법이 있다. 제목이 없는

『비극의 탄생』의 각 장과 절에 제목을 달아 보는 것이다. 각 장과 절에 제목을 달면, 글 전체의 흐름을 완전하지는 않지만 비교적 정확하게 이해할 수 있다.

2) 책의 구성

『비극의 탄생』은 「자기비판의 시도」, 「바그너에게 바치는 서문」, 그리고 25개 장의 본문으로 이뤄져 있다. 「자기비판의 시도」와 25개 장의 본문에는 제목이 없다. 여러 책들의 목차는 대개 다음과 같다.

「자기비판의 시도」
「바그너에게 바치는 서문」
25개 장의 본문

「자기비판의 시도」와 본문의 내용은 일반 독자, 심지어 전공자도 다가가기 쉽지 않다. 각 장에 제목이 없어서 읽기의 어려움이 더 가중된다. 이해를 쉽게 하기 위해 각 장과 절에 임의로 제목을 달아 보자. 이 목차를 바탕으로 니체의 의도대로 독해하고, 더 나아가 나만의 방식으로 읽기 위해서 본문의 제목을 토대로 아래와 같이 재구성해 보자. 굵은 글씨는 이해를 돕기 위해 임의로 제목을 잡아본 것이며, 각 장에다 단 제목 역시 이해를 돕기 위해 임의로 단 것이다.

「자기비판의 시도」

「바그너에게 바치는 서문」

1부_ [서론] 아폴론과 디오니소스 형제 결의로서 비극

1장. 아폴론적인 것과 디오니소스적인 것의 결합으로서 예술

2장. 아폴론적인 예술과 디오니소스 축제

3장. 인간의 반영으로서 그리스 신들

4장. 아티카 비극의 철학적, 신화적 토대

2부_ 비극의 디오니소스적 요소

1. 음악 : 디오니소스의 본질

5장. 디오니소스적 서정시와 서정시인

6장. 디오니소스적 음악으로서 민요

2. 합창가무단 : 디오니소스의 시종들

7장. 비극의 핵심 요소로서 합창가무단

8장. 합창가무단의 역할과 기능

3. 주인공 : 디오니소스의 또 다른 분신들

9장. 능동적 영웅과 수동적 영웅

10장. 디오니소스의 가면을 쓴 비극의 영웅들

3부_ 고전적 비극의 죽음과 '죽은' 비극의 탄생

1. 에우리피데스에 의한 비극 살해

11장. 에우리피데스의 비극 살해와 '죽은' 비극의 탄생

12장. 악명 높은 기계장치의 신을 오용하는 에우리피데스

2. 소크라테스에 의한 비극 살해

13장. 에우리피데스의 동지, 소크라테스

이런 구분 방법이 믿을 만한가는 4장, 10장, 15장, 20장, 24장의 마지막 절에서 찾을 수 있다. 열거한이 장들의 마지막 절은 다른 절과 문체를 완전히 달리한다. 4장의 마지막은 '지금까지 내가 이 논문의 앞머리에서 언급했던 것을 아래와 같이 다시 상술하겠다.'라고 말하면서 1~3장을 요약한다고 분명히 밝힌다. 10장, 15장, 20장, 24장의 마지막 절들은 기존의 설득력 있는 논증 문체와 완전히 다르게 웅변체로 서술한다. 그리고 5장, 11장, 21장은 앞 장들과 전혀 다른 이야기로 시작한다.

10장 마지막 절은 '신성모독자 에우리피데스여'로, 15장 마지막 절은 '이제 여기서 우리는 불안한 마음으로 현재와 미래의 문을 두드려 보자'로, 20장 마지막 절, 마지막 단락은 '자, 나의 친구들이여, 나와 함께 디오니소스적 삶과 비극의 재탄생을 믿자'로 시작한다. 24장은 '나의 친구들이여, 디오니소스적 음악을 믿는 그대들이여'로 시작한다.

이 책의 대부분 다른 절들이 논증과 추론을 바탕으로 집필되어 있다면, 위 다섯 개 장의 각 절들은 요약하거나 강력한 웅변과 호소 형식의 문체로 쓰여 있다. 니체는 문체를 달리함으로써 각각의 '비극'의 탄생을 다루고 있음을 암시한다.

3) 세 개의 서문에 근거한 구성의 기본적 이해

위의 구성을 바탕으로 세 개의 서문에 근거하여 이 책을 간략하게 요약해 보자. 이 요약은 말 그대로 간략한 요약이므로 깊은 이해를 보여 주지는 못하지만, 이 책이 어떤 주장을 말하는가를 간단하게 볼 수 있는 장점이 있다.

첫째, 위의 목차 구성을 바탕으로 1872년 『음악정신으로부터 비극의 탄생』의 관점에서 내용을 분석해 보자. '음악정신'의 관점에서 『비극의 탄생』은 무엇을 이야기하는가를 살펴보자.

'음악정신'에 근거한 분석은 이 책의 형식적 구성 내용을 간명하게 보여 주는 동시에 가장 중요한 음악정신을 강조한다. 이에 따른다면 1부는 아폴론적인 것과 디오니소스적인 것의 결합을 설명한 서문에 해당한다. 2부는 음악에 근거하여 고전적인 고대 비극의 탄생과 그 구성 요소를 다루고, 3부는 고대 비극 작가인 에우리피데스와 소크라테스에 의한 음악의 죽음과 비극의 죽음을 다루고, 4부는 르네상스에서 시작된 오페라를 '죽은' 비극으로 고찰하고, 5부는 앞의 내용 전체를 요약하는 동시에 음악의 부활과 함께 고전적 비극의 독일적 재탄생을 다룬다.

2부가 서정시, 민요, 합창가무단 등의 음악과 주인공을 중심으로 비극의 구성 요소가 무엇인지를 다룬다면, 3부와 4부는 2부에서 다룬 음악적 요소가 에우리피데스와 소크라테스에 의해 소멸하면, 음악을 중심으로 만들어진 비극 역시 죽음을 맞게 됨을 다루고, 5부는 음악이 되살아나면 비극 역시 왜, 어떻게 되살아나는지를 다룬다.

둘째, 1886년 『비극의 탄생 또는 그리스 문명과 염세주의』의 관점에서 내용을 분석해 보자. '그리스 문명과 염세주의'의 관점에서 『비극의 탄생』은 무엇을 이야기하는가를 살펴보자.

'염세주의'는 '그리스 문명'을 재단하는 도구이다. 염세주의가 지배하지 않는 문명은 '건강한' 그리스 문명이고 염세주의가 지배하는 문명은 '병든' 그리스 문명이다. 1부는 염세주의가 지배하지 않는 '건강한 그리스 문명'이다. 그리스 문명이 건강할 수 있었던 이유는 고전적인 아테네 비극이 건강하게 유지되고 있는 데에서 비롯한다. 고전적 아테네 문명은 아폴론적인 것과 디오니소스적인 것이 잘 결합된 비극이 지배하는 문명이다.

2부는 비극의 음악적 요소와 주인공을 주로 다룬다. 서정시와 민요, 합창가무단, 주인공의 고통스러운 삶으로 구성된 비극이 시민들을 건강하게 만들었다는 내용이 주를 이룬다.

3부와 4부는 염세주의가 지배하는 '병든 문명'을 다룬다. 에우리피데스와 소크라테스는 도덕을 강조하고 종교적 세계관을 열어 놓았고, 이론과 지식을 중심으로 교양이 인간을 지배하게 만들고, 인간을 계산하기 좋아하는 속물로 만든다. 그들은 시민들이 현재의 삶보다는 사후의 삶을 더 고귀한 것으로 여기게 만듦으로서 염세주의가 횡행하게 만든다. 이들의 영향을 받은 문명이 르네상스에 시작한 오페라에도 그대로 투영되었으며, 르네상스 이후 시대 역시 염세주의가 지배하는 시대가 된다.

5부는 니체 당대의 시대에 지배적인 염세주의의 조종이 울리고 있음을 다룬다. 칸트와 쇼펜하우어의 철학, 특히 베토벤과 바그너의 음악이 염세주의를 몰아낼 수 있는 가능성을 보여 준다.

마지막으로 1889년 '삶에의 의지'의 관점에서 『비극의 탄생』을 다뤄 보자. 니체가 1889년에 '삶에의 의지'를 서문으로 달아 책을 냈다고 가정해 보자. 아마도 책 제목은 『삶에의 의지의 관점에서 본 비극의 탄생』 또는 『비극의 탄생과 삶에의 의지』일 것이다.

'삶에의 의지'는 1872년 '음악정신'의 내용이자 1886년 '염세주의'의 대항마이다. 1부는 '삶에의 의지'를 북돋워 주는 요소를 다룬다. 아폴론적인 것과 디오니소스적인 것이 제대로 결합된 비극은 '삶에의 의지'를 강화시켜 준다. 특히 2부는 삶의 능동성을 다룬다. 디오니소스적 요소인 서정시, 민요는 시민들이 더불어 하나가 되게 만듦으로서 삶에 필연적으로 따르는 고통을 잊게 하고, 고통받는 주인공은 개별 시민들에게 삶의 고통을 이겨 내는 힘을 키워 준다.

3부와 4부는 '삶에의 의지'를 꺾게 만드는 내용을 다룬다. 에우리피데스와 소크라테스는 현재의 삶보다는 사후 삶을 소중하게 만들고, 도덕적이고 윤리적인 삶 또는 종교적인 금욕적인 삶을 살게 함으로써 현재의 삶을 생동감 있게 살도록 만들지 않는다. 그들은 인간들에게 현재의 삶보다는 죽음을 더 숭고하게 만드는 염세주의의 시조이다. 소크라테스의 영향을 받은 이론적 정신과 학자적 관심에서 출발한 오페라 역시 현재의 삶 속에서 형이상학적 존재자와 하나가 되지 못하게 만든다는 점에서 염세주의적이다.

5부는 삶에의 의지를 북돋워 주는 내용을 다룬다. 루터에서 시작한 새로운 찬송가는 민요적 요소를 보여 주고, 베토벤의 음악은 만인을 하나로 만들어 주고, 지크프리트의 삶은 신들의 황혼, 우상의 황혼을 가져온다.

앞에서 강조했던 것처럼, 이 책을 읽으면서 '음악정신', '염세주의', '삶에의 의지'를 상호 연결하는 동시에 분리하면서 읽는 것은 아주 중요하다.

4. 더 나은 글 읽기를 위해서

대다수의 사상이나 철학 책이나 글(우리가 아는 대부분의 글)들은 사전 준비 독서를 하면 좋다. 한 사상가의 글은 어느 날 하늘에서 뚝 떨어진 것이 아니다. 대개 사상은 현실에 닥친 문제를 해결하기 위해 출발한다. 니체는 「바그너에게 바치는 서문」에서 다음과 같이 말한다.

막 발발한 전쟁의 공포와 흥분 속에서 …… 우리가 독일적인 기대의 한가운데에서 소용돌이와 전환점으로서 적절하게 제기된 독일적인 문제를 얼마나 진지하게 다루고 있는지 ……

니체는 『비극의 탄생』이 현실과의 대화에서 비롯한다고 분명히 밝힌다. 하나의 글을 이해하기 위해서 그 글이 나온 당시의 정치적, 경제적, 역사적 상황 등을 살펴보면 더 좋다. 사전 정보가 많을수록 글 속에 담긴 숨은 뜻을 찾아내기도 쉽고, 그 정보를 현재에 맞춰 재해석하고 발전시킬 수 있는 가능성도 높아진다. 우리는 이 책을 읽기 위해서 니체가 다루고 있는 아테네 시대의 정치적, 사회적 배경을 미리 살펴보고, 니체가 접한 당면의 문제가 무엇인지를 살펴보기 위해서 니체가 살던 시대를 미리 알아볼 필요가 있다.

또한 우리는 이 글을 읽기 위해 많은 사전 독서를 필요로 한다. 대개의 글은 이전 사상과의 대화에서 출발한다. 『비극의 탄생』은 수많은 사상서나 철학서보다 짧은 글이지만 풍부한 사전 독서를 필요로 한다. 이 글은 비극의 내용적 독해가 아닌 음악적 이해를 시도하면서, 음악, 예술 일반, 문학, 철학, 종교 등의 영역을 전면에 다루고, 그 이면에 복잡한 정치적 상황을 깔고 있다. 이 글은 기존의 모든 사유 내용과 체계의 전복, 모든 지배 사상과 철학의 파괴를 시도하고, 소크라테스, 플라톤, 기존의 형이상학과 종교 등의 의심 불가의 성역을 하치장으로 보내야 할 쓰레기나 폐기물로 치부한다. 니체는 이러한 혁명적 전복을 시도하기 위해 기존의 모든 사상과 그 체계에 대한 철저한 이해를 바탕으로 대화를 하고 있다.

하지만 우리는 『비극의 탄생』의 현실적, 정치적, 문학적, 예술적, 철학적, 음악적 배경 등을 다 알 수 없고, 다 찾아볼 수도 없다. 이런 곤란함을 극복하기 위해서 해설 부분을 참조하면 좋다. 그래도 이해가 안 되거나 해설과 다르게 바라본다면, 아래 글들을 찾아 비교해 보는 것도 좋다.

고대 비극 작가 아이스킬로스, 소포클레스, 에우리피데스의 비극과 관련한 내용을 읽고 이해가 잘 안되면, 아이스킬로스의 『아가멤논』, 『제주를 바치는 여인들』, 『자비로운 여신들』을 최소한 읽어야 하고, 거기에 『결박된 프로메테우스』를 읽으면 도움이 된다. 소포클레스의 『오이디푸스왕』, 『콜로노스의 오이디푸스』, 『안티고네』역시 도움이 된다. 에우리피데스의 『박코스의 여신도들』, 『키클롭스』, 『헤라클레스』, 『타우리케의 이피게네이아』, 『오레스테스』등도 내용 파악에 도움이 된다. 특히 비극 축제의 상황과 관련해서는 『박코스의 여신도들』, 비극의 능동적 주인공과 관련해서는 『결박된 프로메테우스』, 수동적 영웅과 관련해서는 『오이디푸스왕』, 『콜로노스의 오이디푸스』를 참조하는 게 좋다.

다만 이 비극 작품을 읽으면서 주의할 게 있다. 이 비극 작품을, 우리에게 익숙한 책읽기 방식인 내용 중심으로 읽으면 안 된다. 이해하기 어렵고 실천하기 쉽지 않겠지만 니체의 조언대로라면 음악적으로 읽어야 한다. 번역어라는 한계가 있지만 합창가무단, 주인공, 등장인물의 대사를 마치 노래라고 생각하고 읊조리는 게 좋다.

고대 희극 작가 아리스토파네스의 다음 몇 가지 작품을 읽어 두면 큰 도움이 된다. 소크라테스의 기이한 행적을 그린 『구름』, 아이스킬로스와 에우리피데스가 저승에서 어떤 것이 진정한 비극인가를 두고 다툼을 벌이는 내용을 묘사한 『개구리』, 신 아티카 디티람보스 작가 키네시아스를 비판한 『새』, 유일하게 전승되는 사티로스극인 『키클롭스』 등이다.

또한 니체가 셰익스피어와 괴테를 논의한 글이 이해가 잘 안될 경우 『햄릿』과 괴테의 『파우스트』를 읽어 두면 좋고, 필요한 경우 부분 발췌 독서를 하면 도움이 된다. 이 두 저작은 이 책에서 자주 인용되고 있으며, 니체의 사상에서도 중요한 지위를 차지한다.

니체가 논쟁을 걸고 있는 철학 부분은 생각이 많이 다를 수 있다. 니체의 주장이 낯설거나 니체의 사상에 거부감이 느껴지면 다음 부분을 찾아 읽으면 도움이 된다. 우리가 가장 이해하기 힘든 부분은 헤라클레이토스의 사상을 다룬 글이다. 우리나라에는 소개된 적당한 글이 없다. 우리가 도움을 얻을 수 있는 것은 책세상출판사에서 나온 『니체전집』 1권 중 "플라톤 이전의 철학자들"과 3권 중 "그리스 비극 시대의 철학"에서 '헤라클레이토스' 부분이다.

소크라테스 4부작인 『에우티프론』, 『변론(변명)』, 『크리톤』, 『파이돈』을 읽는 것이 아주 중요하다. 니체의 평생 과업은 소크라테스의 철학적 시도의 전복이다. 『비극의 탄생』은 소크라테스의 인간학적인 철학적 시도를 예술론적인 심리학으로의 전환이라고 볼 수 있다. 니체는 소크라테스를 염세주의의 시초로 보았으며, 그 염세주의가 현재까지 강력한 권력을 행사하고 있다고 진단한다. 니체의 이런 주장은 우리에게 너무 낯설고 불편하다. 이런 생각이 들면 소크라테스 4부작을 읽어 보면 도움이 된다.

니체의 형이상학 관련 부분이 이해되지 않는다면 플라톤의 여러 저작 중에서 『국가』를 대칭적으로 읽으면 도움이 된다. 니체의 평생 과업은 한 측면에서 본다면 소크라테스에서 시작되고 플라톤에서 완성된 이데아적 형이상학을 예술적인 형이상학으로의 전환이자 플라톤적인 세계관의 전복이라고 볼 수 있다. 니체는 소크라테스 사상을 정교화한 플라톤을, 결국 종교를 포함한 수많은 우상들의 실질적 아버지로 간주하고 플라톤의 사상 제국 허물기를 시도한다. 그 때문에 플라톤의 사상이 집대성된 『국가』 중에서 형이상학 관련 부분을 찾아 읽는 게 중요하다. 또한 니체의 음악, 모방, 비극, 이데아 등의 용어가 잘 다가오지 않거나, 내가 알고 있던 내용과 다르다면, 『국가』의 2~7권과 10권이 도움이 된다. 또한 색인에서 모방, 비극, 음악, 이데아 등을 찾아서 읽어 보는 것도 큰 도움이 된다.

니체가 동정과 공포, 카타르시스 등을 논쟁적으로 제기한 부분이 낯설면, 아리스토텔레스의 『시학』이 도움이 된다. 『비극의 탄생』은 한 측면에서 본다면 아리스토텔레스가 한 비극의 문학적 이해를 음악적 이해로 전환시킨 것이다. 아리스토텔레스는 비극을 예술, 예술 중에서 문학, 문학 중에서 시에 국한하는 해석을 시도하고, 비극을 동정과 공포에 근거한 카타르시스로 해석한다. 니체는 이와 반대로 비극을 예술 중에서 음악의 관점에서 해석하고, 동정과 공포를 도덕과 종교의 맹아로 해석하는 철학적 도전을 시도한다. 니체의 근원적 힘은 비극을 문학적으로 이해하는 아리스토텔레스와 달리 음악에 토대를 두고 이해한 데서 비롯한다. 니체는 이 지점에서 지금까지 비극을 해석해 왔던 관점에서 완전히 벗어날 수 있는 길을 찾아낸다.

니체의 사상 중에서 너무 생소한 내용이 나오면 쇼펜하우어의 『의지와 표상으로서의 세계 I 』 중에서 21장, 22장, 43장, 47장, 51장, 52장, 59장, 68장을 찾아 읽으면 좋다. 이 장들에는 『비극의 탄생』의 주요 토대가 되는 의지, 비극, 삶, 시, 예술 등에 관한 쇼펜하우어의 기본 사상이 담겨 있다. 『비극의 탄생』은 소크라테스와 플라톤이라는 주적을 사상과 철학에서 제거하기 위해 쇼펜하우어 사상에 의존하고 있다. 『비극의 탄생』에서 니체의 주요 철학적 주장은 쇼펜하우어의 변형이라고 봐도 무방할 정도이므로, 위의 글들은 읽어 보면 도움이 될 것이다.

마지막으로 니체의 음악관과 비극관이 이해되지 않으면 다양한 설명을 찾아 읽고, 여러 음악을 듣는 게 좋다. 우선 니체는 음악철학의 많은 부분, 특히 공통성으로서의 음악을 베토벤에게 의지하여 설명한다. 이 설명이 낯설다면 베토벤의 《전원》과 《합창》에 충분히 심취하는 것이 좋다. 또한 베토벤 7번 교향곡을 들어 보는 것도 좋다. 베토벤은 7번 교향곡 4악장을 평가하면서 "나는 인류를 위해 좋은 술을 빚은 바쿠스(디오니소스)이며, 그렇게 빚은 술로 세상의 풍파에 시달린 사람들을 취하게 하고 싶다."[108]라는 말을 하기도 했다.

음악에 근원을 두고 있는 『비극의 탄생』은 눈과 머리로 읽기보다는 몸과 마음으로 느끼는 게 훨씬 더 좋다. 쇼펜하우어가 모방음악의 전형으로 지적한 하이든의 〈사계〉를 듣는 것도 좋다.

니체가 바라보는 이상적 비극에 잘 접근할 수 없다면, 현재 니체가 말한 이상적 비극을 찾아보고 싶다면, 바그너의 〈로엔그린〉, 〈트리스탄과 이졸데〉, 니벨룽겐의 반지 4부작인 〈라인의 황금〉, 〈발퀴레〉, 〈지크프리트〉, 〈신들의 황혼〉이 도움이 된다. 『비극의 탄생』은 바그너에서 시작(헌정사를 표방한 서문)하여 바그너 작품의 예시를 통한 비극의 재탄생(4부)을 설명한 글이나 다름없다. 『비극의 탄생』을 집필할 무렵, 바그너는 니체의 학문의 스승이자 인생의 동반자이자 정신적인 아버지나 다름없었다. 헌정사에서 나온 '이 길 위에 서 있는 저의 숭고한 개척자'에서 보듯이 『비극의 탄생』은 바그너의 영향을 받아 바그너를 위해 집필한 책이라고 해도 과언이 아니다. 위에서 열거한 바그너의 작품들은 니체의 입장에서 고대 아테네 비극의 재탄생과 그 내용의 현대적인 재구현이다. 이 작품을 보는 데 아주 많은 시간이 걸리고, 바그너의 음악극이 맞지 않는다고 생각한다면, 대본을 찾아 읽어 보면 좋다. 이 음악극들은 니체가 이상적으로 바라본 비극이 무엇인지 알 수 있는 데 도움이 된다.

5. 무엇을 조심해야 하는가?

이 책을 읽으면서 주의할 점은 니체가 「자기비판의 시도」에서 스스로 인정한 자신의 한계를 중심에 두고 살펴봐야 한다는 점이다.

니체는 첫째, 「자기비판의 시도」 2장에서 청년 시절 집필한 『비극의 탄생』이 '청년기의 실수로 범벅', '지나치게 사족이 많고', '질풍노도로 가득 찬 책'이라고 스스로 비판하고 있다. 니체는 '이 책이 16년이 지난 요즈음 나에게 얼마나 혐오스럽게 보이며, 얼마나 이질적으로 보이는지'라며 스스로 비판한다.

우리는 이 글을 읽으면서 니체의 전복적인 문제 제기를 충분히 받아들이되, 아직 학문적으로 원숙하지 못한 글이라는 점을 염두에 두고 읽는 게 좋다. 우리는 이 책이 기존의 사상과 그 체계 전복의 시도로서 읽되, 그 시도가 완성되었다고 봐서는 안 된다. 그 완성은 읽는 독자인 우리에게 달려 있다. 어떤 용어나 문제의식이 나오면 이와 연관된 니체의 다른 글들을 찾아 읽어 보고, 이를 우리의 현실에 맞게 다시 생각해 보는 게 필요하다.

니체는 둘째, 「자기비판의 시도」 3장에서 이 책이 논리적 부정확성과 적절한 논증 부재의 오류를 범한다고 스스로 비판한다. 이 글을 읽으면서 우리는 눈을 부라리며 니체가 논리적으로 어떤 실수를 하는지 찾아야 한다. 이런 실수를 찾아 읽는 독자라면, 아마도 최고의 지적 능력을 갖춘 독자일 것이다. 니체가 논증하지 않고 넘어간 부분이 있다면, 그 부분을 채워 읽는 것도 필요하다. 채워 읽기를 위해서는 니체의 다른 저작을 두루 섭렵할 필요가 있다. 이런 노력을 하는 독자라면, 아마도 훌륭한 사유 능력을 갖춘 독자일 것이다. 우리는 이 책이 드문드문 비어 있고 헐겁게 짜 맞춰진 글이지 완성된 글이 아니라는 점을 반드시 기억하고, 비어 있는 부분을 채워 읽는 독서를 하자.

니체는 셋째, 「자기비판의 시도」 6장에서 이 책을 집필할 당시 나만의 언어세계와 사유 형식을 가지고 있지 못했다고 스스로 비판한다. 또한 그는 '나만의 **언어**를 사용하려는 용기(또는 대담함)를 가지고 있지 않았'으며, 칸트와 쇼펜하우어와 '정반대인 미지의 새로운 가치 평가를 칸트와 쇼펜하우어의 형식을 따라 표현'함을 부끄러워하고 스스로 비판한다. 또한 그는 바그너 중심의 독일 음악이 마치 그리스 음악과 정신의 계승자인 것처럼 오판했다고 고백한다.

우리는 칸트나 쇼펜하우어의 사상과 관련된 부분이 나오면, 긴장을 하고 읽어야 한다. 니체가 칸트와 쇼펜하우어의 용어와 사상을 어떻게 변화 발전시키고 있는지 꼼꼼히 추적해서 읽어야 한다. 니체는 후일 그토록 추종했던 바그너도 부정한다. 심지어 니체는 바그너를 전면 부정한다.

> 그 텍스트에서 바그너라는 말이 나오면, 주저하지 말고 나의 이름이나 '자라투스트라'라는 말로 대체해도 좋다.'[109]

이 글에서 바그너라는 이름이 나오면, 우리는 바그너가 가져온 혁명적 성격에 주의를 기울이는 동시에 어떤 한계가 있는지 미리 생각하면서 읽는 게 좋다.

우리는 이 책을 읽을 때 니체가 스스로 인정한 한계를 고려하자. 우리는 이 책을 니체의 모든 것이나 전부가 아니라 모든 것의 시작점으로 받아들이도록 하자. 우리는 니체가 어린 나이에도 '노숙한 문제'를 제기한 것에 주의를 기울이고, 니체의 근본 문제의식이 무엇인가를 집중적으로 살펴보도록 하자. 우리는 여기에 나오는 각종 용어와 문제의식을 니체 사상의 출발점으로 받아들이고, 현재 우리에게 필요한 것은 무엇이고 어떻게 발전시킬지를 생각하도록 하자. 이런 독해법이 충실히 달성되었다고 한다면 이제는 나의 길이다.

나만의 독해법으로 이 책을 읽어 보자.
자, 무엇을 얻을 것이고, 무엇을 버릴 것인가?
나에게 달려 있다.

주석

1. Schopenhauer, *The World As Will And Idea Vol. I*, pp. 322~323. 니체가 쇼펜하우어의 책을 언급한 쪽수는 310쪽이고, 이 글에서 니체의 주장을 보완 설명하기 위해 언급한 책의 쪽수는 322~323쪽이다. 이렇게 차이 나는 이유는 니체가 읽은 판본과 인용한 판본이 다른 데에서 비롯한다. 쇼펜하우어는 1818년 책을 처음 출판했으며, 후일 많이 보완한 후 1848년에 2판을 찍었다. 니체는 1판을 참고했고, 위의 인용문은 2판의 영역판으로 번역했다.
2. 독일어 원문은 http://raptusassociation.org/wagbeet1870g.html을 참고하고, 영어 번역본은 William Ashton Ellis과 Roger Allen을 참조했다.
3. Schopenhauer, *Die Welt als Wille und Vorstellung* I, p. 334.
4. NF-1888,14[89] — Nachgelassene Fragmente Frühjahr 1888.
5. 플라톤, 『법률』, 668b.
6. 플라톤, 『법률』, 700e~701a.
7. 플라톤, 『법률』, 820c~d.
8. 플라톤, 『변론』, 40e~41d. 『크리톤』, 54b~c. 『파이돈』, 114b~115a.
9. 플라톤, 『국가』, 617d~619e.
10. 플라톤, 『고르기아스』, 523a~b.
11. 플라톤, 『국가』, 596a~598c.
12. 플라톤, 『국가』, 597e.
13. 니체, 『니체전집 1권』, 김기선 옮김, 316~320쪽.
14. FW-109 — Die fröhliche Wissenschaft: § 109. Erste Veröff. 10/09/1882.
15. 플라톤, 『필레보스』, 박종현 역주, 31b~32a.
16. Aristotle, *Poetics*, 1453a 1~8.
17. 플라톤, 『법률』, 817b.
18. 플라톤, 『법률』, 654a.
19. 플라톤, 『법률』, 672b.
20. Aristotle, *Poetics*, 1449a 17.
21. Aristotle, *Poetics*, 1452b 18.
22. Aristotle, *Poetics*, 1456a 25~32.
23. Aristotle, *Poetics*, 1452b 30~1453a 20.
24. 플라톤, 『크라튈로스』, 390e.
25. 플라톤, 『크라튈로스』, 391b.
26. 플라톤, 『크라튈로스』, 391e.
27. 플라톤, 『크라튈로스』, 439a.

28. Plato, *Timaeus*, 22b.

29. Plato, *Timaeus*, 22c~25e.

30. Za-I-Verwandlungen — Also sprach Zarathustra I: Von den drei Verwandlungen. Erste Veröff. 20/08/1883.

31. PHG-7 — Die Philosophie im tragischen Zeitalter der Griechen: § 7. Abgeschlossen ca. 05/04/1873.

32. Aristophanes, *Birds*, 1376~1377.

33. Aristophanes, *Birds*, 1380~1381.

34. Aristophanes, *Birds*, 1387~1390.

35. 아리스토파네스, 『부의 신』, 290~295.

36. WB-4 — Richard Wagner in Bayreuth: § 4. Erste Veröff. 10/07/1876.

37. CV-CV5 — Fünf Vorreden zu fünf ungeschriebenen Büchern: § 5. Homer's Wettkampf. Abgeschlossen ca. 24/12/1872.

38. NF-1870,7[72] — Nachgelassene Fragmente Ende 1870 — April 1871.

39. Plutarch, Tr. by Aubrey Stewart and George Long, Ⅶ~Ⅷ.

40. HL-10 — Nutzen und Nachteil der Historie für das Leben: § 10. Erste Veröff. 22/02/1874.

41. HL-10 — Nutzen und Nachteil der Historie für das Leben: § 10. Erste Veröff. 22/02/1874.

42. HL-10 — Nutzen und Nachteil der Historie für das Leben: § 10. Erste Veröff. 22/02/1874.

43. 괴테, 『파우스트』, 11575~11580.

44. 괴테, 『파우스트』, 11582~11586.

45. 괴테, 『파우스트』, 11412~11445.

46. NF-1875,5[122] — Nachgelassene Fragmente Frühling-Sommer 1875.

47. NF-1875,5[122] — Nachgelassene Fragmente Frühling-Sommer 1875.

48. NF-1881,11[187] — Nachgelassene Fragmente Frühjahr-Herbst 1881.

49. NF-1884,25[225] — Nachgelassene Fragmente Frühjahr 1884.

50. NF-1870,7[79] — Nachgelassene Fragmente Ende 1870 — April 1871.

51. 아리스토텔레스, 『정치학』, 1254a 20~25.

52. 아리스토텔레스, 『정치학』, 1254b 25~30.

53. 아리스토텔레스, 『정치학』, 1975b 15~20.

54. BA-III — Ueber die Zukunft unserer Bildungsanstalten: § Vortrag III Abgeschlossen ca. 22/03/1872.

55. CV-CV3 — Fünf Vorreden zu fünf ungeschriebenen Büchern: § 3. Der griechische Staat. Abgeschlossen ca. 24/12/1872.

56. NF-1870,7[79] — Nachgelassene Fragmente Ende 1870~April 1871.

57. CV-CV3 — Fünf Vorreden zu fünf ungeschriebenen Büchern: § 3. Der griechische Staat. Abgeschlossen ca. 24/12/1872.

58. BA-V — Ueber die Zukunft unserer Bildungsanstalten: § Vortrag V Abgeschlossen ca. 22/03/1872.

59. 플라톤, 『파이돈』, 60e.

60. 플라톤, 『파이돈』, 61b.

61. NF-1883,7[7] — Nachgelassene Fragmente Frühjahr - Sommer 1883.

62. MA-11 — Menschliches Allzumenschliches I: § 11. Erste Veröff. 07/05/1878.

63. NF-1875,6[4] — Nachgelassene Fragmente Sommer 1875.

64. NF-1875,6[5] — Nachgelassene Fragmente Sommer 1875.

65. NF-1870,7[41] — Nachgelassene Fragmente Ende 1870 — April 1871.

66. 괴테, 『파우스트』, 21부, 7760~7805.

67. 아리아풍의 독창곡이나 기악곡을 말한다. 엄밀하게 말하면 아리아풍인 레치타티보의 성악곡이나 기악곡을 일컫는다.

68. NF-1871,9[109] — Nachgelassene Fragmente 1871.

69. NF-1871,9[9] — Nachgelassene Fragmente 1871.

70. NF-1871,9[5] — Nachgelassene Fragmente 1871. 이탤릭체는 니체가 강조한 것이며, 단락 구분은 이해를 돕기 위해 필자가 나눈 것이다.

71. NF-1869,1[1] — Nachgelassene Fragmente Herbst 1869.

72. NF-1870,7[127] — Nachgelassene Fragmente Ende 1870 — April 1871.

73. NF-1870,7[127] — Nachgelassene Fragmente Ende 1870 — April 1871.

74. FW-80 — Die fröhliche Wissenschaft: § 80. Erste Veröff. 10/09/1882.

75. NF-1871,9[111] — Nachgelassene Fragmente 1871.

76. 피에리아는 뮤즈 여신의 탄생지를 말한다. 피에리아의 배출은 시인들이 시를 썼음을 의미한다. 이 문장은 시인들이 시 덕분에 지배 군주의 총애를 받았음을 뜻한다.

77. THE WORKS OF HORACE, TR. By C. Smart, A.M. Revised BY Theodore Alois Buckley B.A. Of Christ Church, A NEW EDITION, Pembroke College, Cambridge. 2004, https://www.gutenberg.org/files/14020/14020-h/14020-h.htm

78. NF-1872,19[177] — Nachgelassene Fragmente Sommer 1872 — Anfang 1873.

79. NF-1881,12[199] — Nachgelassene Fragmente Herbst 1881.

80. NF-1884,25[101] — Nachgelassene Fragmente Frühjahr 1884.

81. NF-1884,26[95] — Nachgelassene Fragmente Sommer - Herbst 1884.

82. NF-1887,9[184] — Nachgelassene Fragmente Herbst 1887.

83. NF-1888,23[5] — Nachgelassene Fragmente Oktober 1888.

84. Shiller, "Über den Gebrauch des Chors in der Tragödie" in Die braut von Messina.

85. GD-Irrthuemer-7 — Götzen-Dämmerung: Die vier grossen Irrthümer, § 7. Erste Veröff. 24/11/1888.

86. NF-1871,9[36] — Nachgelassene Fragmente 1871.; NF-1871,13[2] — Nachgelassene Fragmente Frühjahr - Herbst 71.

87. Shiller, "Über den Gebrauch des Chors in der Tragödie" in Die braut von Messina.

88. Shiller, "Über den Gebrauch des Chors in der Tragödie" in Die braut von Messina.

89. Shiller, "Über den Gebrauch des Chors in der Tragödie" in Die braut von Messina.

90. NF-1875,5[125] — Nachgelassene Fragmente Frühling-Sommer 1875.

91. NF-1876,15[9] — Nachgelassene Fragmente Frühling 1876.

92. PHG-6 — Die Philosophie im tragischen Zeitalter der Griechen: § 6. Abgeschlossen ca. 05/04/1873.

93. NF-1870,7[127] — Nachgelassene Fragmente Ende 1870 — April 1871.

94. NF-1870,7[127] — Nachgelassene Fragmente Ende 1870 — April 1871.

95. NF-1870,7[127] — Nachgelassene Fragmente Ende 1870 — April 1871.

96. NF-1888,15[96] — Nachgelassene Fragmente Frühjahr 1888.

97. WA-1 — Der Fall Wagner: Turiner Brief vom Mai 1888, § 1. Erste Veröff. 22/09/1888.

98. 그리스 비극에서는 코로스를 '합창가무단'으로 번역했지만, 여기에서는 번역자의 의도대로 '코로스'를 그대로 사용한다.

99. Shiller, "Über den Gebrauch des Chors in der Tragödie" in *Die braut von Messina*.

100. GD-Alten-4 — Götzen-Dämmerung: Was ich den Alten verdanke, § 4. Erste Veröff. 24/11/1888.

101. HL-Vorwort — Nutzen und Nachteil der Historie für das Leben: Vorwort. Erste Veröff. 22/02/1874.

102. MA-26 — Menschliches Allzumenschliches I: § 26. Erste Veröff. 07/05/1878.

103. VM-5 — Menschliches Allzumenschliches II: § VM — 5. Erste Veröff. 20/03/1879.

104. JGB-16 — Jenseits von Gut und Böse: § 16. Erste Veröff. 04/08/1886. JGB-19 — Jenseits von Gut und Böse: § 19. Erste Veröff. 04/08/1886.

105. M-116 — Morgenröthe: § 116. Erste Veröff. 31/07/1881.

106. GD-Alten-5 — Götzen-Dämmerung: Was ich den Alten verdanke, § 5. Erste Veröff. 24/11/1888.

107. EH-GT-3 — Ecce homo: Die Geburt der Tragödie, § 3. Druckfertig 02/01/1889, GD-Alten-5 — Götzen-Dämmerung: Was ich den Alten verdanke, § 5. Erste Veröff. 24/11/1888.

108. www.doctorstimes.com/news/articleView.html?idxno=11899

109. EH-GT-4 — Ecce homo: Die Geburt der Tragödie, § 4. Druckfertig 02/01/1889.

찾아보기

오페라(적) 5, 9, 10, 20-22, 25, 35, 42, 43, 50, 53, 55, 149, 152, 162, 206, 211-220, 222-230, 232-236, 240-246, 248-254, 256-263, 265-271, 275, 277, 283-288, 306, 308, 312, 315, 325, 327-329

올바름 27, 67-71, 90, 91, 95, 132, 138-140, 156, 238

    정의 68, 138, 140, 192

옴팔레 266-269

왜소화 → 평준화 참조

욕망 66, 101, 112, 152, 202

    삶의 욕망 7, 74, 79

우라노스 95

우상의 황혼 → 신들의 황혼 참조

웃음 83, 86, 161

원(Ur) 148, 149, 232

    원세계 149, 232-234

    원시대 222, 232, 234, 248, 251, 252

    원인간 149, 222, 223, 232, 236, 242, 248, 251, 252

원죄 235, 237, 252, 320

은유(적) 83, 139, 308

음악

    음악의 신 129, 131, 135, 292

    음악정신 5, 7, 8, 10, 12, 16, 17, 21-25, 59, 61, 88, 103, 112, 115, 123, 133, 161, 253, 318, 321, 327-329

    음악철학 5-7, 9, 10, 21, 24, 54, 56, 334

음화(Tonmalerei) 6, 111, 117, 118, 120, 123, 257, 261

의지 6, 24, 26, 31, 34, 38, 41-44, 48, 49, 50, 54-56, 61, 70, 71, 98, 101, 110, 144-146, 187, 257, 260, 265, 306, 308, 309, 311, 316

    그리스적(인) 의지 130

    삶에의 의지 87, 296, 318-321, 328, 329

    세계 의지 62, 75, 79, 111, 117

    자유의지 189, 248, 251, 252

이데아(적) 6, 7, 12, 28-30, 46-50, 53, 55, 56, 60, 64, 67-71, 145, 146, 152, 183-186, 188, 194, 250, 255, 258, 261, 262, 333

    형이상학적 이데아 49, 53, 57-59, 64, 66, 68-70, 75

이데올로기(적) 283

이론

    이론적 낙관주의(자) 108, 189-191

    이론적 문화 181, 183, 184, 187, 213, 249, 254, 259, 274

    이론적 인간 10, 22, 130, 132, 135, 149-154, 161, 163, 164, 176, 183, 195, 199-202, 204, 206, 213, 237, 241, 242, 244, 250, 325

    이론적 종교 178

    이론적 천재 34

이피게네이아 125, 292, 300-302

이피토스 267

인간의 존엄성 8, 166, 170-175, 178-181, 207, 213

    천부인권설 174

인간학 332

인과성 56, 182, 188, 189, 191, 192, 201

인과율 182

인도(적) 310

ㅈ

자그레우스 104

자라투스트라 101, 148, 163, 177, 208, 209, 310, 316, 337

자연 27, 41, 46, 47, 52, 55, 61-63, 65, 107, 110, 116, 117, 131, 221, 248,-252, 254-256, 258, 261-263, 274, 282, 293, 308

    자연인 239

    자연합일설 40, 117

절제(적) 91, 160, 167, 202

    무절제 92

정립가 92
정신
 독일(적) 정신 11, 266, 280, 282, 290, 304
 비극(적)(의) 정신 35, 59, 161, 269, 282, 288, 305, 315
 정신세계 56, 60
 정신착란 → 착란 참조
 학문(의) 정신 105, 106, 108-112, 114, 115, 120
정열(적) 123, 176
정의 → 올바름 참조
정형 27
 비정형 59
정형예술 → 예술 참조
제우스 94, 95, 198, 230, 263, 267, 274
제토스 230
조르바 163-165, 208, 209
존재
 개별적 존재 74
 근원적 존재 60, 74, 75, 78-80
 무제한적인 존재 74
 존재의 어머니 25, 37
 초월적 존재 60, 69, 131, 185, 186
 초인적 존재 101
 필멸의 존재 75
 형이상학적 존재(자) 27, 60, 67-71, 76, 78, 131, 183, 190, 311, 329
종교개혁 217
지각(력) 153
지동설 217
 천동설 217
지식 9, 20, 100, 106, 108, 154, 162, 165, 182, 184, 187, 192, 193, 218, 244, 248, 251, 299, 328
 예비지식 188
 이론적 지식 134, 154, 167, 183
 전문 지식 136, 154, 241

절대 지식 199
 학문적 지식 154
 지식인 153, 154, 218, 244, 294-296, 154
지오반니 데 바르디 218, 224
지크프리트 329
지혜 55, 88, 100, 130, 150, 161, 181-183, 192, 193, 196-198, 201, 207-209, 233
 감성적 지혜 136
 디오니소스적 지혜 56, 57, 59, 61, 63, 64, 130, 193, 279, 280
 실레노스의 지혜 172, 320
직관(적) 41, 43, 53, 55, 110, 111, 117, 120, 165, 261
 공통성의 직관 57, 58
질풍노도 335

ㅊ

차이코프스키 117, 120, 121
착란(錯亂)
 정신착란 267
찰나 98
척도
 아폴론적(인) 척도 29, 36, 40, 69, 116
천동설 → 지동설 참조
천부인권설 → 인간의 존엄성 참조
천재(적) 23, 38, 40, 52, 89, 131, 132, 155, 156, 177, 219, 246-248, 271
 군사적 천재 36
 그리스(적) 천재 26, 33-35, 38
 독일적 천재 36
 디오니소스적-아폴론적 천재 35
 변용적 천재 25, 27, 37
 음악의 천재 266
 헬레니즘적 천재 33, 35
청중 → 관객 참조
체념(가) 18, 39
춤 9, 71, 78, 83-87, 90, 91, 96, 104, 124, 131, 151, 152, 164, 195, 208, 260

참고문헌

니체 저서 약어

NW, Nietzsche contra Wagner, 『니체 대 바그너』

EH, Ecce homo 『이 사람을 보라』

AC, Der Antichrist, 『안티크리스트』

NF, Nachgelassene Schriften, 『유고』

GD, Götzen-Dämmerung, 『우상의 황혼』

GM, Zur Genealogie der Moral, 『도덕의 계보학』

M, Morgenröte. 『아침놀』

JGB, Jenseits von Gut und Böse, 『선악의 저편』

ZA, Also sprach Zarathustra, 『자라투스트라는 이렇게 말했다』

GT, Die Geburt der Tragödie aus dem Geiste der Musik, 『비극의 탄생』

DW, Die dionysische Weltanschauung, "디오니소스적 세계관" - 『유고』(1870-1873년)

GG, Geburt des tragischen Gedankens, "비극적 사유의 탄생" - 『유고』(1870-1873년)

VM, Vermischte Meinungen und Sprüche, "혼합된 의견과 잠언들" - 『인간적인 너무나 인간적인 II』

GMD, Das griechische Musikdrama, "그리스 음악 드라마" - 『유고』(1870-1873년)

ST, Das griechische Musikdrama, "소크라테스와 비극" - 『유고』(1870-1873년)

MA, Menschliches, Allzumenschliches, 『인간적인 너무나 인간적인』

CV, Fünf Vorreden zu fünf ungeschriebenen Büchern, "쓰여지지 않은 다섯 권의 책의 다섯 가지 서문" - 『유고』(1870-1873년)

WS, Der Wanderer und sein Schatten, "방랑자와 그림자" - 『인간적인 너무나 인간적인 II』

PHG, Die Philosophie im tragischen Zeitalter der Griechen, "그리스 비극 시대의 철학" - 『유고』(1870-1873년)

WB, Richard Wagner in Bayreuth, 『바이로이트의 리하르트 바그너』

HL, Vom Nutzen und Nachteil der Historie für das Leben, "삶에 대한 역사의 공과" - 『반시대적 고찰 II』

BA, Gedanken über die Zukunft unserer Bildungsanstalten, "우리 교양기관의 미래에 관하여" - 『유고』(1870-1873년)

FW, Die fröhliche Wissenschaft, 『즐거운 학문』

WA, Der Fall Wagner, 『바그너의 경우』

SE, Schopenhauer als Erzieher, "교육자로서의 쇼펜하우어" - 『반시대적 고찰 III』

니체 저서 출처 표기 방식

NW-loskommen-1 — Nietzsche contra Wagner: Wie ich von Wagner loskam, § 1. Gedruckt 02/01/1889를 가지고 알아보도록 한다. NW는 니체의 독일어 원문 Nietzsche contra Wagner, 우리 번역문으로는『니체 대 바그너』를 뜻한다. Wie ich von Wagner loskam, § 1.은 Nietzsche contra Wagner(『니체 대 바그너』) 안에 있는 1절로 '나는 바그너에게서 어떻게 벗어났는가' 장의 1절을 뜻한다. 이를 바탕으로 국내 번역본을 찾아볼 경우에는『니체 대 바그너』의 "나는 바그너에게서 어떻게 벗어났는가"의 1절을 찾아보면 된다. 원문과 대조하고 싶을 경우에는 http://www.nietzschesource.org에 들어가서 해당 부분을 찾아보면 된다. 이 책에 사용된 인용문은 국내 역자들과 용어와 번역을 달리하고 있으므로, 다른 점을 염두에 두고 읽어야 한다.

NF-1884,25[203] — Nachgelassene Fragmente Frühjahr 1884는 조금 다른 예이다. NF는 니체가 죽은 뒤 출판된 글을 말한다. 위 예시는 니체가 1884년에 생각을 정리한 25번째 203번이란 글이다. 국내 번역본에서는『유고』중 1884년이란 연도가 적힌 글 중에서 25번째 203번 글을 찾아보면 된다. 원문과 대조하고 싶은 경우에는 http://www.nietzschesource.org에 들어가 확인해보면 된다.

니체 원전 자료

http://www.nietzschesource.org/

니체 한글 번역

니체전집 1 ~ 21권, 2013년, 책세상.
니체전집 1 ~ 10권, 1993년, 청하.

국내

니코스 카잔차키스, 이윤기 옮김,『그리스인 조르바』, 열린책들, 2017.
레지날드 J. 홀링데일, 김기복·이원진 옮김,『니체-그의 삶과 철학』, 북캠퍼스, 2017.
마키아벨리, 이남석 해제,『군주론-시민을 위한 정치를 말하다』, 평사리, 2017.
베르길리우스, 천병희 옮김,『아이네이스』, 숲, 2011.
셰익스피어, 박종철 옮김,『햄릿』, 민음사, 2009.
소포클레스, 천병희 옮김,『소포클레스 비극 전집』, 숲, 2008.
아르킬로코스, 사포 외,『고대 그리스 서정시』, 민음사, 2018.
아르투어 쇼펜하우어, 홍성광 옮김,『의지와 표상으로서의 세계』, 을유문화사, 2018.
아이스킬로스, 천병희 옮김,『아이스킬로스 비극 전집』, 숲, 2011.
아리스토텔레스, 김재홍 옮김,『정치학』, 길, 2017.
아리스토텔레스, 천병희 옮김,『시학』, 숲, 2011.
아리스토텔레스, 이종오, 김용석 옮김,『수사학 Ⅰ, Ⅱ, Ⅲ』, 리젬, 2008.
아리스토파네스, 천병희 옮김,『아리스토파네스 희극 전집 1』, 숲, 2010.
아리스토파네스, 천병희 옮김,『아리스토파네스 희극 전집 2』, 숲, 2010.

아폴로도로스, 『원전으로 읽는 그리스 신화』, 숲, 2011.

에우리피데스, 천병희 옮김, 『에우리피데스 비극 전집 1』, 숲, 2009.

에우리피데스, 천병희 옮김, 『에우리피데스 비극 전집 1』, 숲, 2011.

오비디우스, 천병희 옮김, 『변신이야기』, 숲, 2011.

요한 볼프강 폰 괴테, 김인순 옮김, 『파우스트』, 열린책들, 2017.

크세노폰, 최혁순 옮김, 『소크라테스 회상』, 범우, 2015.

크세노폰, 오유석 옮김, 『경영론·향연』, 부북스, 2015.

크세노폰, 이은종 옮김, 『크세노폰 소작품집』, 주영사, 2016.

키케로, 김창성 옮김, 『국가론』, 한길사, 2009.

키케로, 성 염 옮김, 『법률론』, 한길사, 2007.

투퀴디데스, 『펠로폰네소스전쟁사』, 숲, 2011.

프로이트, 김인순 옮김, 『꿈의 해석』, 열린책들, 2010.

프로이트, 박성수, 한승완 옮김, 『정신분석학 개요』, 열린책들, 2009.

프로이트, 김명희 옮김, 『늑대인간』, 열린책들, 2009.

프리드리히 실러, 이재진 옮김, 『메시나의 신부』, 지식을 만드는 지식, 2011.

플라톤, 박종현 역주, 『에우티프론, 소크라테스의 변론, 크리톤, 파이돈』, 박종현 역주, 서광사, 2008.

플라톤, 박종현 역주, 『국가(정체)』, 한길사, 2007.

플라톤, 박종현 역주, 『법률』, 한길사, 2009.

플라톤, 김태경 옮김, 『정치가』, 한길사, 2009.

플라톤, 박종현 역주, 『필레보스』, 서광사, 2009.

플라톤, 박종현 김영균 공동 역주, 『티마이오스』, 서광사, 2000.

플라톤, 김주일 옮김, 『파이드로스』, 이제이북스, 2012.

플라톤, 강철웅 옮김, 『향연』, 이제이북스, 2011.

플라톤, 이정호 옮김, 『메넥세노스』, 이제이북스, 2008.

플라톤, 김인곤 옮김, 『고르기아스』, 이제이북스, 2011.

플라톤, 강성훈 옮김, 『프로타고라스』, 이제이북스, 2011.

플라톤, 강철웅, 김주일, 이정호 옮김, 『편지들』, 이제이북스, 2009.

플라톤, 김인곤, 이기백 옮김, 『크라튈로스』, 이제이북스, 2007.

플라톤, 김주일, 정준영 옮김, 『알키비아데스 I, II』, 이제이북스, 2010.

플라톤, 이상인 옮김, 『메논』, 이제이북스, 2010.

플라톤, 정준영 옮김, 『테아이테토스』, 이제이북스, 2013.

플라톤, 김주일 옮김, 『에우튀데모스』, 이제이북스, 2008.

플라톤, 이창우 옮김, 『소피스트』, 이제이북스, 2011.

플라톤, 이정호 옮김, 『크리티아스』, 이제이북스, 2007.

헤로도토스, 천병희 옮김, 『역사』, 숲, 2012.

헤시오도스, 천병희 옮김, 『신들의 계보』, 2009.

호메로스, 천병희 옮김, 『일리아스』, 숲, 2011.

호메로스, 천병희 옮김, 『오뒷세이아』, 숲, 2011.

국외

Aeschylus, tr. by Theodore Alois Buckley, *Prometheus Bound and The Seven Against Thebes*, DAVID McKAY, Philadelphia, 1987.

Aristophanes, tr. by Ian Johnston, *Clouds: A Dual Language Edition*, Faenum Publishing, Oxford, 2017.

Aristophanes, tr. by Ian Johnston, *Frogs: A Dual Language Edition*, Faenum Publishing, Oxford, 2015.

Aristophanes, *Archarnes*.

Aristophanes, tr. by Ian Johnston, *Birds: A Dual Language Edition*, Faenum Publishing, Oxford, 2017.

Aristotle, ed. by Jonathan Barnes, *The Complete Works of Aristotle*, Princeton Univ., New Jersey, 1995.

Athenaeus, tr. by C. D. Yonge, *The Deipnosophists, or Banquet of the Learned of Athenæus, Book 1*, London, 2011. https://www.gutenberg.org/files/36921/36921-h/36921-h.htm

Babich, Babette, "NIETZSCHE'S ARCHILOCHUS", *New Nietzsche Studies*, Vol. 10, Nos. 1 and 2 (Spring/Summer 2016), pp. 85~122.

Carey, C., "Archilochus and Lycambes", *The Classical Quarterly*, Vol. 36, No. 1 (1986), pp. 60~67. https://www.jstor.org/stable/638943

Davis, Malcolm., "Aristotle Fr. 44 Rose: Midas and Silenus", in *Mnemosyne*, Fourth Series, Vol. 57, Fasc. 6 (2004), pp. 682~683.

DiLeo, Daniel, "Tragedy against Tyranny", *The Journal of Politics*, Vol. 75, No. 1 (Jan. 2, 2013), pp. 254~265. https://www.jstor.org/stable/10.1017/s0022381612001004

Diogenes Laertius, tr. by C. D. Yonge, *The Lives and Opinions of Eminent Philosophers*, London, 2018. https://www.gutenberg.org/files/57342/57342-h/57342-h.htm

Euripides, tr. by Ian Johnston, *BACCHAE*, Vancouver Island University, 2003.
http://johnstoniatexts.x10host.com/euripides/bacchaepdf.pdf

Euripides, tr. by Ian Johnston, *Orestes*, Vancouver Island University, 2010.
http://johnstoniatexts.x10host.com/euripides/oresteshtml.html

Forley, Helene., "Choral Identity In Greek Tragedy", *Classical Philology*, Vol. 98, No. 1 (January 2003), pp. 1~30, The University of Chicago Press.

Henrichs, Albert., "The Last of Detractors: Friedrich Nietsche's Condemnation of Euripides" in *Greek, Roman and Byzantine Studies*, Cambridge, Mass., etc. Vol. 27, Iss. 4, (Winter 1986): 369. https://grbs.library.duke.edu/article/viewFile/4871/5431

Homer, tr. by William Cowper, *Iliad*, New York, 2005.
https://www.gutenberg.org/files/16452/16452-h/16452-h.htm

Homer, tr. by William Cowper, *The Odyssey*, New York, 2008.

Horace, tr. by C. Smart, *THE WORKS OF HORACE*, Pembroke College, Cambridge, 2004. https://www.gutenberg.org/files/14020/14020-h/14020-h.htm.

Lucretes, tr. by Cyril Bailey, *Lucretes ON THE NATURE OF THINGS*, Oxford University Press, 1948.
http://files.libertyfund.org/files/2242/Lucretius_1496_Bk.pdf
https://www.gutenberg.org/files/24269/24269-h/24269-h.htm

Davies, Malcolm., "Aristotle Fr. 44 Rose: Midas and Silenus", *Mnemosyne*, Fourth Series, Vol. 57, Fasc. 6 (2004), pp. 682~697. https://www.jstor.org/stable/4433603

Plato, ed. by John M. Cooper, *The Complete Works of Aristotle*, Hackett Publishing Company, Indiana, 1997.

Plutarch, tr. by Aubrey Stewart and George Long, *PLUTARCH'S LIVES. VOL. III. LIFE OF ALEXANDER*, London, 2004. https://www.gutenberg.org/files/14140/14140-h/14140-h.htm

Podlecki, A. J., "Archilochus and Apollo", in *Phoenix*, Vol. 28, No. 1, Studies Presented to Mary E. White on the Occasion of Her Sixty Fifth Birthday (Spring, 1974).
https://www.jstor.org/stable/1087227

Schiller, Produced by Tapio Riikonen and David Widger, "Of The Cause Of The Pleasure W Derive From Tragic Objects" in *The Aesthetical Essays*. 2008.
https://www.gutenberg.org/files/6798/6798-h/6798-h.htm#link2H_4_0047

Schlegel, A. W. 1846. *Vorlesungen über dramatische Kunst und Literatur I*. Vol. 5 of Sämtliche Werke, ed. E. Böcking. Leipzig. Trans. John Black under the title *Course of Lectures on Dramatic Art and Literature*(London, 1846; reprint, New York, 1973).

Schopenhauer, tr. by R. B. Haldane and J. Kemp, *The World As Will And Idea I* , Kegan Paul, Trench, Trübner & Co. London, 2011.
https://www.gutenberg.org/files/38427/38427-h/38427-h.html

Schopenhauer, tr. by E. F. J. Payne, *Parerga And Paralipomena VOLUME TWO*, CLARENDON PRESS·OXFORD UNIVERSITY PRESS, 2000.
https://archive.org/stream/23341891SchopenhauerParergaAndParalipomenaV2/23341891-Schopenhauer-Parerga-and-Paralipomena-V-2_djvu.txt

Sophocles, ed. by Lewis Campbell, *The Seven Plays in English Verse*, Oxford Univ. Press, 2004. https://www.gutenberg.org/files/14484/14484-h/14484-h.htm

Sophocles, tr. by Gilbert Murray, *King Oedipus*, Oxford Univ. London, 2008.
https://www.gutenberg.org/files/27673/27673-h/27673-h.htm

Wagner, R., tr. by William Ashton Ellis, *Beethoven*, 1896.
http://users.belgacom.net/wagnerlibrary/prose/wlpr0133.htm

Weiner, Albert, "The Function of the Tragic Greek Chorus", *Theatre Journal*, Vol. 32, No. 2(May, 1980), pp. 205~212. http://www.jstor.org/stable/3207113.

기타 자료

김애령, 이대학보, "철학자의 우정 4. 자기 극복: 니체와 바그너", 2013. 5. 27.

이상일, "루터의 음악 신학과 예배에서의 음악 사용", *Korea Presbyterian Journal of Theology*, Vol. 48, No. 4, 2016, 12.

이효상, "개혁자 마르틴 루터와 두 가지 개혁운동"
https://www.christiantoday.co.kr/news/294373.

오페라와 바그너 음악극 대본 및 번역자료 http://www.goclassic.co.kr

http://letteraturaartistica.blogspot.com/2018/03/winckelmann-etruscan-art.html

http://www.pressian.com/news/article.html?no=68194

https://www.literarymatters.org/11-1-archilochus-122/

http://www.doctorstimes.com/news/articleView.html?idxno=142155

https://penelope.uchicago.edu/Thayer/E/Roman/Texts/Plutarch/Moralia/De_defectu_oraculorum*.html